WIE MAN *COOLE* SACHEN ZEICHNET

DAS 5 MINUTEN-ÜBUNGSBUCH

Catherine V. Holmes

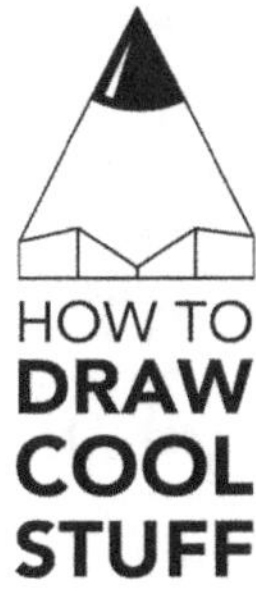

DAS
5 MINUTEN-ÜBUNGSBUCH

Catherine V. Holmes

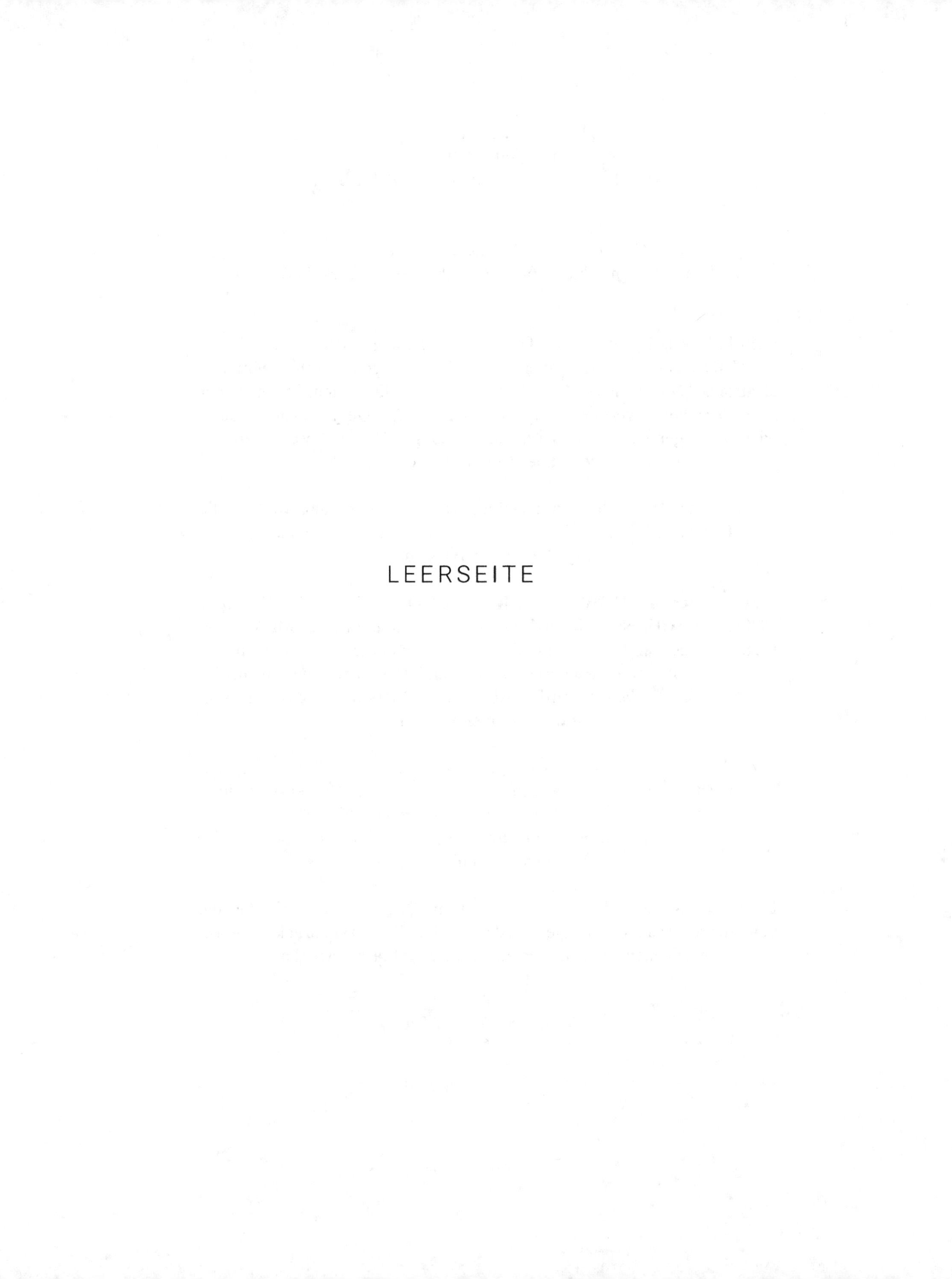

LEERSEITE

Library Tales Publishing
www.LibraryTalesPublishing.com
www.Facebook.com/LibraryTalesPublishing

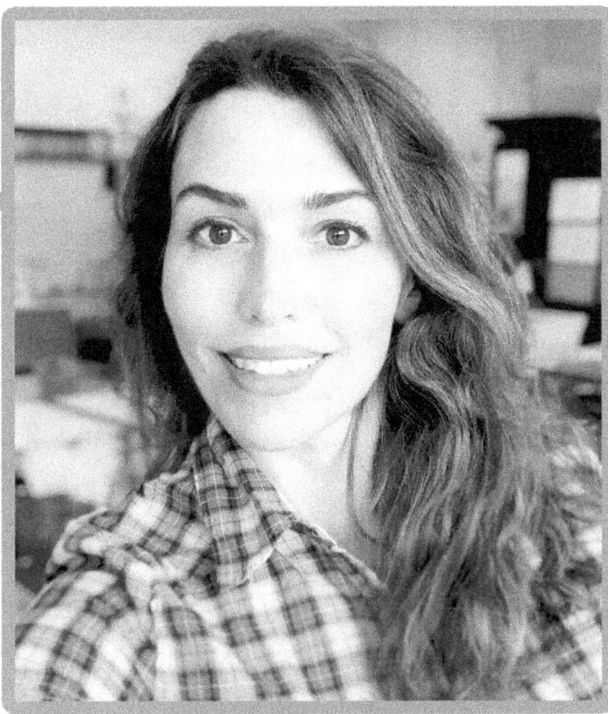

Über die Autorin

Catherine V. Holmes ist Mutter, Künstlerin, Kunsterzieherin und Autorin mehrerer Bücher, darunter die Kunstbuchreihe „How to Draw Cool Stuff" („Wie man coole Sachen zeichnet") und „The 15 Minute Artist" („In 15 Minuten zum Künstler") Sie ist auch Online-Lehrerin für BluPrint.com. Sie konzentriert sich auf interaktive Lektionen, in denen sie durch Schattierungstechniken die Dimension des Zeichnens lehrt.

Zuvor unterrichtete Holmes Schüler im Jugendstrafvollzug und half dabei, Jugendliche, die vor Gericht stehen, zu rehabilitieren und ihnen ein positives soziales und kulturelles Umfeld zu bieten, damit sie ihre Bildungs-, Verhaltens- und Berufsziele erreichen konnten. Sie hat das aktuelle Programm für grafische Künste entwickelt und umgesetzt und war an der Erstellung des aktuellen Kunstlehrplans für die Abteilung für Jugendhilfe beteiligt.

Holmes, die davon überzeugt ist, dass eine frühe Berührung mit der Kunst entscheidend ist, um das Lern- und Entwicklungspotenzial von Jugendlichen zu maximieren, unterrichtet derzeit Grundschüler im Fach Kunst. Sie liebt es, mit neuen Techniken zu experimentieren und ungewöhnliche Materialien zu verwenden, um mit ihren Schülern Kunstwerke zu schaffen. In letzter Zeit hat sie sich mit Papierskulpturen beschäftigt, versucht, die Töpferscheibe zu beherrschen, und unternimmt mit ihren Zwillingstöchtern Charlotte und Taya Cate fantastische Abenteuer.

INHALTS-VERZEICHNIS

DANKSAGUNGEN

Ich danke Usher Morgan und Library Tales dafür, dass sie mir geholfen haben, dieses Projekt zu wiederholen sowie MB und seinem Team dafür, dass sie mir geholfen haben, Lösungen anstelle von Problemen zu finden. Ich danke meiner Familie, GG (Virginia Thayer), Gramp (David Thayer) und Gram (Marcia Pennington); eure Unterstützung ist stets mehr, als ich verlangen kann. Dad (Ken Holmes), Auntie Dot (Dottie Roberts), Wayne Stewart Holmes, Sandra Buxton, Ralph Hawkins, Karen Holmes, Jeff Costello und Susan Hoag Webb; danke für eure ständige positive Einstellung und eure aufmunternden Kommentare...
Darauf kann ich bei euch wirklich zählen!

Danke, Mike Willwerth, dass du mich zum Lachen gebracht hast. Danke auch für die vielen anderen Dinge. Ein besonderes Dankeschön an meine Schüler, die mich unendlich inspirieren; ich liebe es, die erstaunlichen Ideen zu sehen, die ihr zu Papier bringt. Bleibt kreativ und gebt euer Können weiter! Danke an meine Vinal-Familie, die zu einem erstaunlichen, fürsorglichen Support-System geworden ist. Ich freue mich jeden Tag, euch zu sehen.

Wie immer ist das hier für Charlotte und Taya Cate, meine besten Kreationen überhaupt.
Ich liebe euch mehr!

Dieses Buch enthält, wie der Titel schon sagt, eine Vielzahl von Motiven, die in 5 Minuten gezeichnet werden können. Warum 5 Minuten? Das Zeichnen mit einem Zeitlimit kann schwierig sein, aber auch Spaß machen, da der Künstler gerade genug Zeit hat, um ein starkes Gefühl für ein Objekt einzufangen, aber nicht so viel, dass eine Zeichnung überarbeitet (oder überdacht) wird. Ein effizientes und einfaches Werk hilft dem Künstler, sich auf die wichtigsten Ideen innerhalb eines Motivs zu konzentrieren und sich nicht in winzigen Details zu verzetteln.

Wenn Sie sich zum ersten Mal mit begrenzter Zeit eine Zeichnung vornehmen, gibt es ein paar Tricks, die Sie lernen müssen, damit das fertige Kunstwerk ein Erfolg wird. Eine Technik besteht darin, einfache Formen in dem Objekt zu finden, das Sie zeichnen. Zum Beispiel, wenn ein Vogel das Motiv ist, sollten Sie versuchen zu erkennen, was der größte Teil oder die Hauptform des Vogels ausmacht. Ist der größte Teil des Körpers ein Oval? Die Form eines Regentropfens? Welche Form Sie auch immer sehen, versuchen Sie, sie schnell auf Ihr Papier zu übertragen. Nehmen Sie sich dann ein paar Sekunden Zeit, um die umliegenden Formen zu entziffern. Hat der Kopf die Form eines Kreises? Hat der Flügel eine gebogene Form? Skizzieren Sie, was Sie sehen, und verbinden Sie diese kleineren Formen mit der ersten größeren Form, wenn nötig. Als Nächstes fügen Sie weitere wichtige Details hinzu, z. B. einen Schnabel, ein Auge oder intensive Musterungen. Danach kann eine leichte Schicht Bleistift aufgetragen werden, um Farbtonbereiche anzudeuten. Schließlich können helle und dunkle Farbtöne hinzugefügt werden, um Lichter und Schatten darzustellen. Wenn noch etwas Zeit übrig ist, können kleine Details hinzugefügt werden, wie einzelne Federn, Falten in den Zehen und Highlights im Auge.

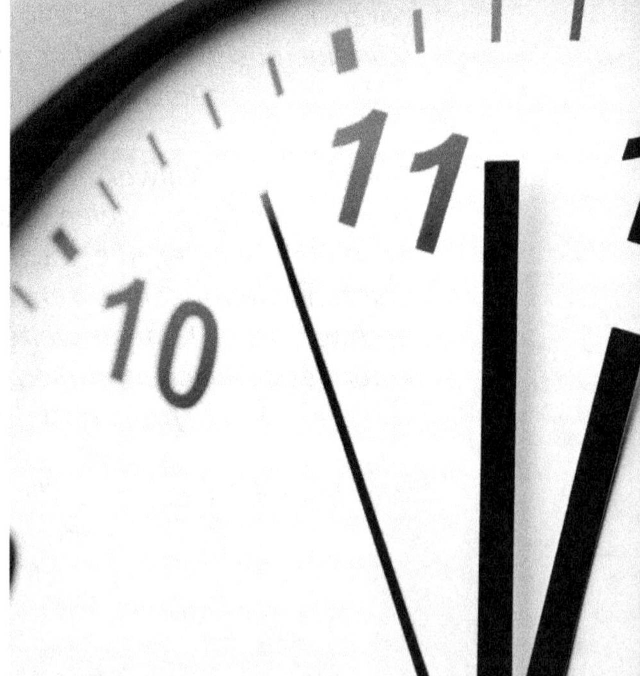

Zu Beginn werden Sie vielleicht feststellen, dass es schwierig ist, diese Formen zu finden. Es kann helfen, die Augen zusammenzukneifen, um ein Motiv zu vereinfachen, so dass die Formen besser zu erkennen sind. Die Formen genau nachzubilden, kann ebenfalls schwierig sein. Es kann hilfreich sein, zu wissen, dass sie nicht absolut perfekt sein müssen, sondern vielmehr das Wesen eines Objekts widerspiegeln. Halten Sie Ihre Linien locker und skizzenhaft. Ihr Ziel ist es, in 5 Minuten ein Abbild zu schaffen, und nicht, genau das zu kopieren, was im Buch steht, oder ein Meisterwerk in Museumsqualität zu schaffen. Ihr Kunstwerk wird wahrscheinlich anders aussehen als die Illustration im Buch, und das ist großartig! Sie haben Ihren eigenen, einzigartigen Stil, der nicht kopiert werden kann.

Sind 5 Minuten genug?

Als ich die Illustrationen für dieses Buch erstellte und dabei bedachte, dass sie in höchstens 5 Minuten fertig sein mussten, war ich oft versucht, mehr Details hinzufügen und mir mehr Zeit zu nehmen. Manchmal sind 5 Minuten die perfekte Zeit für eine großartige Skizze und eine schnelle Darstellung eines Objekts, während andere Male 5 Minuten wie im Flug vergehen, wenn Sie wirklich in Ihre Arbeit vertieft sind. Das ist mir beim Erstellen mehrerer dieser Zeichnungen passiert! Für diese Fälle habe ich die Option „Extrazeit" für mehrere Objekte hinzugefügt, so dass Sie weiterhin Details hinzufügen und Ihr Kunstwerk erstellen können, wenn Sie mehr als 5 Minuten Zeit für Ihre Kreation haben.

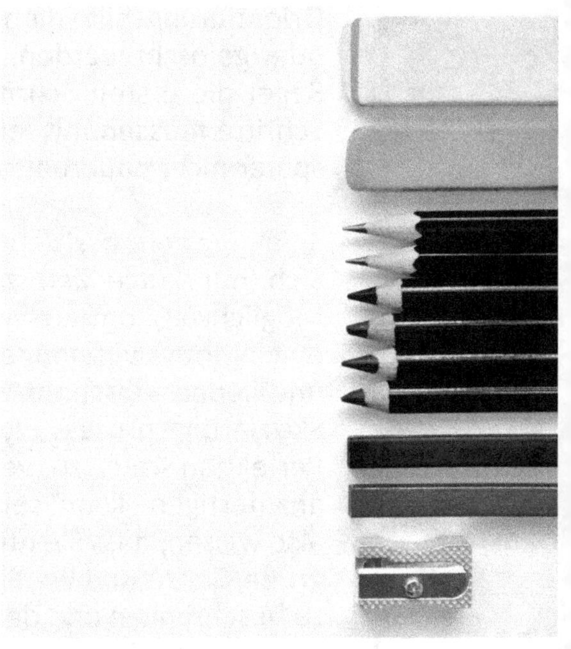

Die Schritte

Wenn Sie die Anleitungen zu den einzelnen Abbildungen lesen, werden Sie feststellen, dass sich ein Muster herausbildet. Schritt 1 sind in der Regel einfache Formen, die die Hauptstruktur eines Objekts definieren. In Schritt 2 werden diese Formen miteinander verbunden, so dass das Objekt wiedererkennbar wird. In Schritt 3 werden Details hinzugefügt, die das Objekt interessant machen. In Schritt 4 wird eine leichte Abtönschicht hinzugefügt, während Schritt 5 den Farbton verfeinert und Schatten und Highlights hinzufügt. Die Zeichnungen wurden mit der Absicht angefertigt, eine Fertigkeit schnell zu vermitteln, und einige Details können ausgelassen werden. Die dargestellten Zeichnungen sollen keine exakten Darstellungen der abgebildeten Gegenstände sein, sondern nur ein schnelles Abbild davon.

Die Werkzeuge

Alles, was Sie brauchen, ist ein Bleistift! Es gibt eine Vielzahl von Bleistiften auf dem Markt, und ein Künstler kann eine Reihe von Bleistiften für eine Zeichnung verwenden. Da die Zeichnungen in diesen Lektionen in sehr kurzer Zeit erstellt werden sollen, empfiehlt es sich, nur einen Stift zum Zeichnen zu verwenden und den Druck desselben Stifts zu variieren, um damit Werte zu schaffen. Natürlich erzeugt ein starker Druck einen dunklen Farbton, während ein leichter Druck einen helleren Farbton ergibt. 4B-8B-Bleistifte sind meine erste Wahl, wenn zur Hand; zur Not tut es aber auch jeder andere Bleistift. Ein Knetradierer und ein normaler Radiergummi sind ebenfalls hilfreich.

Hilfslinien verwenden

Hilfslinien können sehr hilfreich sein, wenn es darum geht, ein Abbild in einer Zeichnung zu erstellen - selbst bei einer 5-Minuten-Zeichnung! Eine Hilfslinie ist eine leicht markierte Linie, die beim Erstellen einer Zeichnung als Orientierungshilfe dient. Hilfslinien können später Teil der Zeichnung werden oder gelöscht werden, wenn sie nicht mehr benötigt werden. Sie sind in der Regel die ersten Schritte bei der Erstellung einer Zeichnung. Diese ersten Schritte müssen mit leichtem Druck des Bleistifts gezeichnet werden, da sie später nicht dauerhaft werden dürfen.

Seien Sie kein Perfektionist

Sich nur kurze Zeit zum Zeichnen zu nehmen, ist eine ausgezeichnete Möglichkeit, um zu verhindern, dass man zu viel Zeit auf einen Bereich eines Motivs verwendet. Sich auf ein Kunstwerk als Ganzes zu konzentrieren und jeden Abschnitt schnell zu bearbeiten, kann dazu beitragen, Ihren Skizzierungsprozess zu verfeinern und gleichzeitig das Bedürfnis nach Perfektionismus zu verringern. Die Vorstellung, eine perfekte Zeichnung anzufertigen, kann selbst einen Meisterkünstler einschüchtern. Wenn Sie also wissen, dass Sie nur ein paar Minuten Zeit haben, können Sie sich auf das große Ganze und weniger auf die kleinen Details konzentrieren. Sich zeitlich zu beschränken und den Perfektionismus zu überwinden ist eine Möglichkeit, seine Fähigkeiten zu entwickeln und ein besserer Künstler zu werden.

Denken Sie daran, dass diese Zeichnungen in 5 Minuten von einem professionellen Künstler gezeichnet wurden. Es kann sein, dass Sie etwas länger brauchen - oder vielleicht sind Sie auch etwas schneller. Ihre Zeichnungen könnten denen im Buch ähneln. Das ist großartig, aber wenn sie es nicht tun, ist das auch großartig. Sie geben Ihr Bestes! Wir alle haben unseren eigenen Stil, und Ihre künstlerischen Kreationen sollten einzigartig für Sie sein. Denken Sie immer daran, dass Perfektion langweilig ist und niemand auf der Welt so zeichnen kann wie Sie.

Fangen wir an!

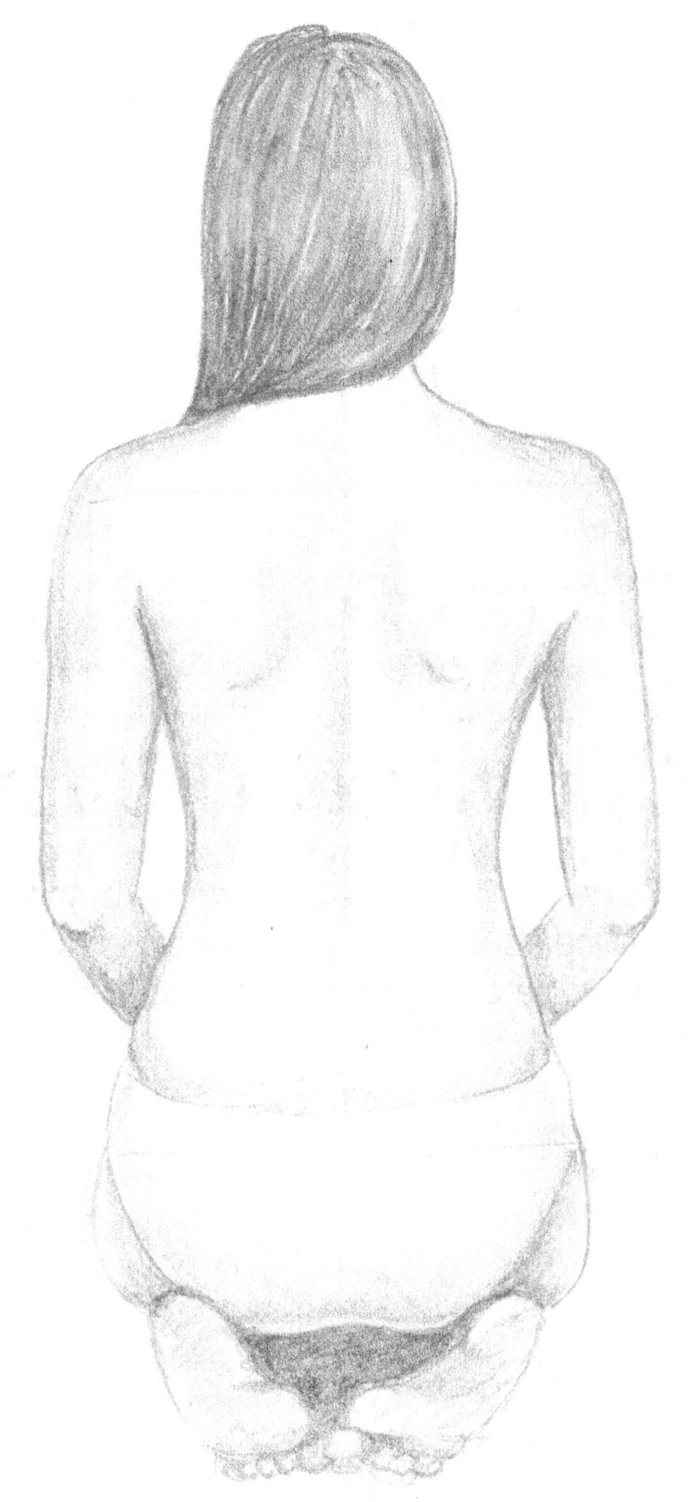

ERSTES KAPITEL

Sehen wie ein Künstler

Zerlegen Sie ein komplexes Objekt in einfache Formen.
Linien und Kreise können zu kunstvollen Gebilden werden,
wenn man Details darauf aufbaut.

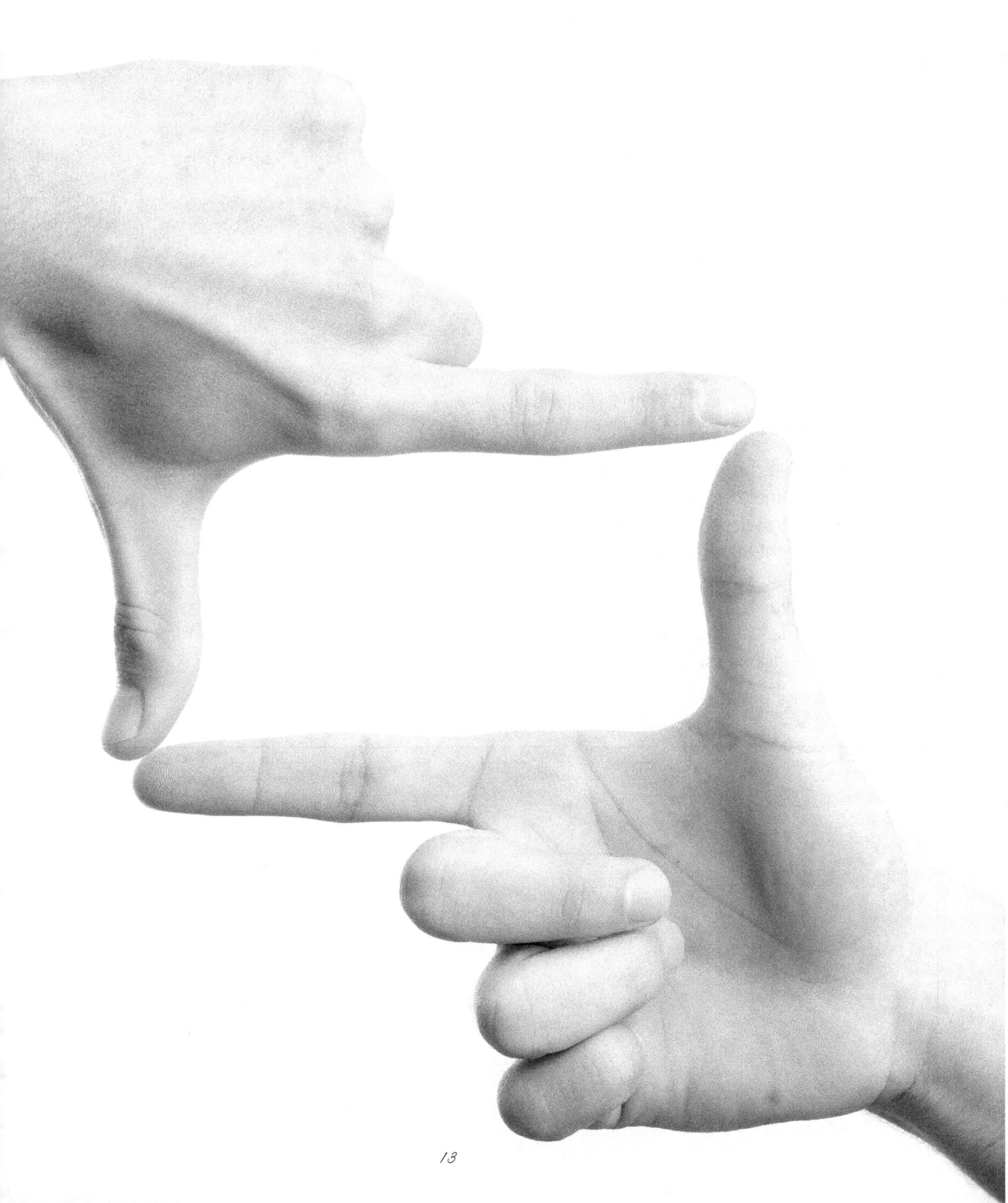

BATTERIE

Es ist verblüffend einfach, eine Batterie zu zeichnen!
Dieser einfache Zylinder nutzt Chemie, nicht mechanische Bewegung, um einen kontinuierlichen Stromfluss zu erzeugen.

SCHRITT 1

Beginnen Sie mit zwei Ellipsen, die weit voneinander entfernt sind (etwa so lang wie eine AAA-Batterie)! Die rechte ist etwas kleiner als die linke, um die Entfernung / Perspektive zu verdeutlichen. Verbinden Sie die Enden jeder Ellipse mit geraden Linien.

SCHRITT 2

Zeichnen Sie ein Oval innerhalb des linken Ovals und eine gebogene Linie links von der Mitte, um die Kreuzkonturen darzustellen. Ziehen Sie eine Linie in der Mitte/rechts, um die Stellen zu markieren, an denen sich die Farbtöne ändern sollen.

SCHRITT 3

Fügen Sie eine weitere kleine Ellipse innerhalb der in Schritt 2 gezeichneten Ellipse hinzu. Verwandeln Sie sie in einen kleinen Zylinder, indem Sie an beiden Seiten Linien ziehen und den Boden mit einer Kurve verschließen. Löschen Sie den Teil der Ellipse ganz rechts, der nicht mehr benötigt wird.

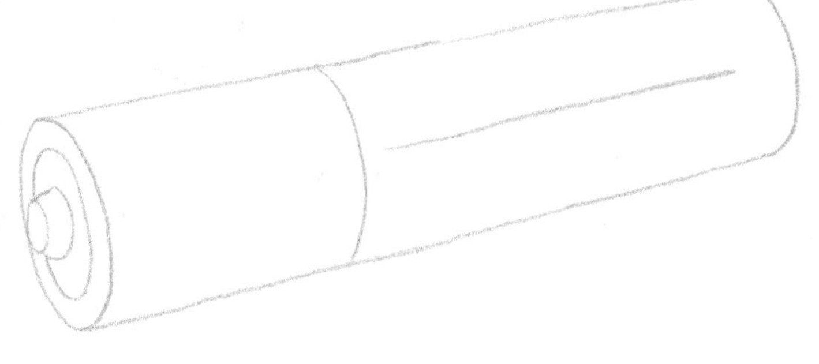

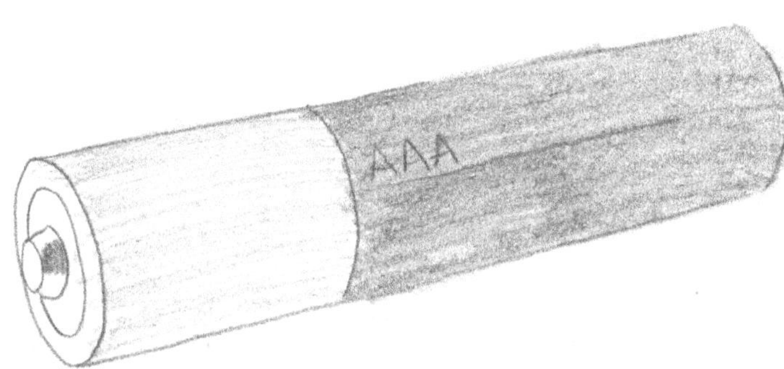

SCHRITT 4

Fügen Sie der Batterie eine Farbtonschicht hinzu: heller auf der linken Seite und dunkler auf der rechten Seite. Fügen Sie an der Seite des in Schritt 3 erstellten kleinen Zylinders ein paar Striche mit dunklem Farbton hinzu.

SCHRITT 5

Mit dem Mischwerkzeug verwischen, um die Farbtöne zu glätten. Fügen Sie den seitlichen Ovalen auf der linken Seite wie gezeigt einen Rand aus Farbton hinzu, um die Tiefe anzuzeigen. Vertiefen Sie die Farbtöne und verwenden Sie dann einen Radiergummi, um einen Glanzstreifen über alle Farbtöne zu ziehen.

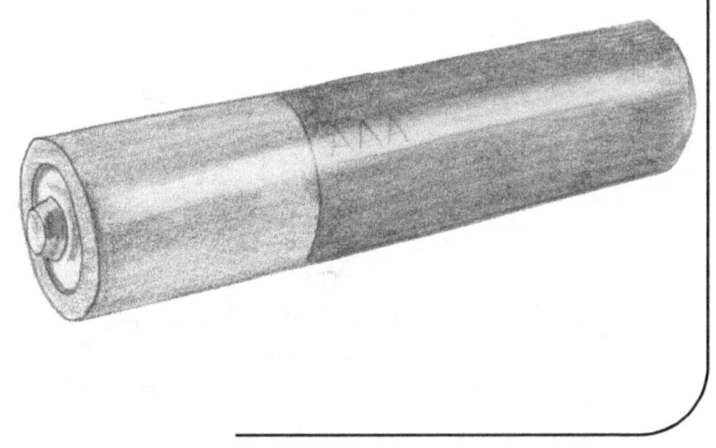

BÜCHER

Eine zweidimensionale (2D) Zeichnung lässt Höhe und Breite erkennen, während dreidimensionale (3D) Zeichnungen zusätzlich eine Tiefe haben. Mit nur wenigen Linien zeichnen wir ein Buch, das Tiefe zu haben scheint. Ob Sie ein Lehrbuch, ein persönliches Tagebuch oder Ihren Lieblingsromanklassiker zeichnen - die Wahl liegt bei Ihnen.

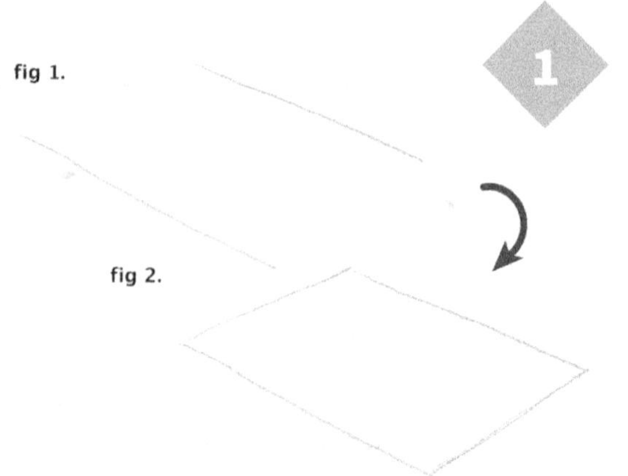

Beginnen Sie mit zwei leicht diagonalen parallel verlaufenden Linien wie oben dargestellt (Abb. 1). Fügen Sie zwei leicht diagonale Linien hinzu, die in entgegengesetzter Richtung verlaufen, um sie zu verbinden. (Abb. 2).

Folgen Sie der Kontur der Bücher links und der unteren Kante und ziehen Sie Linien, die den Boden des Buches bilden. Schließen Sie die Seiten des Buches mit leicht geschwungenen Linien wie gezeigt.

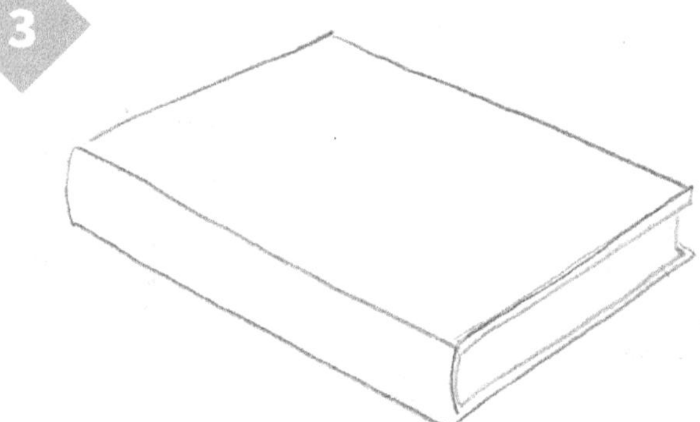

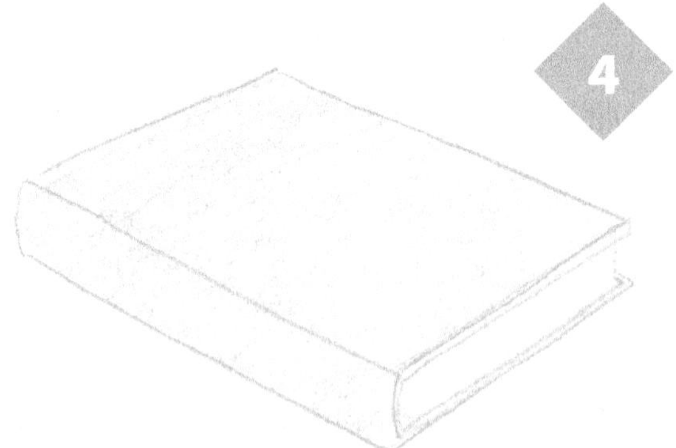

Fügen Sie Seiten und eine Deckblattstärke mit Linien hinzu, die der Kontur der Buchkanten folgen, wie gezeigt.

Fügen Sie eine leichte Schattierung des Buchdeckels

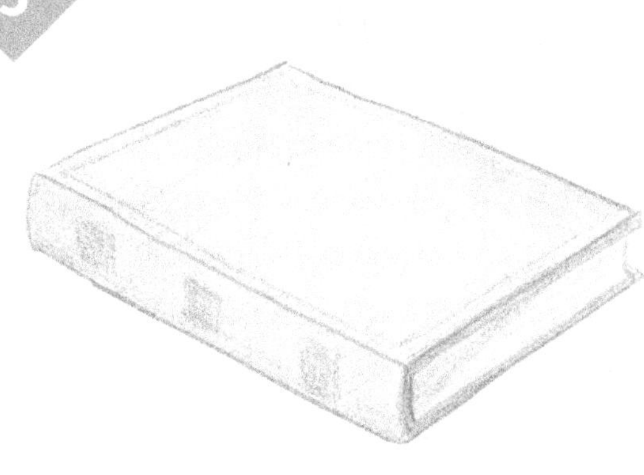

Fügen Sie nach Belieben Motive hinzu, die der Kontur des Umschlags und des Buchrückens folgen. Zeichnen Sie dünne Linien zwischen den Deckblättern, damit sie wie einzelne Seiten aussehen. Fügen Sie auf den Seiten in der Nähe der Bindung einen Schatten hinzu, um eine Lichtquelle anzuzeigen.

EXTRAZEIT: WEITERE BÜCHER DARUNTER MIT DENSELBEN SCHRITTEN ZEICHNEN, WOBEI SICH DAS OBERSTE BUCH MIT DEM REST ÜBERSCHNEIDET.

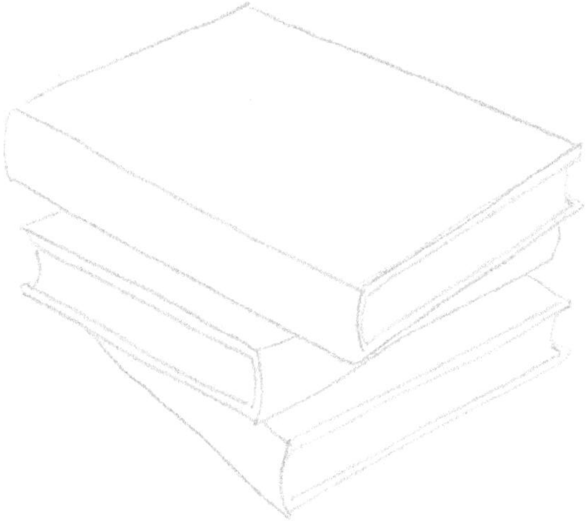

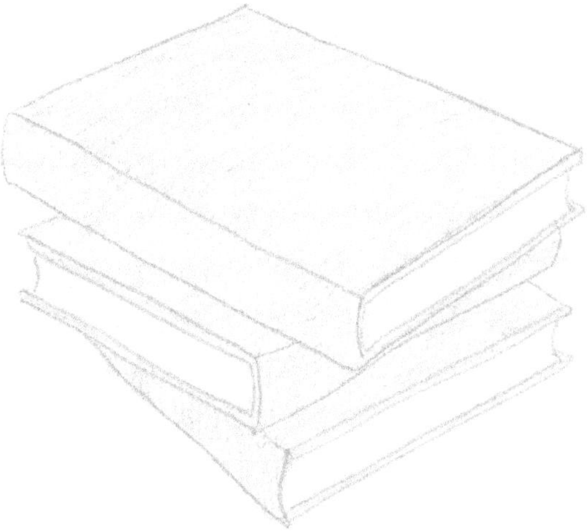

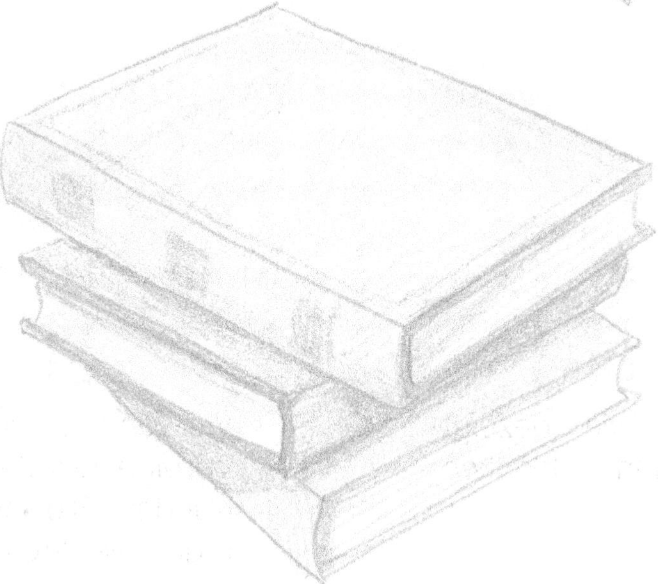

ZUCKERMAIS

Woraus besteht Zuckermais?
Wenn Sie im Internet nach den Antworten suchen, werden Sie vielleicht überrascht sein - genau wie bei dieser einfachen Anleitung, die auf einem modifizierten Dreieck basiert.

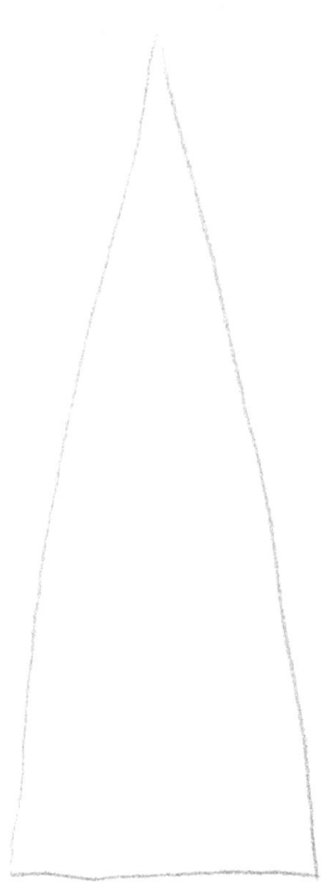

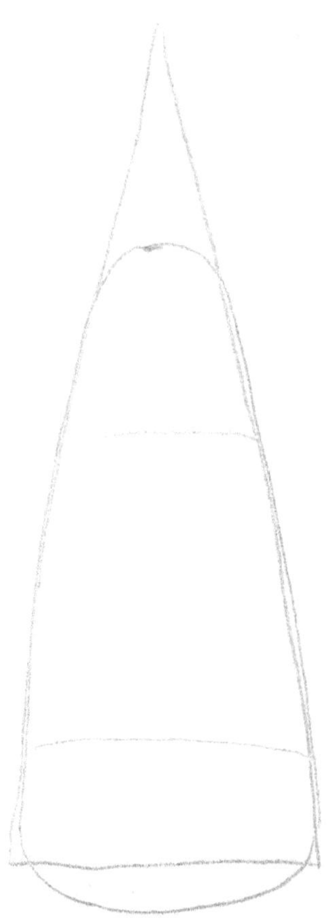

SCHRITT 1

Beginnen Sie wie gezeigt mit einem langen, schlanken Dreieck.

SCHRITT 2

Verwenden Sie das Dreieck als Vorlage, um die Form zu erstellen: Runden Sie die Kanten ab und fügen Sie Streifen hinzu.

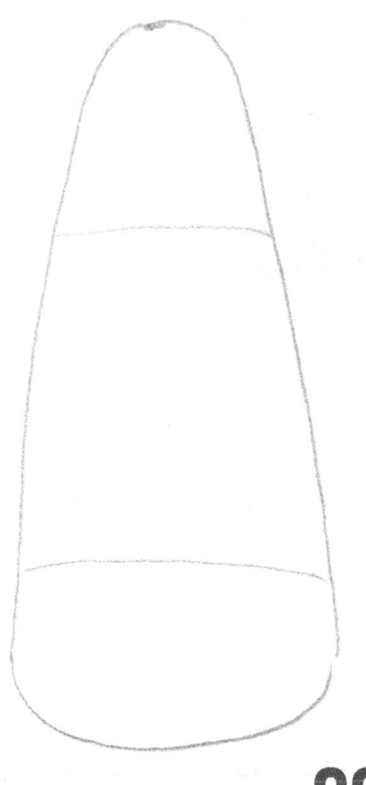

SCHRITT 3

Löschen Sie den Teil der Hilfslinien, der nicht mehr benötigt wird.

SCHRITT 4

Tragen Sie eine leichte Schicht Farbton auf das gesamte Bonbon auf und drücken Sie den mittleren Teil fester an, um ihn etwas dunkler machen.

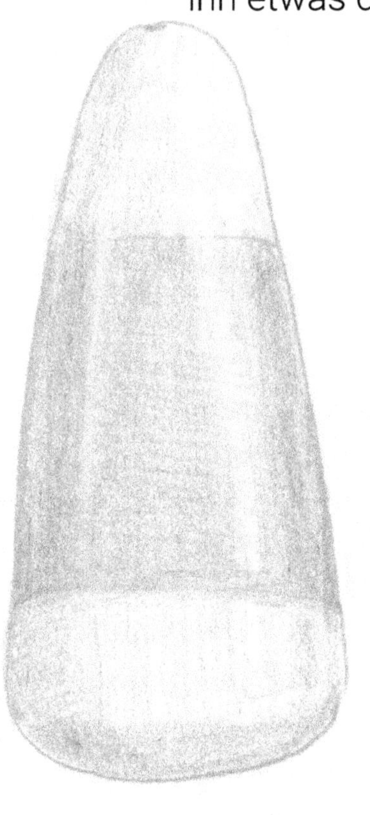

SCHRITT 5

Glätten Sie die Farbtöne mit einem Mischwerkzeug. Drücken Sie an der Unterseite der Form sowie den Außenkanten fester auf, um eine weiche Kante zu erzeugen, und achten Sie darauf, dass die Farbtöne voneinander getrennt bleiben. „Zeichnen" Sie mit einem Knetradierer eine weiße Glanzlinie, indem Sie das Pigment an den Seiten und am Boden wie gezeigt entfernen.

DAME

Der beliebteste erste Zug beim Damespiel ist „Old Faithful", bei dem ein Spieler einen der beiden mittleren Steine in Richtung des Gegners bewegt. *Machen Sie in diesem Lernprogramm Ihre ersten Züge mit Ellipsen und Linien.*

Zeichnen Sie eine ovale Form. Folgen Sie der Kontur der Unterseite des Ovals und zeichnen Sie eine Kurve.

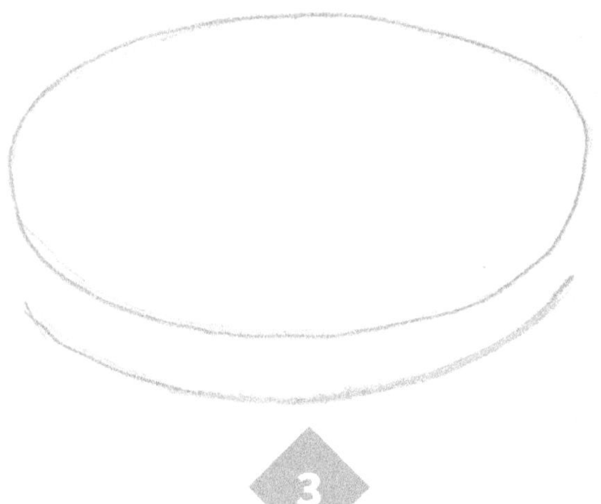

Verbinden Sie das Oval und die Kurve mit kurzen vertikalen Linien auf jeder Seite. Fügen Sie einen Ring um die Innenseite des kurzen Zylinders hinzu, den Sie erstellt haben.

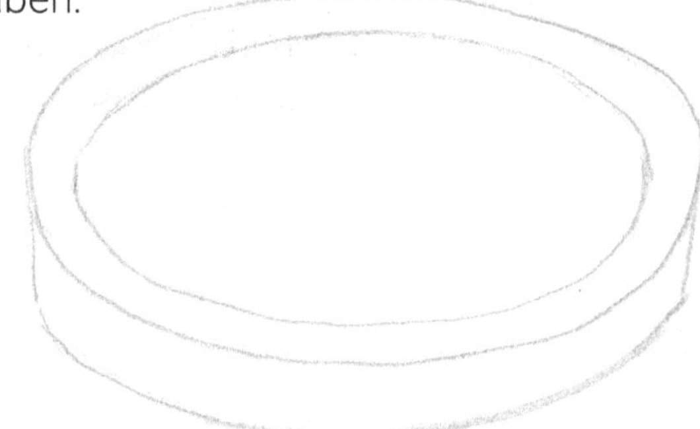

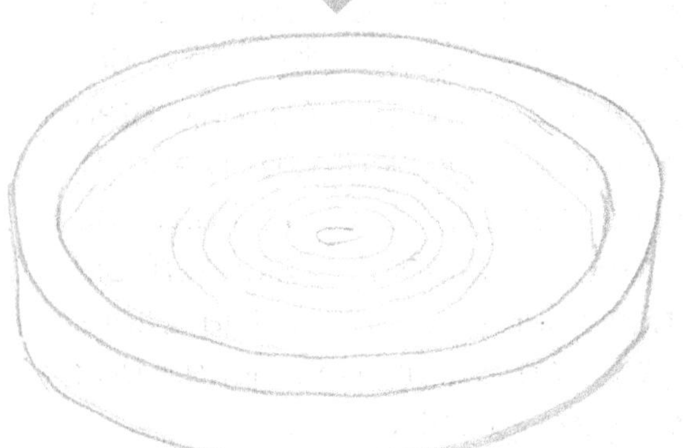

Fügen Sie eine Kurve am oberen Rand der Innenseite des in Schritt 2 erstellten Ovals hinzu. Fügen Sie in der Mitte eine Reihe von konzentrischen Kreisen hinzu.

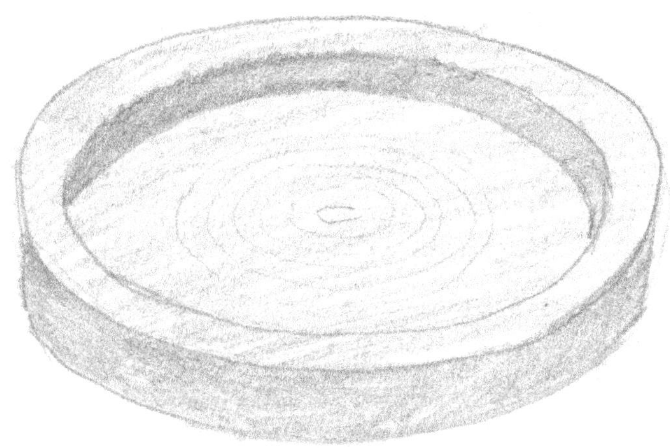

Fügen Sie der Zeichnung eine Farbtonebene hinzu. Der in Schritt 3 erstellte innere Ring und die unterste Kurve sollten etwas dunkler sein.

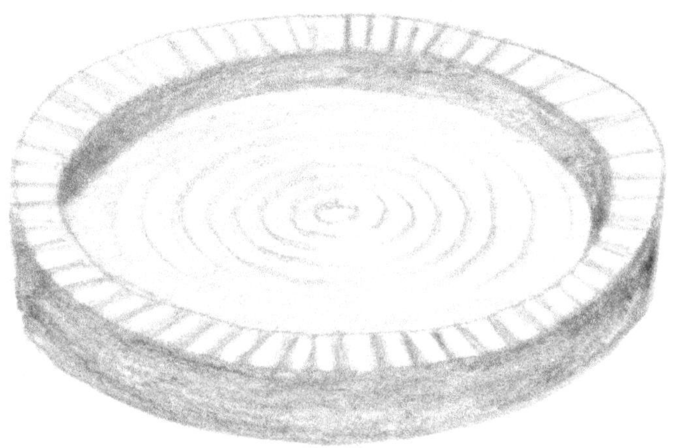

Verdunkeln Sie die linke Kante jedes mittleren Kreises, damit er eine 3D-Qualität erhält. Fügen Sie Linien hinzu, die vom Mittelpunkt des kleinsten Kreises nur am äußeren Rand ausgehen.

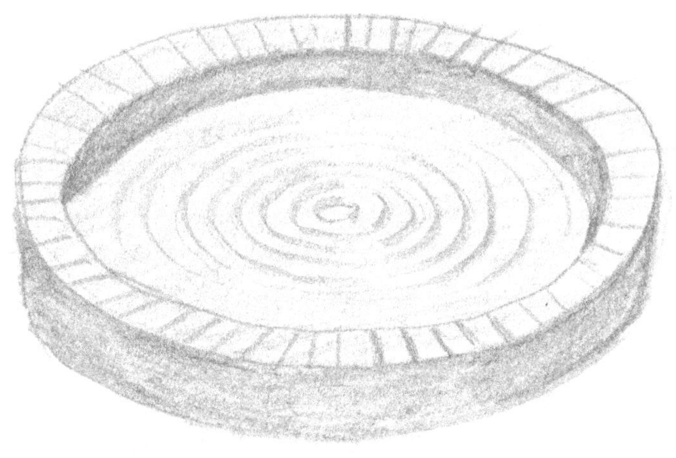

EXTRAZEIT

Die dunklen Bereiche abdunkeln. Fügen Sie zwischen den strahlenden Linien eine Glanzlinie hinzu, um die Illusion von Höhen und Tiefen zu erzeugen.

DAS 2-MINUTEN-EI

Eine Henne braucht zwischen 24 und 26 Stunden, um ein Ei zu entwickeln. Sobald sie ein Ei gelegt hat, beginnt die Entwicklung eines neuen Eies normalerweise innerhalb von 30 Minuten.
Mit diesem Tutorial werden Sie in einem Bruchteil dieser Zeit ein realistisches Ei erstellen.

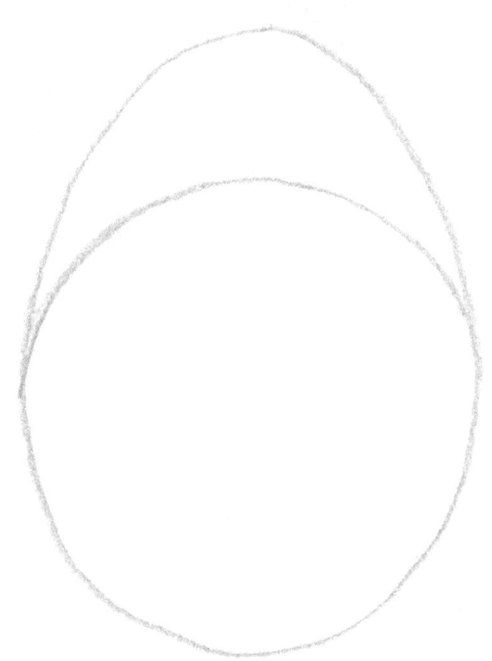

Schritt 1:
Beginnen Sie mit einem Kreis. Fügen Sie oben einen Bogen hinzu, um den schlankeren Teil des Eies zu bilden.

Schritt 2:
Löschen Sie den Teil des ursprünglichen Kreises, der in das Ei hineinragt. Die Seiten und den Boden mit einer Schicht Schatten bedecken.

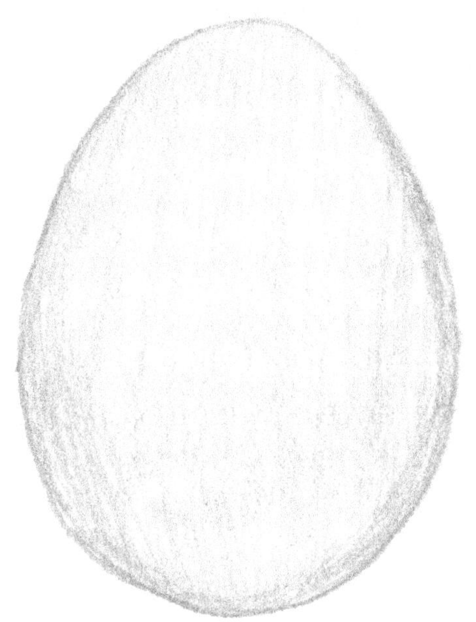

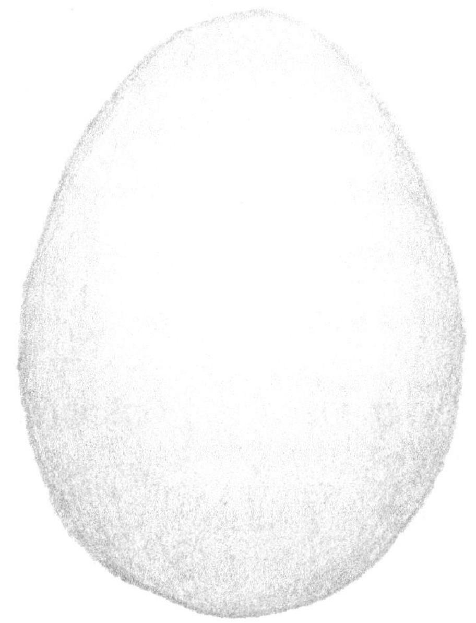

Schritt 3:
Füllen Sie das gesamte Ei mit einem leichten Farbauftrag aus, wobei Sie die Außenkontur etwas fester andrücken.

Schritt 4:
Mit dem Finger verwischen, um die Farbtöne zu glätten. Ziehen Sie mit dem Knetradierer etwas Farbton von der Mitte weg.

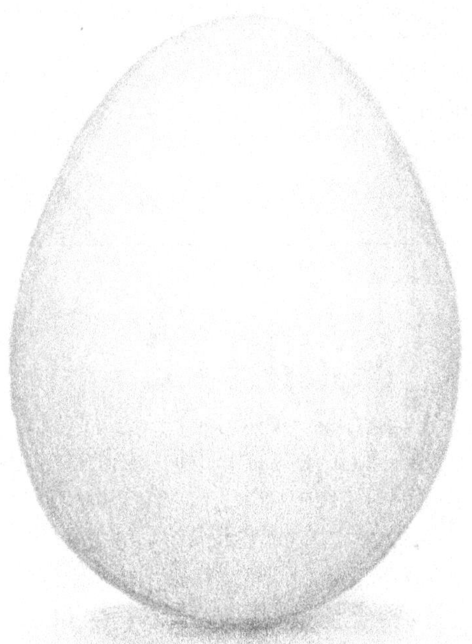

Extrazeit:
Fügen Sie einen Schatten unter dem Ei hinzu, um eine Oberfläche anzudeuten. Vertiefen Sie den Farbton dort, wo das Ei die Oberfläche berührt. Fügen Sie in der Mitte und an der Oberseite des Eies weitere Highlights hinzu, um ein abgerundetes (3D-)Aussehen zu erzielen.

KNIEENDE FIGUR

Die menschliche Gestalt ist seit Jahrhunderten ein Hauptmotiv in der Kunst. Entdecken Sie die Komplexität und Schönheit der menschlichen Figur in diesem Tutorial, indem Sie die folgenden Schritte befolgen.

SCHRITT 1

Beginnen Sie mit einer langen vertikalen Hilfslinie für den Rücken. Kreuzen Sie oben und unten und lassen Sie an beiden Enden wie gezeigt Platz. Fügen Sie einen ovalen Kopf und Linien auf beiden Seiten für die Arme hinzu.

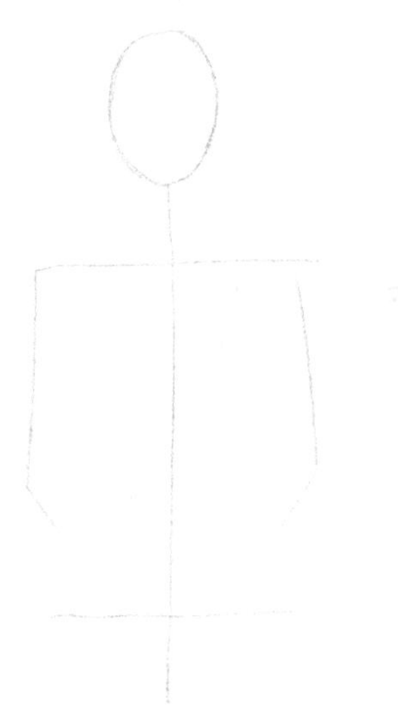

SCHRITT 2

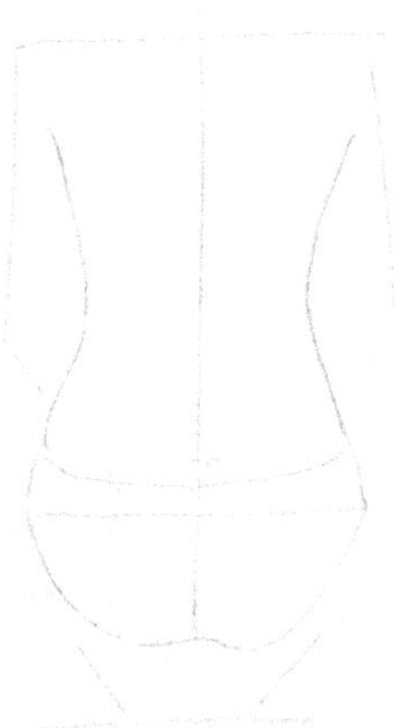

Fügen Sie Kurven an den Seiten der Wirbelsäulenlinie hinzu, die sich an der unteren horizontalen Linie treffen. Beachten Sie den Abstand zwischen diesen Linien und den Arm-Hilfslinien. Schließen Sie den Boden wie gezeigt mit einem Bogen. Fügen Sie diagonale Linien für Fuß-Hilfslinien hinzu, mit einer Linie darunter, um eine Fläche darzustellen.

SCHRITT 3

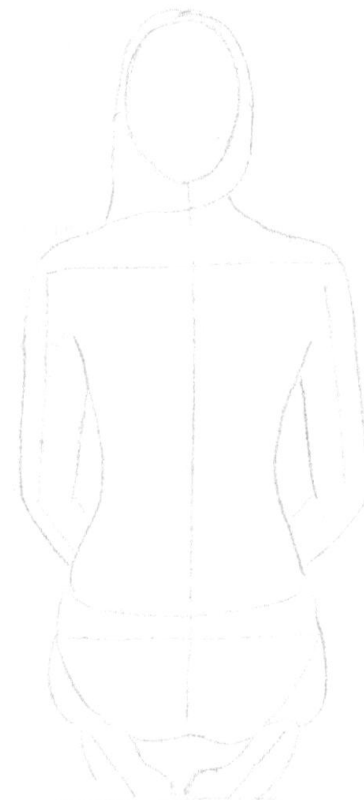

Fügen Sie den Armen „Fleisch" hinzu, indem Sie auf beiden Seiten der Arm-Hilfslinien Linien ziehen. Haarlinien um den ovalen Kopf hinzufügen. Füße um die Hilfslinien herum zeichnen. Beachten Sie die kantige Form, die durch den negativen Raum zwischen Armen und Körper entsteht.

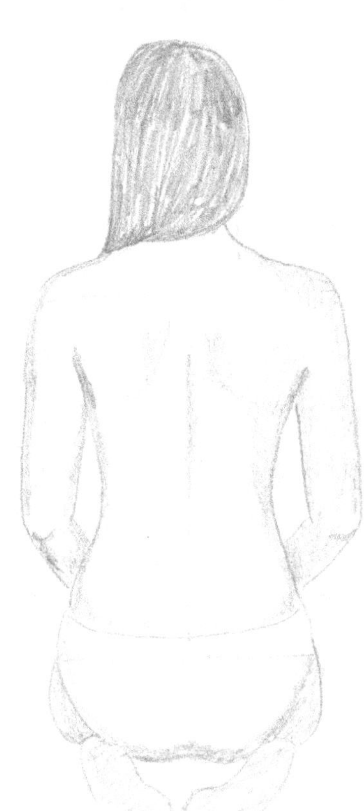

SCHRITT 4

Löschen Sie die nicht mehr benötigten ursprünglichen Hilfslinien. Zeichnen Sie vertikale Linien, die der Kontur des Kopfes innerhalb des Haaransatzes folgen. Fügen Sie eine leichte Schicht Farbton an den Rändern der einzelnen Armformen und an den Seiten des Rückens hinzu. Die rechte Seite sollte etwas dunkler sein, um eine Lichtquelle anzuzeigen. Füllen Sie mit der Kante des Bleistifts den Bereich in der Nähe des oberen Teils der Wirbelsäule aus, indem Sie mit gebogenen Bewegungen die Schulterblätter andeuten. Fügen Sie eine Schicht Farbton unter dem Po, den Füßen und dem sichtbaren Teil der Oberschenkel hinzu.

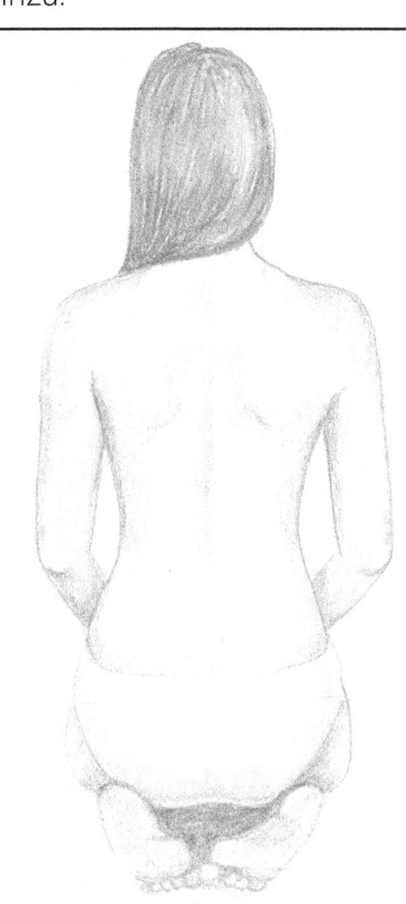

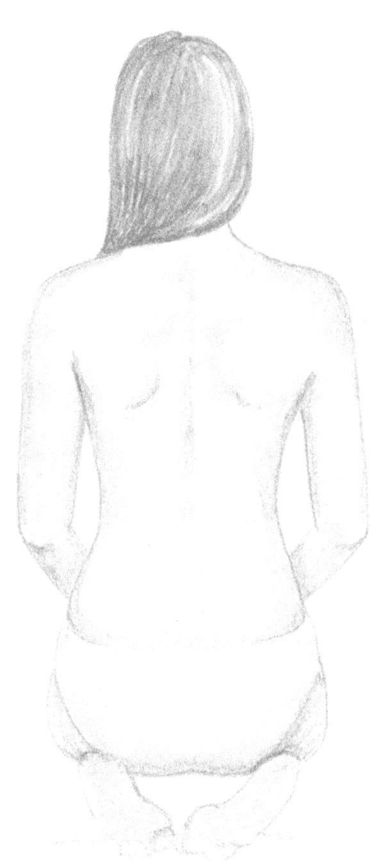

SCHRITT 5

Glätten Sie die Farbtöne mit dem Finger oder einem Mischwerkzeug. Löschen Sie die Bereiche des Glanzlichts an den Schultern, den Schulterblättern, den Haaren und der Mitte des Rückens. Definieren Sie die Ellbogen und trennen Sie die Füße mit mehr Farbton vom Boden. Kleine ovale Zehenformen hinzufügen.

EXTRAZEIT

Verwischen Sie die Farbtöne noch weiter. Die Linie zwischen Kleidung und Haut sollte kaum wahrnehmbar sein. Drücken Sie die Bereiche in der Nähe der Mitte mit einem Knetradierer nach hinten, damit die Farbtöne dezenter erscheinen. Verleihen Sie dem Haar mehr Glanz.

MUSCHEL-SCHALE

Man findet diese Muscheln im Süßwasser, im Salzwasser und auf der Speisekarte! Diese Muschelschalen sind die äußere Hülle, eine zweiteilige Schale mit Scharnier, die ein weiches, wirbelloses Lebewesen enthält. Zeichnen Sie unten eine leere Muschelschale.

Zeichnen Sie eine Kreisform mit einer Kurve an der Spitze. Schließen Sie die Kurve mit einer geraden Linie. Diese zweite Form sollte wie ein modifiziertes Dreieck aussehen.

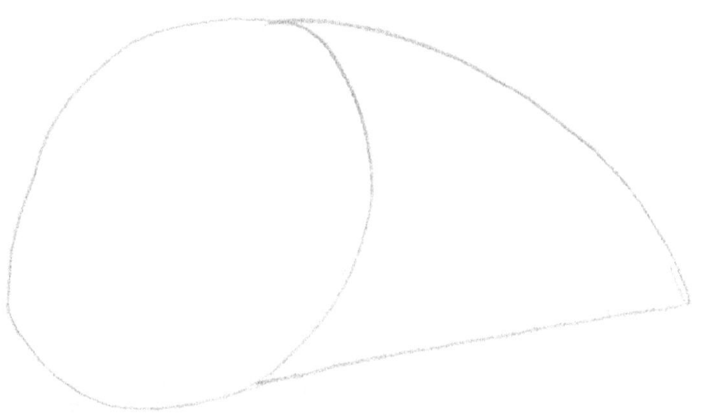

Krümmen Sie die Spitze der Dreiecksform wie gezeigt. Fügen Sie eine Kurve hinzu, die beide Formen durchschneidet, und eine umgekehrte „3"-Form entlang der Innenseite der größten Kurve.

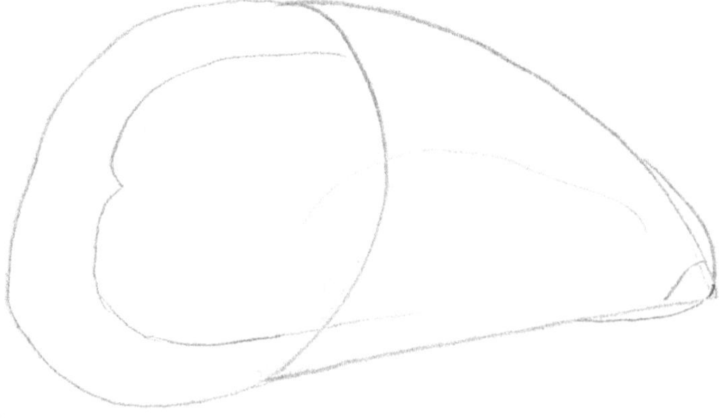

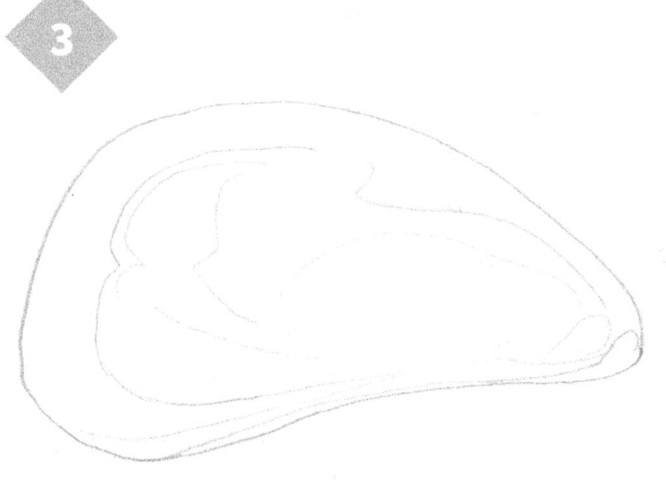

Löschen Sie die nicht mehr benötigten Teile der Hilfslinien, so dass die beiden ursprünglichen Formen eine Schalenform bilden. Fügen Sie weitere Linien im Inneren der Schale hinzu, die der Kontur der Außenseite folgen, um Farbtonveränderungen zu kennzeichnen.

Fangen Sie an, Farbton hinzuzufügen. Füllen Sie mit einer Hin- und Her-Bewegung den äußeren Rand in der Nähe der größten Kurve aus. An den Rändern fester andrücken. Fügen Sie im Inneren der Schale verschiedene Drucke hinzu, um Schatten und Tiefe zu erzeugen.

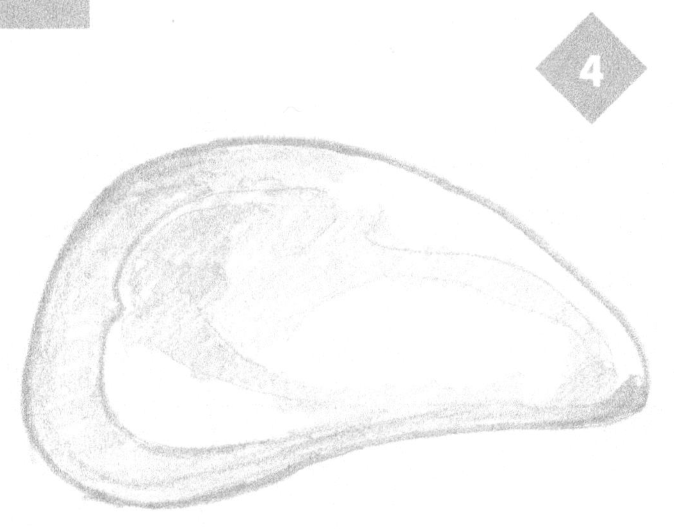

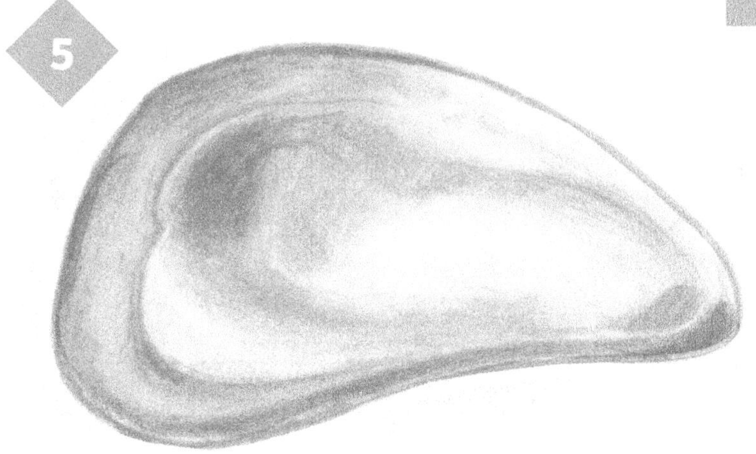

Mehr Farbton hinzufügen und mit einem Werkzeug glätten. Löschen Sie die hellsten Bereiche, um Highlights zu erzeugen.

PFLANZE

Eine Zimmerpflanze am Leben zu erhalten, kann für manche eine schwierige Aufgabe sein, eine Pflanze zu zeichnen ist aber überhaupt nicht schwer. Erweitern Sie Ihre Kenntnisse für das Zeichnen dieses Motivs, indem Sie mit ein paar einfachen Formen beginnen.

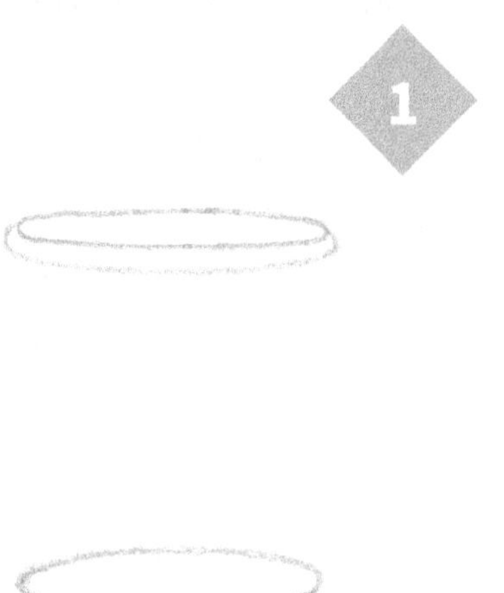

Schritt 1: Zeichnen Sie eine Ellipse für den Boden des Topfes. Zeichnen Sie eine weitere für den oberen Teil. Fügen Sie einen Rand an der Oberseite hinzu, indem Sie der Kontur wie gezeigt folgen.

Schritt 2: Verbinden Sie die oberen und unteren Ellipsen mit geschwungenen Linien, die die Seiten des Pflanzgefäßes bilden. Zeichnen Sie geschwungene Linien für Stängel/Blätter, die von der oberen Ellipse ausgehen.

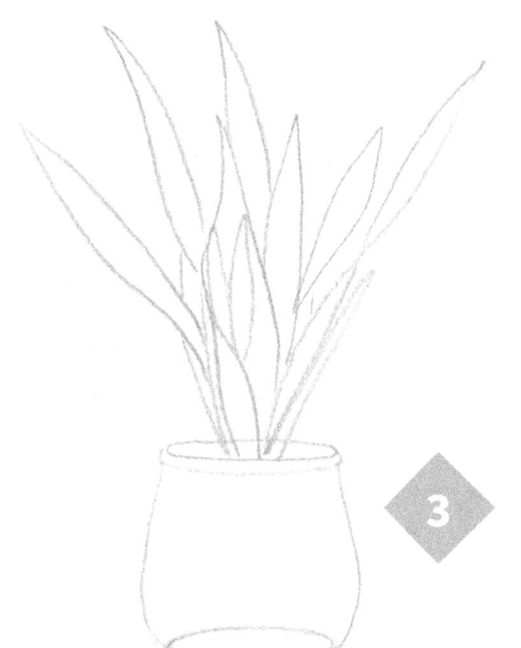

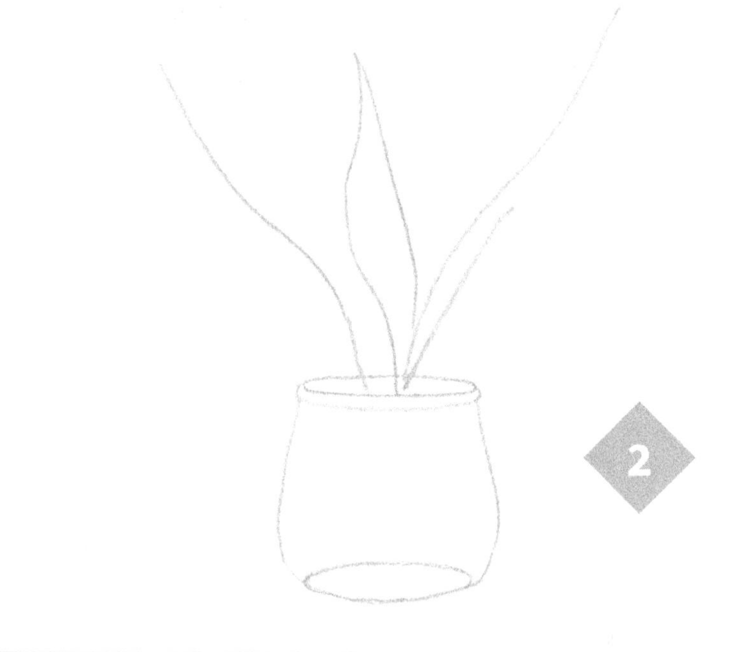

Schritt 3: Den Topf mit weiteren Stängeln/Blättern füllen.

Schritt 4: Die gesamte Pflanze und den Topf leicht einfärben, dabei mehr Druck im Inneren der oberen Ellipse ausüben, um einen dunkleren Farbton zu erzeugen.

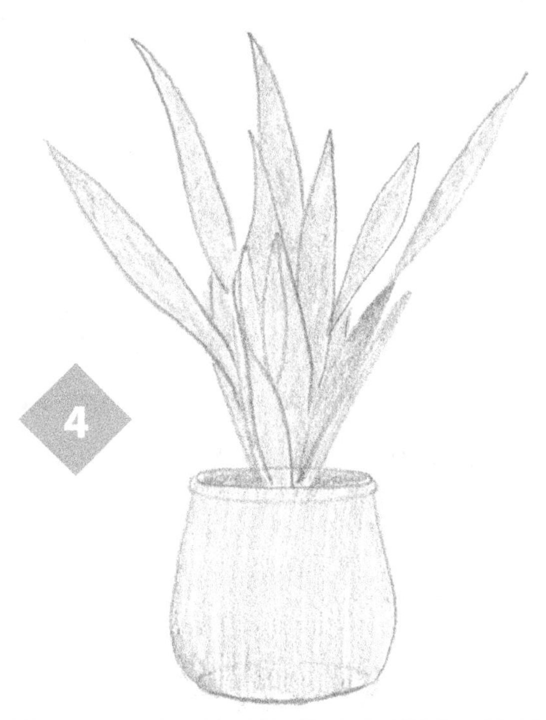

Schritt 5: Fügen Sie Dimensionen hinzu, indem Sie eine Seite des Topfes wählen und nach und nach einen dunkleren Farbton hinzufügen. Der obere Rand des Topfes sollte einen etwas dunkleren Farbton als Schatten aufweisen. Die Blätter sollten in der Mitte dunkler und an den Rändern heller sein.

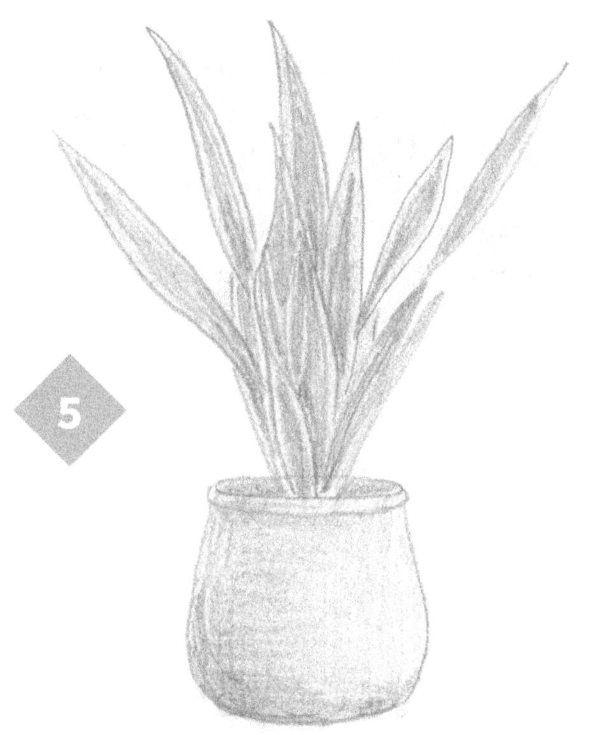

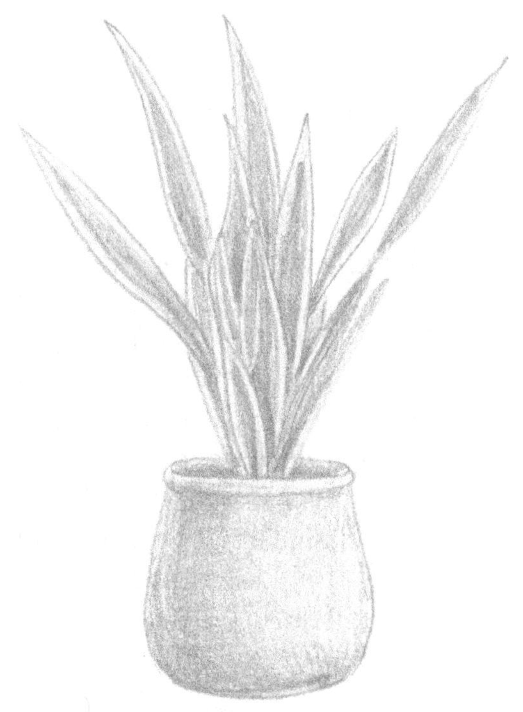

Extrazeit: Verdunkeln Sie einige der dunkleren Farbtöne, um mehr Kontrast zu erzeugen. Verwischen, um die Farbtöne zu glätten. Verwenden Sie einen Knetradierer, um die Ränder der Blätter hervorzuheben.

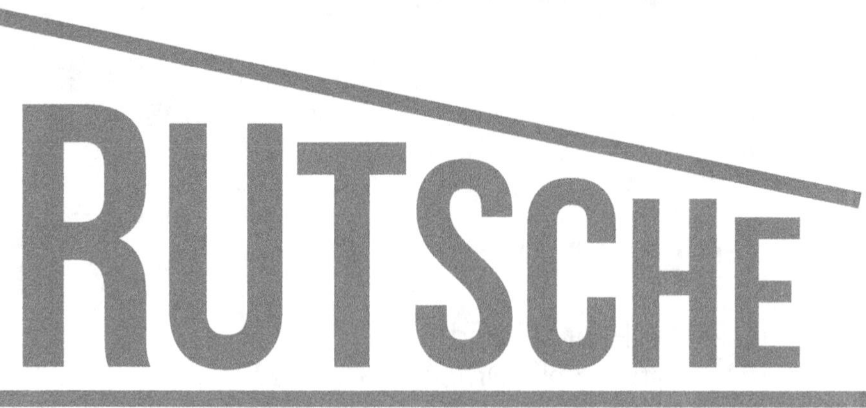

RUTSCHE

Meine Zwillinge können auf dem Spielplatz keiner Rutsche widerstehen.
Sie werden nicht widerstehen können, diese süße kleine Zeichnung in nur 5 Schritten auszuprobieren.

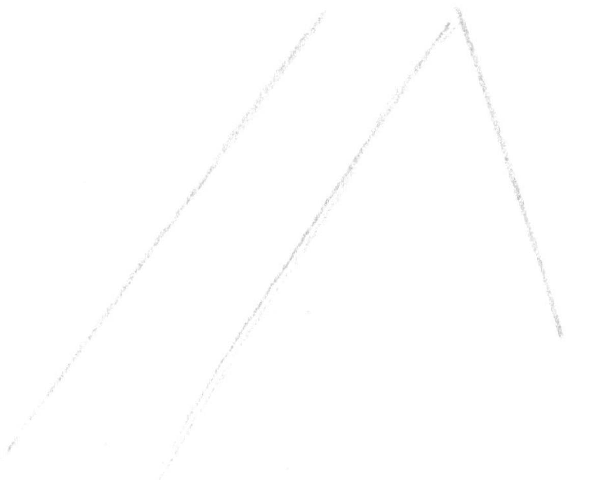

Schritt 1: Zeichnen Sie die Spitze eines Dreiecks, aber schließen Sie die Unterseite nicht. Die linke Linie sollte weiter nach unten reichen als die rechte. Zeichnen Sie eine weitere Linie parallel zur linken Linie.

Schritt 2: Schließen Sie den oberen und unteren Rand der Folie mit kurzen Linien. Fügen Sie parallele Linien hinzu, die den hinteren Teil der Leiter bilden. Fügen Sie eine Linie hinzu, die parallel zu der in Schritt 1 gezeichneten kurzen Dreieckslinie verläuft, um einen Teil des vorderen Teils der Leiter zu bilden. Linien für Leitersprossen hinzufügen.

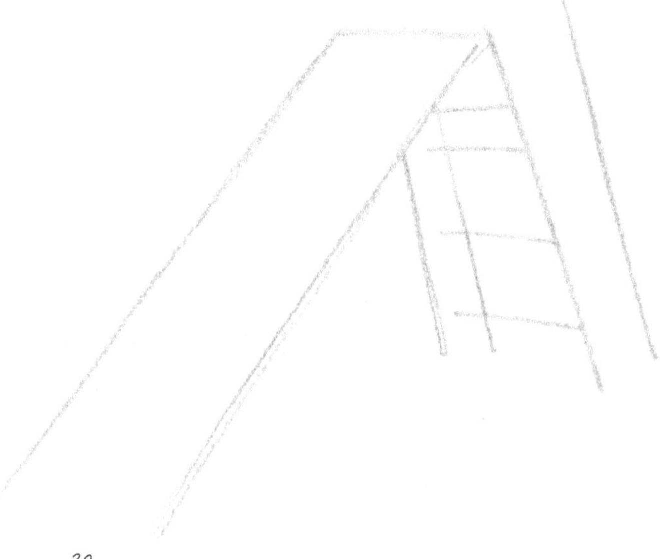

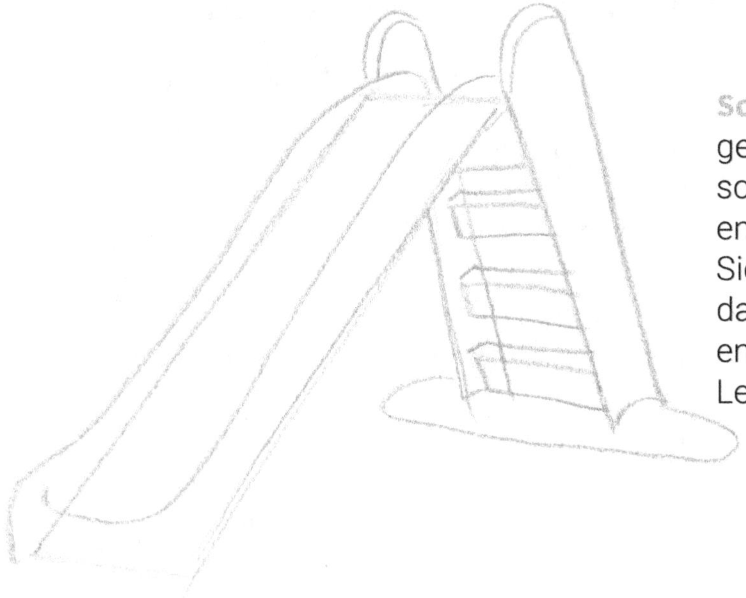

Schritt 3: Verwenden Sie geschwungene Linien, um die Wände der Rutsche und die Griffstangen am oberen Ende zu bilden. Vervollständigen Sie die Sprossen mit weiteren Linien, damit sie dreidimensional erscheinen. Zeichnen Sie eine Basis für die Leiter.

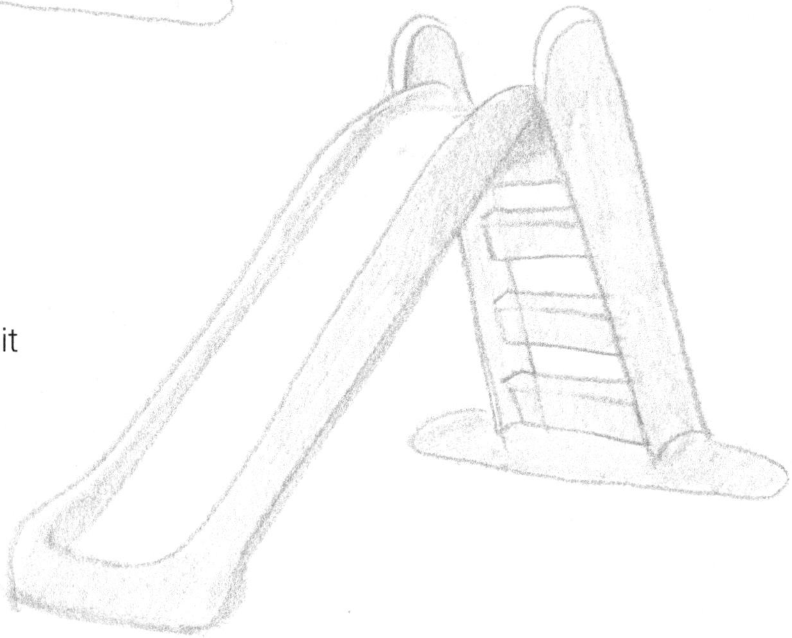

Schritt 4: Füllen Sie die Rutsche mit einer leichten Farbtonschicht aus. Die linke Seitenwand der Rutsche kann etwas dunkler sein.

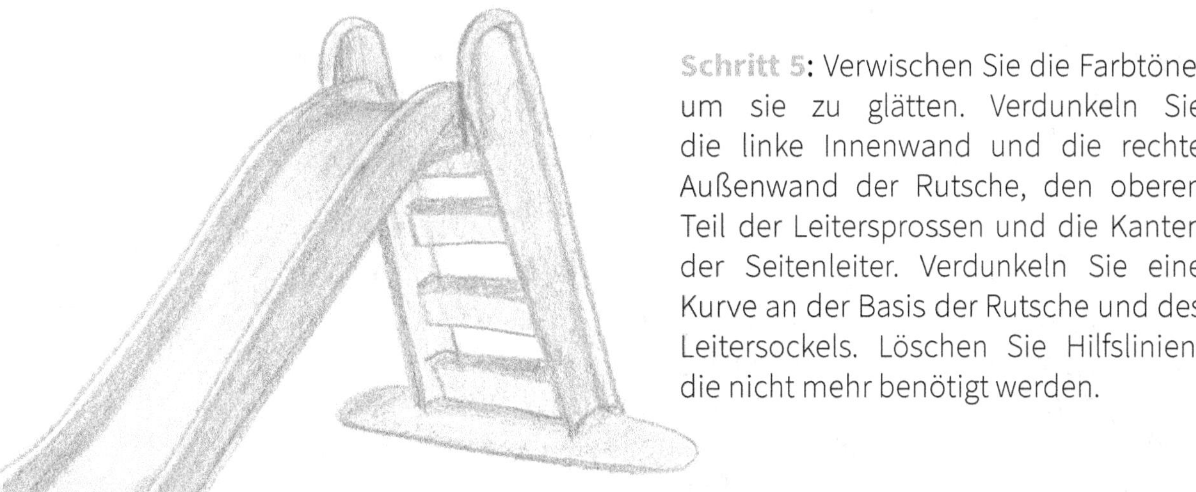

Schritt 5: Verwischen Sie die Farbtöne, um sie zu glätten. Verdunkeln Sie die linke Innenwand und die rechte Außenwand der Rutsche, den oberen Teil der Leitersprossen und die Kanten der Seitenleiter. Verdunkeln Sie eine Kurve an der Basis der Rutsche und des Leitersockels. Löschen Sie Hilfslinien, die nicht mehr benötigt werden.

DINOSAURIER

Dinosaurier lebten über 165 Millionen Jahre lang auf der Erde, bevor sie am Ende der Kreidezeit vor etwa 65 Millionen Jahren ausstarben. Diese prähistorische Kreatur können Sie in nur 5 Minuten zeichnen, wenn Sie diese 5 Schritte befolgen...

Schritt 1: Zeichnen Sie eine große runde Form für den Körper. Zeichnen Sie zunächst 4 Stockbeine und eine Linie für einen gebogenen Hals. Fügen Sie am Ende des Halses einen kleinen Kreis für den Kopf hinzu.

Schritt 2: Fügen Sie den Beinen und dem Hals mehr Dicke hinzu (in der Nähe der ursprünglichen Stock-Hilfslinien). Fügen Sie dem kleinen Kreiskopf eine abgerundete Schnauze hinzu. Fügen Sie eine lange Kurve für einen Schwanz hinzu.

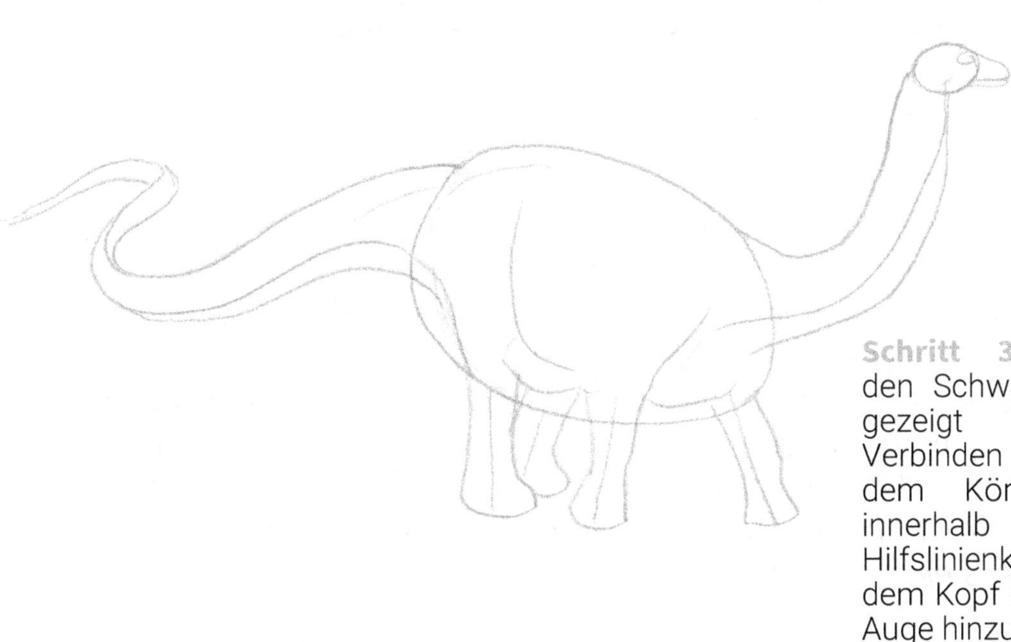

: Vergrößern Sie den Schwanz, indem Sie wie gezeigt Kurven zeichnen. Verbinden Sie die Beine mit dem Körper durch Linien innerhalb des ursprünglichen Hilfslinienkreises. Fügen Sie dem Kopf ein kleines wulstiges Auge hinzu.

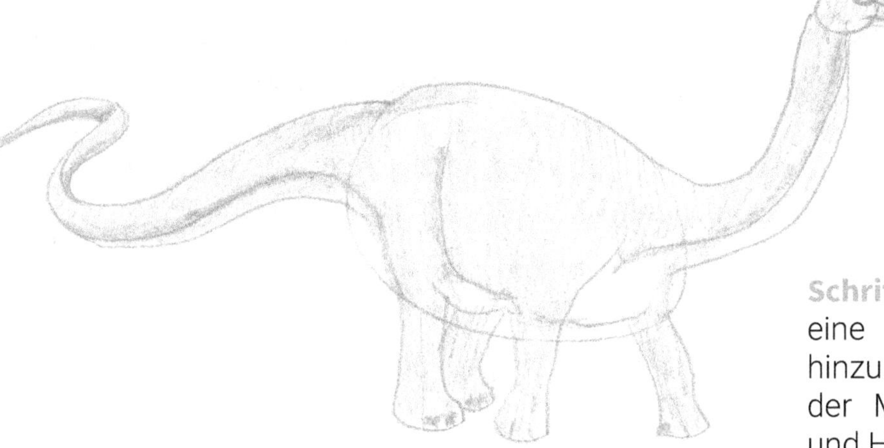

: Fügen Sie schnell eine Schicht hellen Farbton hinzu. Drücken Sie in der Nähe der Mittellinie von Schwanz und Hals etwas fester auf.

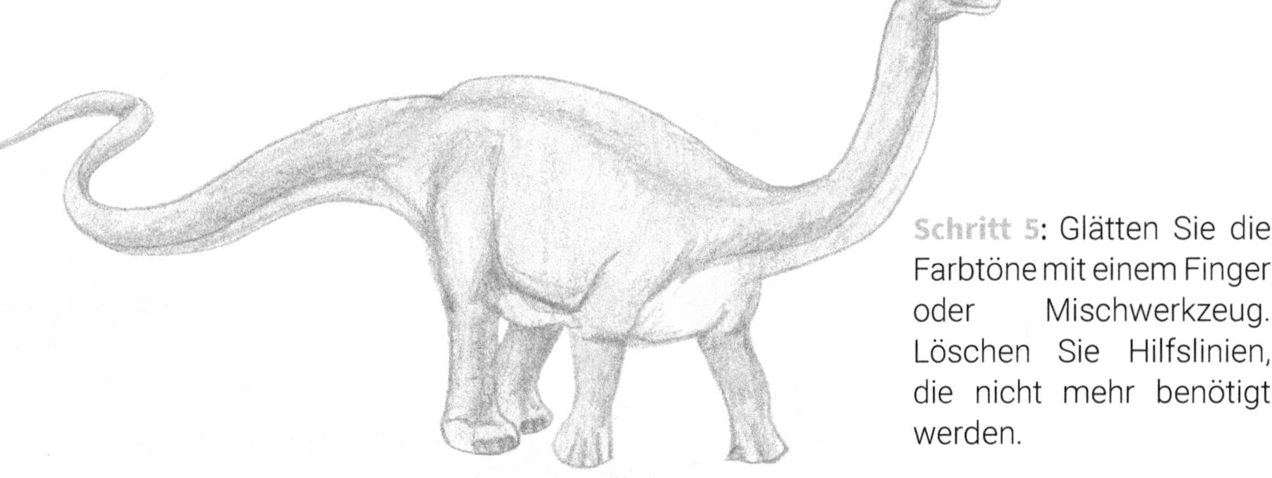

: Glätten Sie die Farbtöne mit einem Finger oder Mischwerkzeug. Löschen Sie Hilfslinien, die nicht mehr benötigt werden.

GABEL

Gabeln wurden ursprünglich von den Griechen verwendet, um Speisen aus heißen Töpfen zu nehmen. Sie wurden erst dann als Esswerkzeug verwendet, als Katharina von Medici sie aus Italien nach Frankreich brachte, und selbst dann dauerte es noch einige hundert Jahre, bis die Menschen nicht mehr mit den Händen aßen. Befolgen Sie diese Schritte, um dieses einfache, aber zivilisierte Essgerät zu zeichnen.

Schritt 1: Beginnen Sie mit einem Kreis, der mit einer diagonalen Linie als Griff-Hilfslinie verbunden ist. Auf der linken Seite des Griffs befindet sich eine kurze diagonale Linie, zu der 4 kurze Linien senkrecht verlaufen.

Schritt 2: Zeichnen Sie um die in Schritt 1 erstellten Hilfslinien herum, um die „Dicke" zu erhöhen

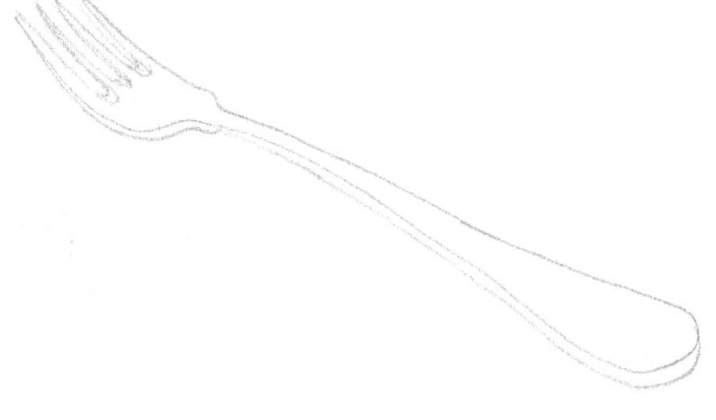

: Löschen Sie die ursprünglichen Hilfslinien. Fügen Sie auf der linken Seite jeder Zinke eine 3D-Kante hinzu, indem Sie ihrer Kontur folgen und eine Linie in ihrer Nähe ziehen, um die Tiefe anzugeben.

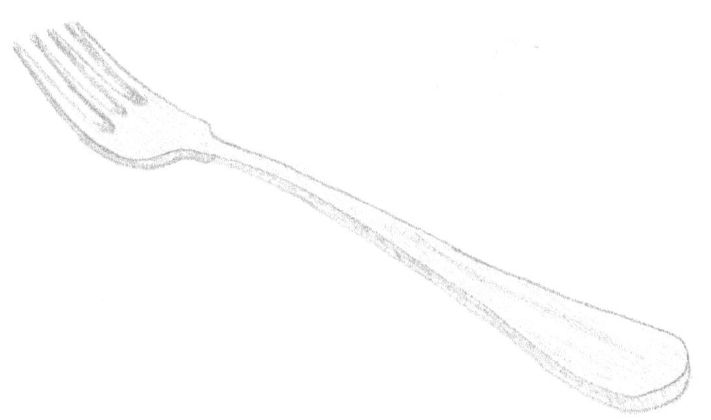

Schritt 4: Fügen Sie der Gabel einen leichten Farbton hinzu. Drücken Sie fester, um die 3D-Kanten dunkler zu machen.

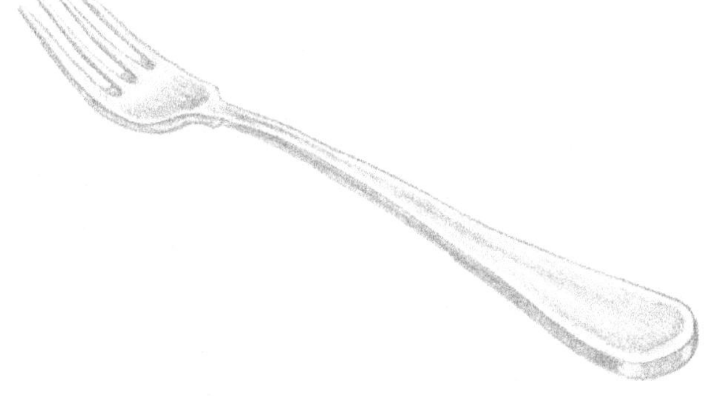

Schritt 5: Die Kanten der Gabelzinken mit einem Radiergummi hervorheben. Verdunkeln Sie die Kanten jeder Ebene, um einen Kontrast zu erzeugen.

OKTOPUS

Oktopusse sind Meeresbewohner, die vor allem berühmt sind für ihre acht Arme und bauchigen Köpfe. Verwenden Sie unterschiedliche Druckstärken des Bleistifts, um Werte zu schaffen, die den Oktopus nicht flach aussehen lassen.

Schritt 1: Beginnen Sie mit einer Kreisform für den Kopf. Fügen Sie geschwungene Linien für die Beine hinzu, die davon ausgehen. Achten Sie darauf, dass sie in einigen Bereichen überlappen.

Schritt 2: Fügen Sie Linien für Kopfdetails hinzu. „Verdicken" Sie die gewirbelten Beinlinien, indem Sie die Kontur mit einer Linie nachzeichnen und sie an den Enden spitz zulaufen lassen.

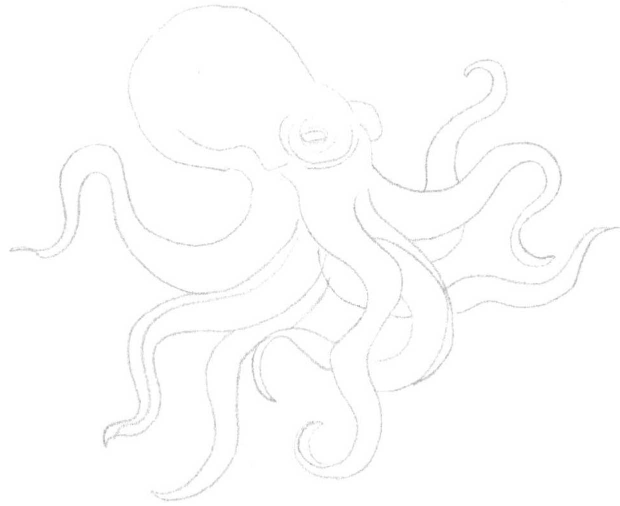

Schritt 3: Fügen Sie Details für die Augen und einige Linien zur Trennung der Beinabschnitte hinzu, um zu zeigen, wo die Struktur sein wird.

Schritt 4: Fügen Sie eine Schicht Farbton auf die Bereiche am Auge, unter dem Kopf und an den Beinen hinzu, wie gezeigt. Beachten Sie die Platzierung der dunkleren Farbtöne und den Schatten unter dem Augenhöcker auf der rechten Seite.

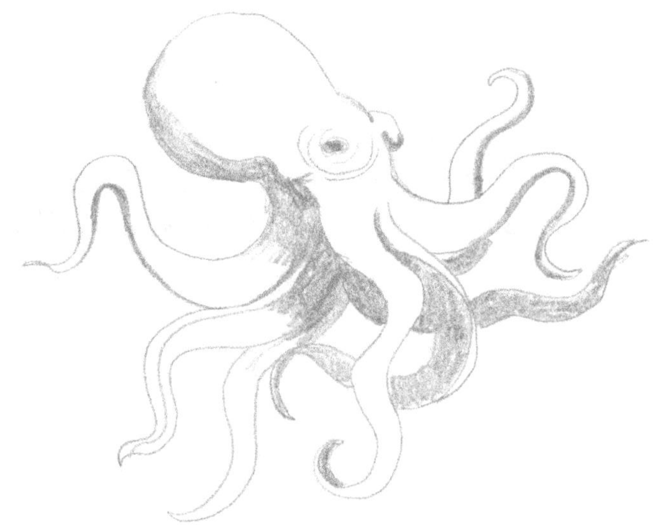

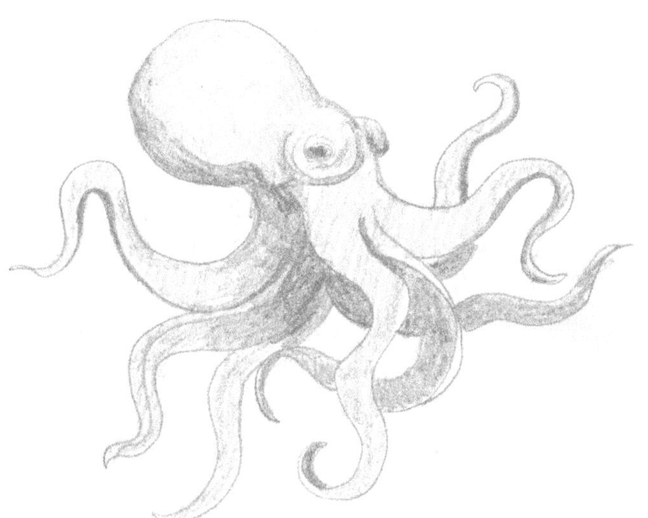

Schritt 5: Füllen Sie den Rest des Oktopusses mit einem helleren Farbton aus, indem Sie schnell hin- und herfahren. Fügen Sie einen dunkleren Farbton unter dem Auge und um die Augenränder herum hinzu. Einige der Beine sollten so aussehen, als ob sie sich vom Licht abwenden und Schattenbereiche aufweisen.

Extrazeit: Verwischen Sie die Farbtöne, um sie zu glätten. Fügen Sie ovale Formen für die Saugnäpfe hinzu. Einige können sich an den äußeren Rändern des Beins befinden, andere im Inneren des Beins.

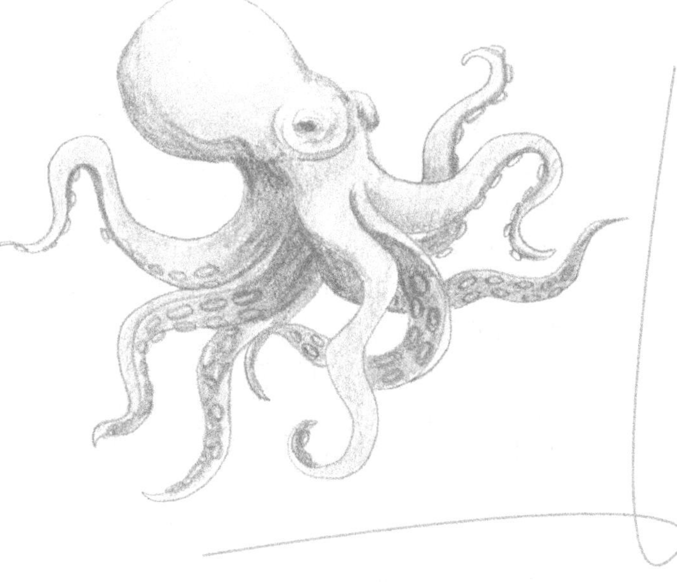

SCHERE

Ursprünglich waren Scheren aus Bronze oder Eisen gefertigt. Heute sind sie in der Regel aus rostfreiem Stahl mit Kunststoffgriffen. Sie brauchen nur einen Bleistift und Papier.

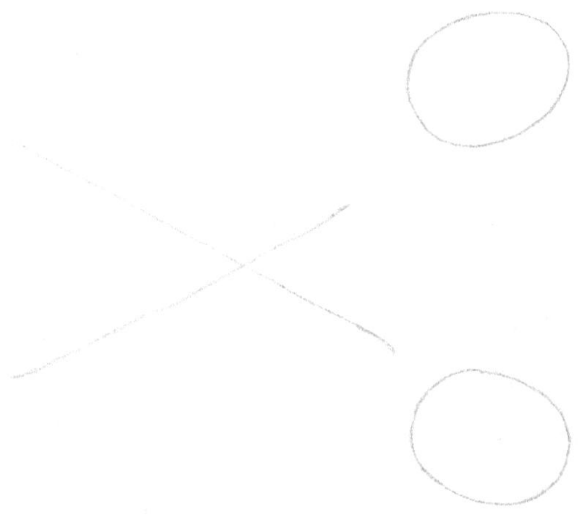

Schritt 1: Beginnen Sie mit zwei Linien, die wie gezeigt ein „X" bilden. Beachten Sie, dass die linke Seite des „X" breiter ist als die rechte Seite. Dieses „X" dient als Richtschnur für die Klingen. Fügen Sie zwei Kreisformen nach der rechten Seite des „X" hinzu und beachten Sie dabei deren Platzierung und Abstand zueinander.

Schritt 2: Zeichnen Sie um die ursprüngliche „X"-Form herum und verwenden Sie sie als Vorlage für die Scherenblätter. Zeichnen Sie dünne Kreise um die in Schritt 1 gezeichneten Kreisformen. Verbinden Sie das „X" mit den Kreisen durch gebogene Linien.

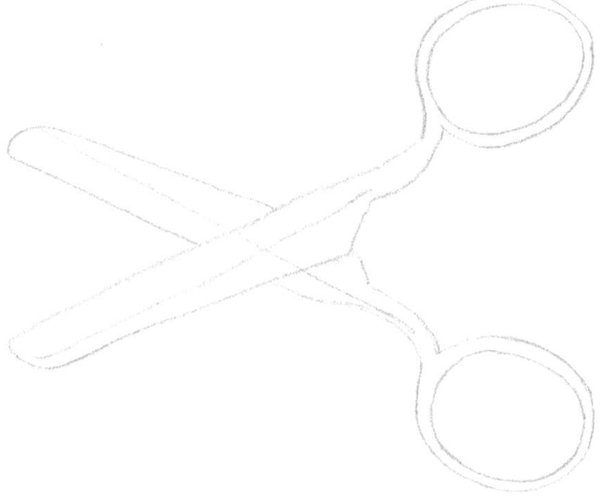

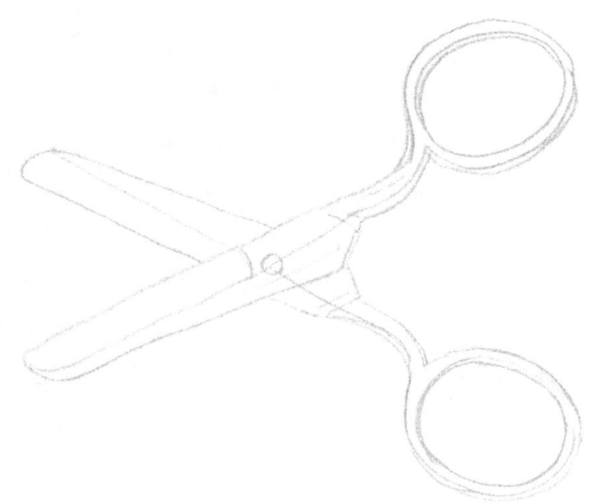

Schritt 3: Fügen Sie der Zeichnung 3D-Elemente hinzu. Dazu gehört auch das Hinzufügen von Kanten zu den Kreisen und Linien auf den Klingen, um Farbtonänderungen anzuzeigen. Fügen Sie einen kleinen Kreis für eine Schraube hinzu, um die Klingen zu verbinden.

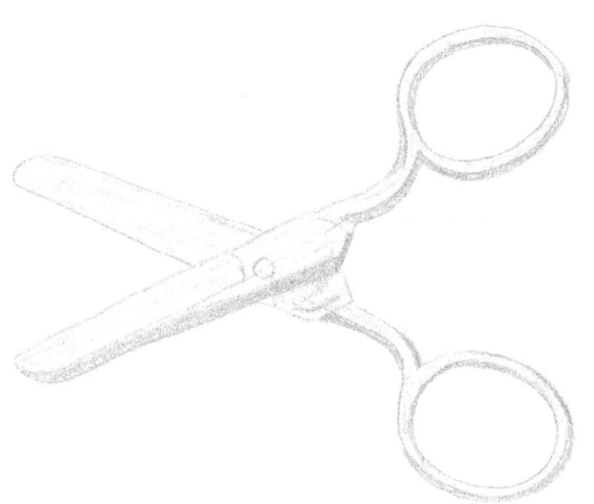

Schritt 4: Fügen Sie der Schere eine leichte Schicht Farbton zu. Machen Sie die Unterseite der unteren Klinge etwas dunkler. Das Gleiche gilt für die Unterseite der Griffe und Ringe. Dadurch entsteht die Illusion von Tiefe.

Schritt 5: Glätten Sie die Farbtöne mit einem Finger oder Mischwerkzeug. Verwenden Sie einen Knetradierer, um die Klingen und Griffe hervorzuheben.

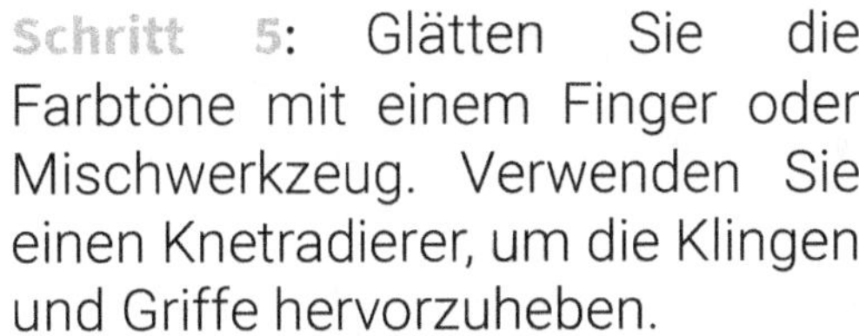

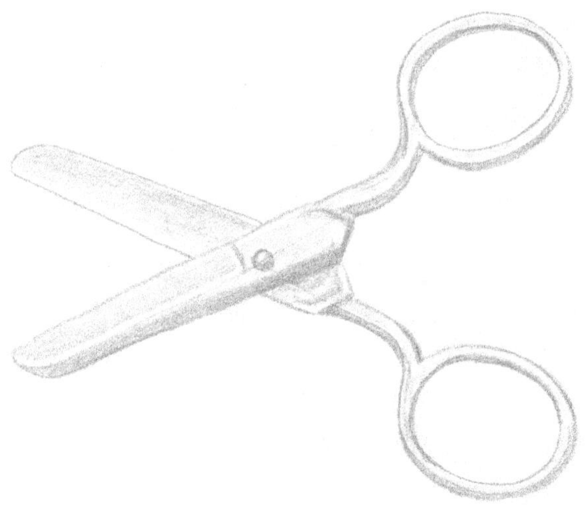

CHILISCHOTE

Chilischoten sind in Amerika seit mindestens 7500 v. Chr. Bestandteil der menschlichen Ernährung. Konstruieren Sie dieses uralte Motiv mit Hilfe von Kreisen und Linien. Versuchen Sie, das Ganze mit Buntstiften aufzupeppen!

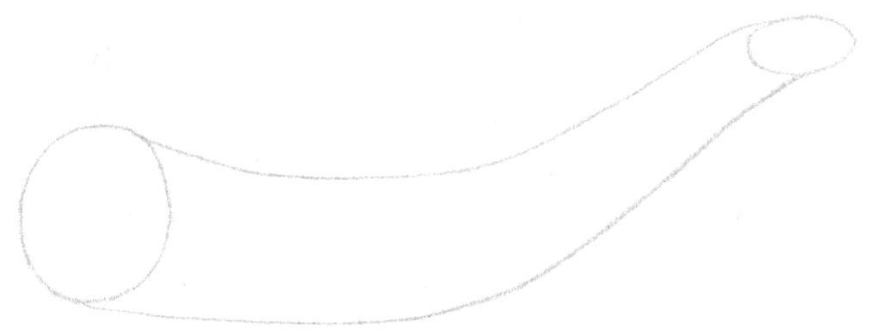

Schritt 1: Beginnen Sie mit einem großen Kreis für die Oberseite und einer Ellipse für die Unterseite. Mit Kurven verbinden.

Schritt 2: Fügen Sie oben einen Stiel mit geschwungenen Linien hinzu.

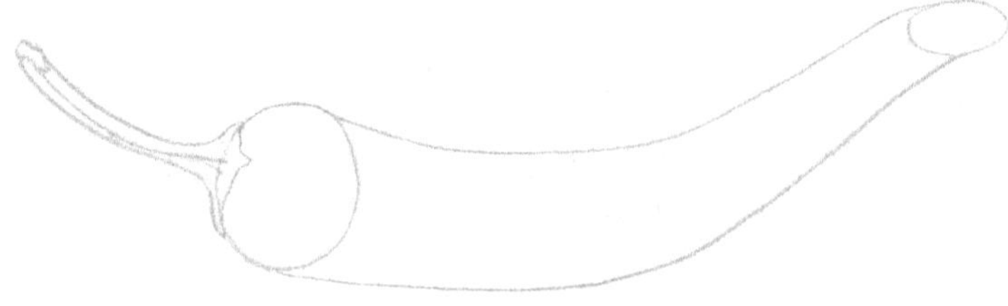

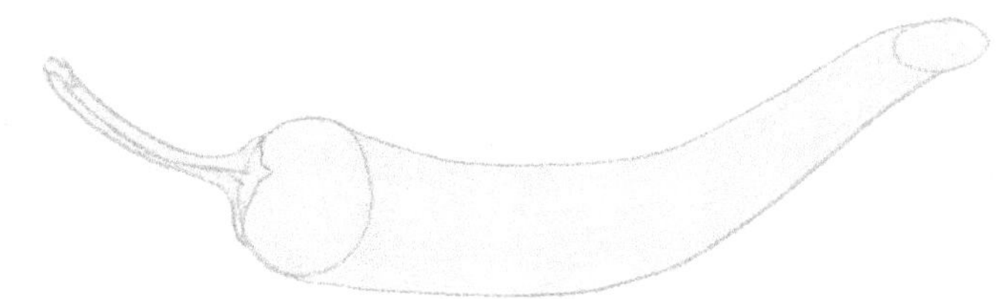

Schritt 3: Mit einer schnellen Schicht eines gleichmäßigen Farbtons auffüllen.

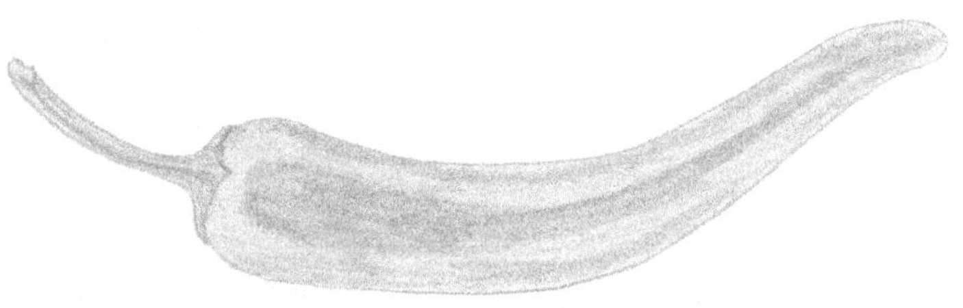

Schritt 4: Fügen Sie eine weitere Farbtonschicht hinzu, wobei Sie diesmal die Schattenbereiche in der Nähe der Mitte und des Stiels verdunkeln.

Schritt 5: Löschen Sie die hellsten Bereiche, um kontrastreiche Highlights zu erzeugen.

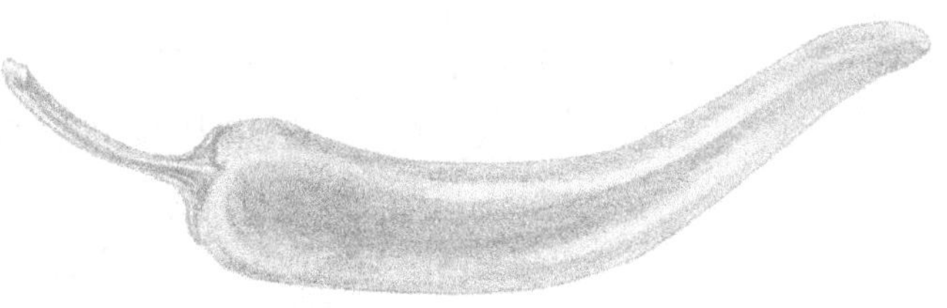

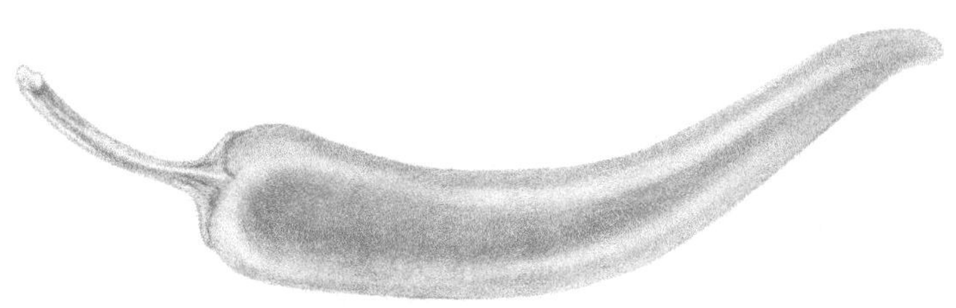

Extrazeit: Für einen gleichmäßigeren Farbton mehr verwischen. Zeichnen Sie mit einem Knetradierer Streifen, die der Kontur der Chilischote folgen, um einen hohen Glanzeffekt zu erzielen. Fügen Sie dem schattierten Bereich einen dunkleren Farbton hinzu, um den Kontrast zu verstärken.

ZWEITES KAPITEL
Wert

Als Element der Kunst bezieht sich der Begriff Wert auf die Helligkeit oder Dunkelheit eines Farbtons. Der Wert ist wichtig, um Schatten, Highlights und die Glaubwürdigkeit einer Zeichnung zu erzeugen.

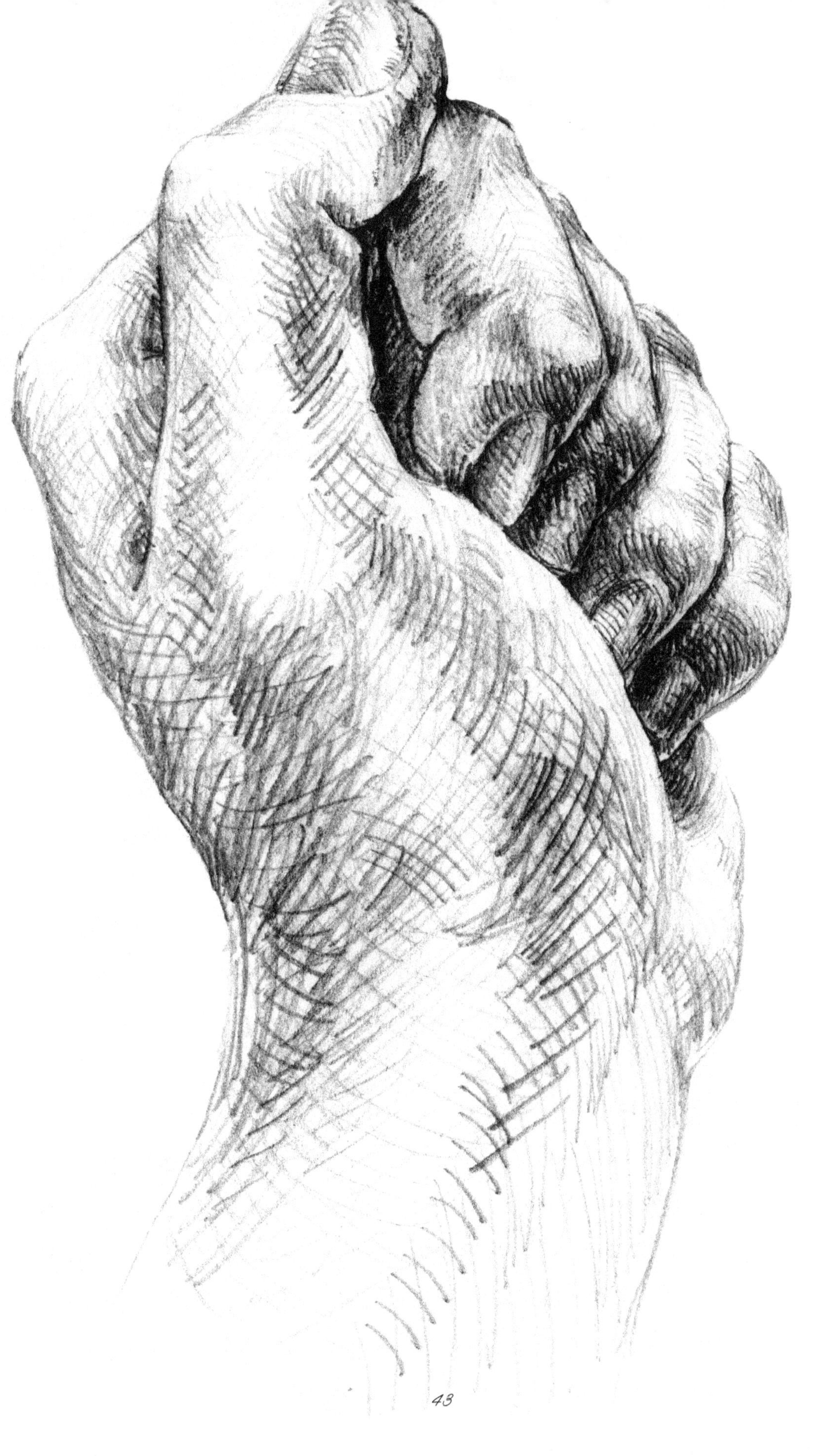

BRIEFKASTEN

Die Post der Vereinigten Staaten (USPS) verarbeitet jährlich über 154 Milliarden Sendungen. In diesem glänzenden Metallgefäß werden Sie keine Rechnungen mehr finden, wenn Sie es erst einmal mit Ihrer einzigartigen Note versehen haben!

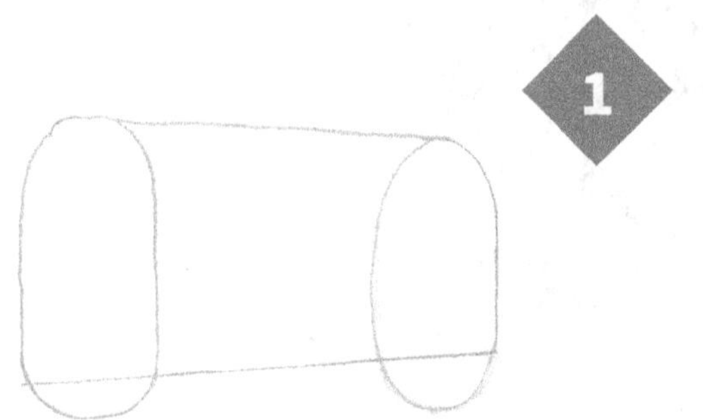

SCHRITT 1

Beginnen Sie mit zwei ovalen Formen, die die Vorder- und Rückseite des Kastens bilden werden. Verbinden Sie sie mit parallelen Linien, wie gezeigt, die jedes Oval durchschneiden.

SCHRITT 2

Zeichnen Sie eine kurze Linie in einem leichten Winkel im unteren vorderen Oval. Löschen Sie den Teil der Hilfslinie, die durch dieses Oval verläuft. Zeichnen Sie oben einen gebogenen Haken für den Griff ein. Zeichnen Sie oben eine Fahne und unten den Ständer.

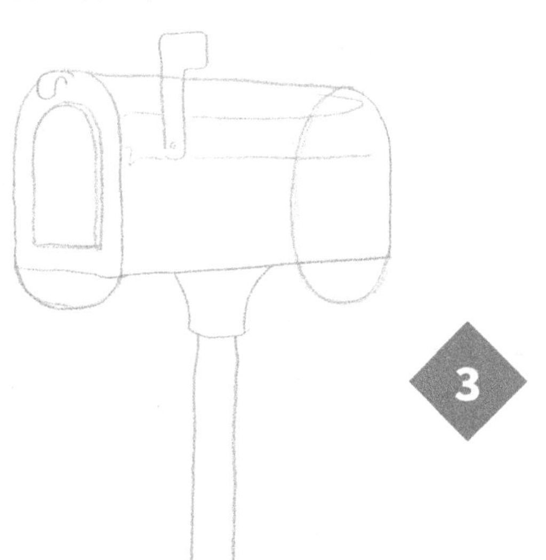

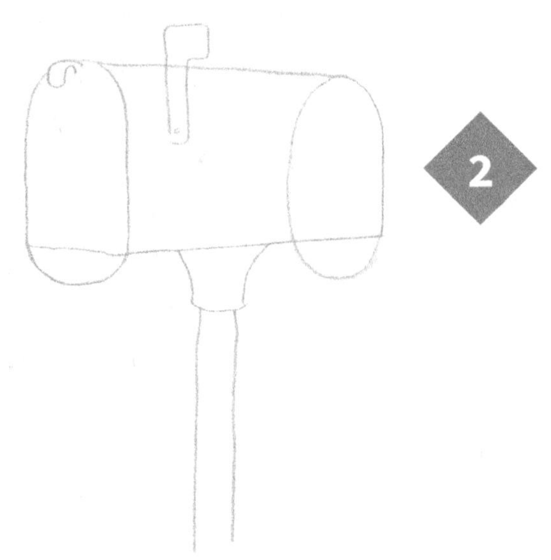

SCHRITT 3

Fügen Sie eine abgeschrägte Kante der Klappe und Linien oben hinzu, um Farbtonänderungen anzuzeigen.

SCHRITT 4

Löschen Sie Teile der ursprünglichen ovalen Hilfslinie, die nicht mehr benötigt wird. Fügen Sie dem Kasten eine leichte Schicht Farbton zu. Drücken Sie bei den Linien im oberen Bereich fester auf, wobei der Bereich dazwischen weiß bleibt.

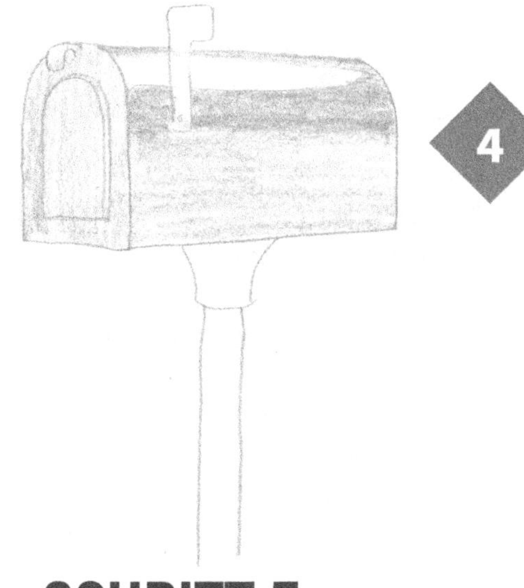

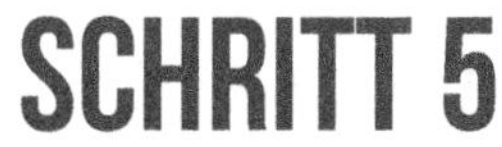

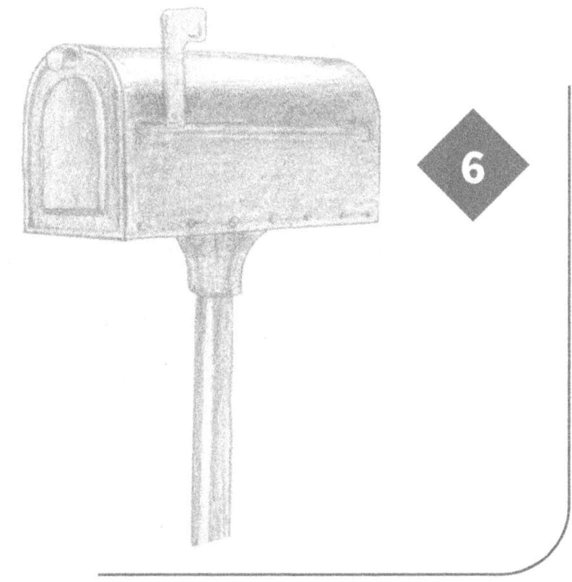

SCHRITT 5

Mischen Sie die Farbtöne mit einem Mischwerkzeug. Fügen Sie eine abgeschrägte Kante um die Vorderklappe herum hinzu, wobei der Farbton an den linken Seiten jeder Kante heller sein sollte. Fügen Sie der Fahne einen Farbton und dem oberen Teil des Griffs einen dunkleren Farbton hinzu. Verwenden Sie einen Knetradierer, um den Farbton zu entfernen, wobei ein weißer Streifen über die gesamte Länge des Kästchens zurückbleibt und eine strukturierte Linie bildet.

Extrazeit: Weiter verwischen. Einen Fleck auf dem Griff ausradieren, um ein Highlight zu setzen. Bringen Sie Ösen an der Unterseite des Briefkastens an. Schattieren Sie den Sockel, wobei ein Stück Weiß übrigbleiben sollte, um einen glänzenden Fleck darzustellen.

NEST

Ein Vogelnest ist ein Ort, an dem ein Vogel seine Eier ablegt. Gewöhnliche Nester werden aus einer Kombination von Schlamm, Zweigen, Blättern und Federn gebaut. Alles, was Sie dazu brauchen ist ein Stift und 5 Minuten Zeit!

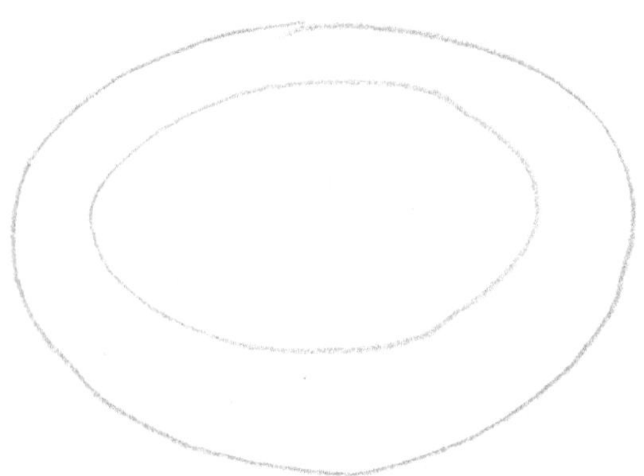

Schritt 1: Beginnen Sie mit einer kleinen ovalen Form, die leicht außermittig an der Spitze einer größeren ovalen Form platziert wird, wie abgebildet.

Schritt 2: Legen Sie eine Eiform in das kleinste in Schritt 1 gezeichnete Oval.

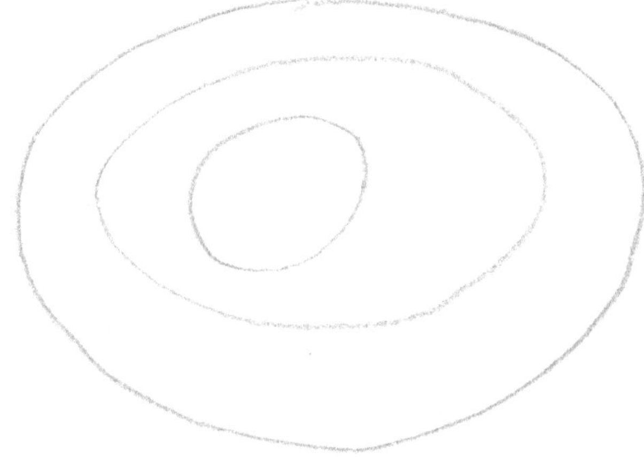

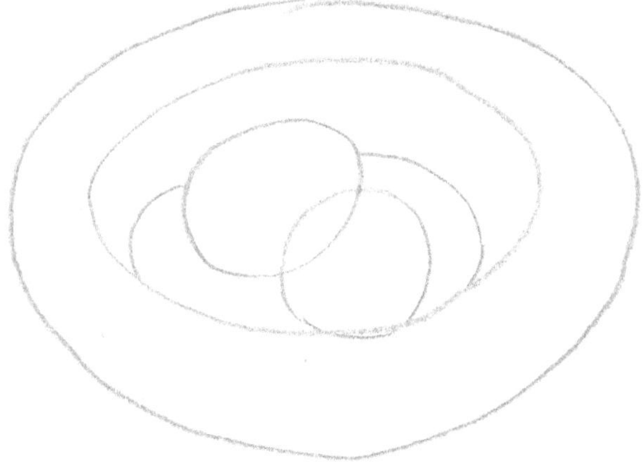

Schritt 3: Eine weitere Ei-Form so schichten, dass sie die erste wie gezeigt schneidet. Insgesamt gibt es 2 Eier. Zeichnen Sie einen „Boden" in das Nest, indem Sie links und rechts vom Ei in der Nähe des unteren inneren Ovals Kurven hinzufügen.

Schritt 4: Fest andrücken und eine Schicht Farbton auf die Basis des in Schritt 3 gezeichneten Nestes auftragen. Vervollständigen Sie den Rest des ursprünglichen inneren Ovals mit einem etwas helleren Farbton. Löschen Sie Überschneidungen in den Eiern, so dass eines vor dem anderen zu liegen scheint.

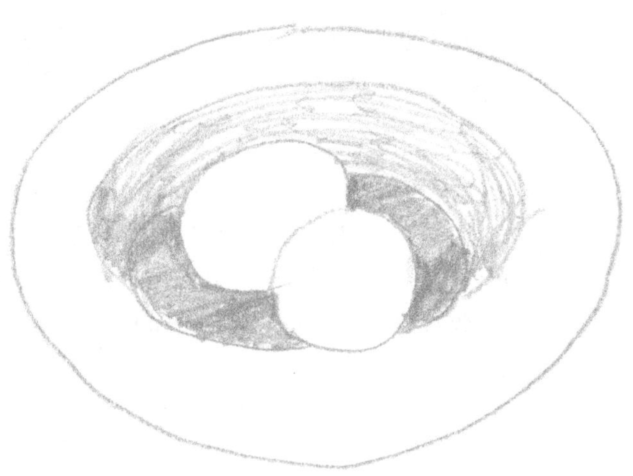

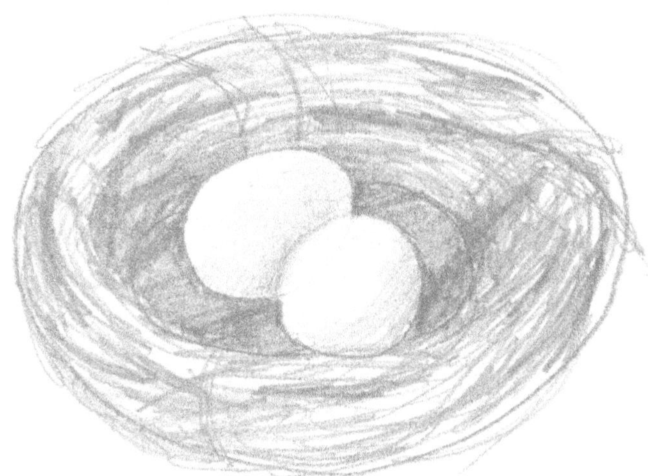

Schritt 5: Zeichnen Sie eine Reihe von Linien, die sich um die äußere ovale Form drehen. Es ist in Ordnung, wenn die Linien ein wenig außerhalb des Ovals verlaufen - es sieht dann sogar natürlicher aus. Fügen Sie auf der Schattenseite der Eier eine leichte Farbtonschicht hinzu.

Extrazeit: Fügen Sie weitere wirbelnde Linien hinzu, die der Kontur des Nestes folgen, und verwenden Sie dabei dicke und dünne Linien, um Abwechslung zu schaffen. Fügen Sie kleine Kritzeleien für Sprenkel auf den Eiern hinzu. Vertiefen Sie einige der dunkleren Farbtöne für mehr Kontrast.

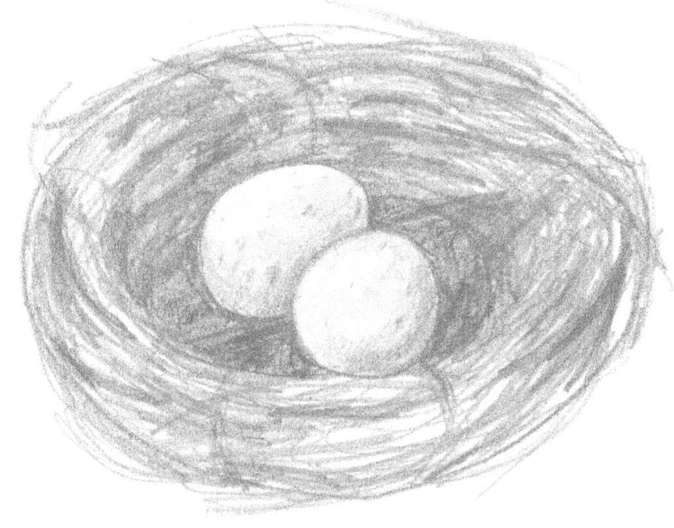

KAUGUMMI-AUTOMAT

Fast jeder hat schon einmal einen Kaugummiautomaten benutzt. Man wirft eine Münze in den Münzschlitz, dreht die Kurbel, und ein Kaugummi rollt die Rutsche hinunter. Aber haben Sie schon einmal versucht, einen zu zeichnen? Es ist ganz einfach, wenn Sie die 5 Schritte in diesem Tutorial befolgen.

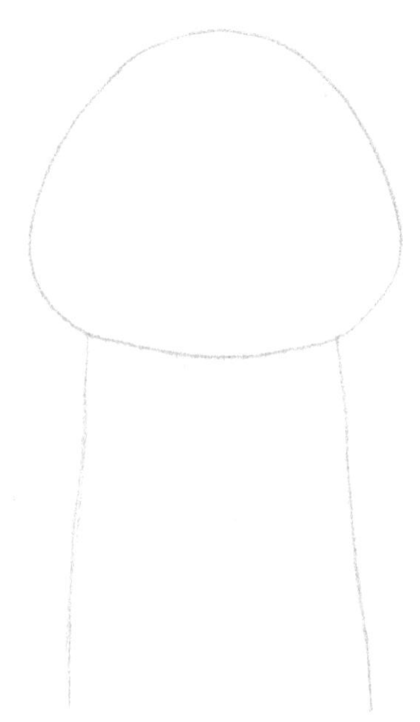

Schritt 1: Beginnen Sie mit einer runden Form für die Kugel und zwei Linien, die von der Basis der Form ausgehen, für den Automaten.

Schritt 2: Fügen Sie der Kugel einen Deckel sowie einen Münzeinwurf und eine Tür am Automaten hinzu. Schließen Sie den Sockel der Maschine mit gebogenen Linien wie abgebildet.

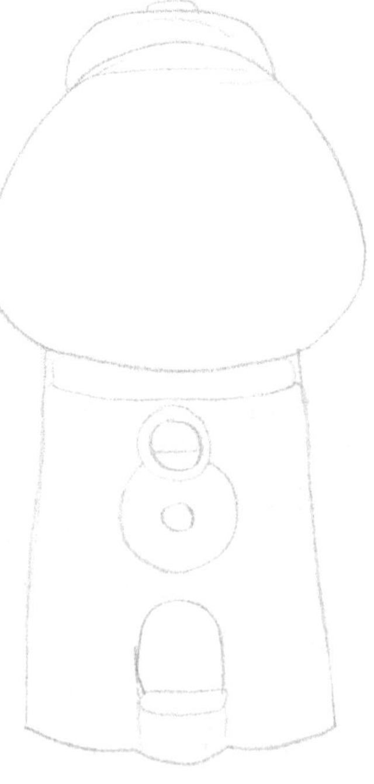

: Zeichnen Sie eine Reihe von sich überlappenden kleinen Kreisen im Inneren der Kugel. Hinweis: Die Größe und Anzahl der Kaugummikugeln kann die Dauer dieses Schrittes beeinflussen!

Kleiner Tipp: Kaugummis schweben nicht in der Luft!

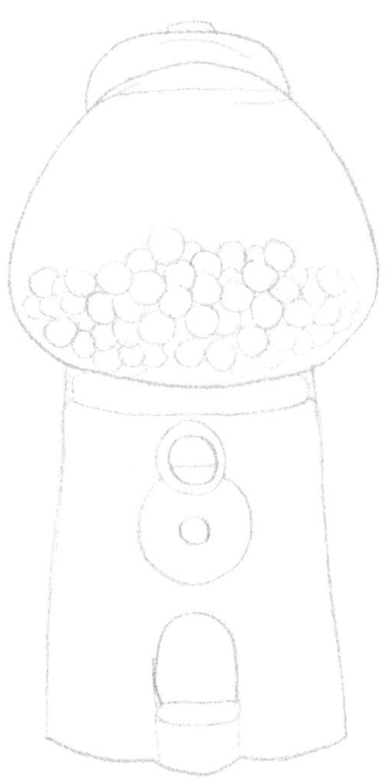

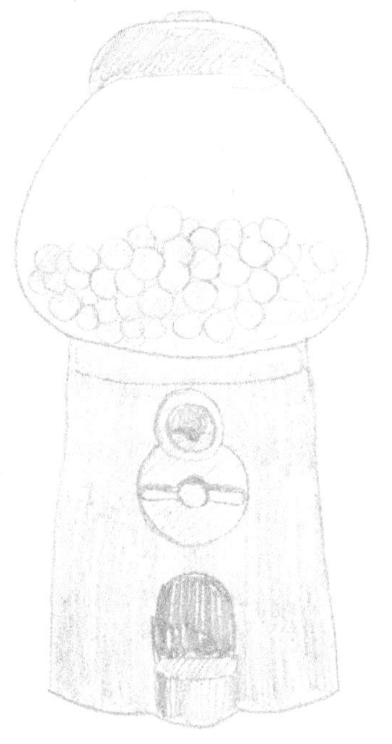

Schritt 4: Münzeinwurf und Drehknopf hinzufügen. Zeichnen Sie eine leichte Schicht auf die Oberseite der Kugel, den Automaten und die Kaugummikugeln. Drücken Sie mit dem Bleistift fester, um die Türöffnung zu verdunkeln und die Tiefe anzuzeigen

Schritt 5: Farbtöne verwischen. Fügen Sie oben auf der Kugel und an der Seite der Maschine wie gezeigt Glanzlichter hinzu, wobei eine Seite in einem dezenten Schatten liegen sollte. Verdunkeln Sie die Bereiche des Münzschlitzes und die Details des Knopfes, um die Illusion von Tiefe zu erzeugen. Um die Kaugummikugeln schnell auszufüllen, schattieren Sie ein dichtes Muster aus immer kleiner werdenden Kreisen im Inneren der Kaugummikugeln, so dass in der Mitte der Kugeln ein weißer Punkt verbleibt.

Hinweis: Drücken Sie bei einigen fest, bei anderen leicht, um den Farbton zu variieren. Wenn man erst einmal den Dreh raushat, dauert es nur noch Sekunden, bis sie fertig sind! Die Überschneidung darf nicht zu groß werden! Dadurch wird die Bewegung bei der Erstellung einiger schattierter Kaugummikugeln geändert.

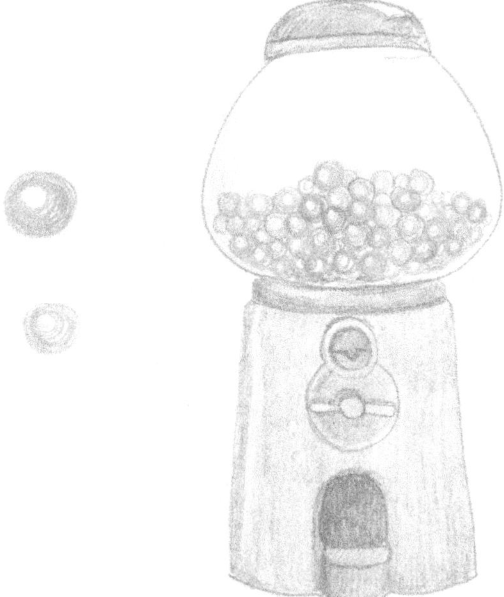

KOALA-KUSCHELTIER

Dieses geliebte Tier hat die Eigenschaften einiger der beliebtesten Stofftiere, die es gibt: Große, glänzende Augen, ein großer Kopf und ein interessantes Muster. Mit diesen einfachen Schritten können Sie versuchen, dieses niedliche Stofftier zu zeichnen.

Schritt 1: Beginnen Sie mit einer großen runden Form und einer etwas kleineren runden Form darunter. Sie sollten sich wie gezeigt überlappen. Zeichnen Sie eine ovale Nase in die größere runde Form.

Schritt 2: Fügen Sie halbkreisförmige Ohrformen, kreisförmige Augen mit einem größeren Kreis um sie herum, geschwungene Linien für Arm- und Beinformen hinzu.

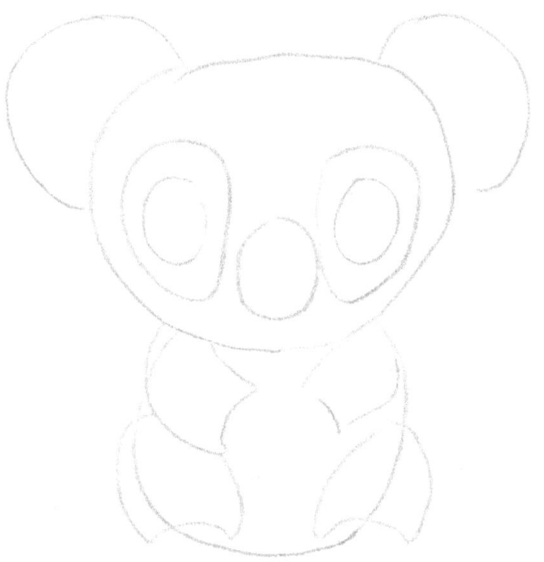

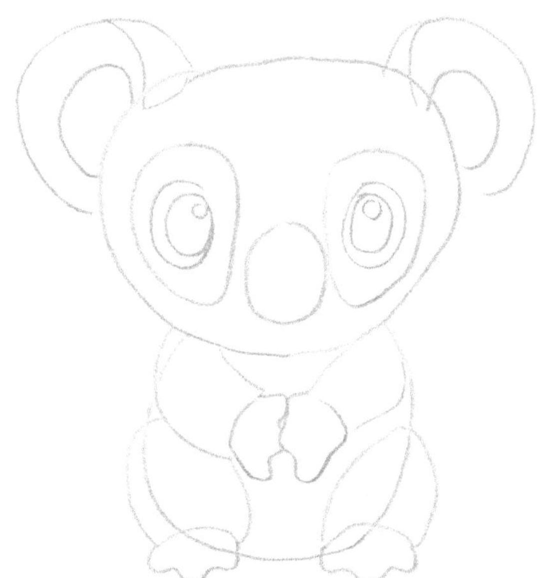

Schritt 3: Zeichnen Sie Kreise für die Details der Augen und Kurven für die Details der Innenohre. Fügen Sie gewellte Linien und Kurven für Hände und Füße hinzu.

: Löschen Sie nicht mehr benötigte ursprüngliche Hilfslinien an den Stellen, die von den Armen abgedeckt werden sollen. Füllen Sie dunkle Bereiche in den Ohren, Augen, auf der Nase und den Händen/ Füßen mit einer Schicht Farbton aus. Achten Sie darauf, dass der Glanzpunkt im Auge unangetastet bleibt.

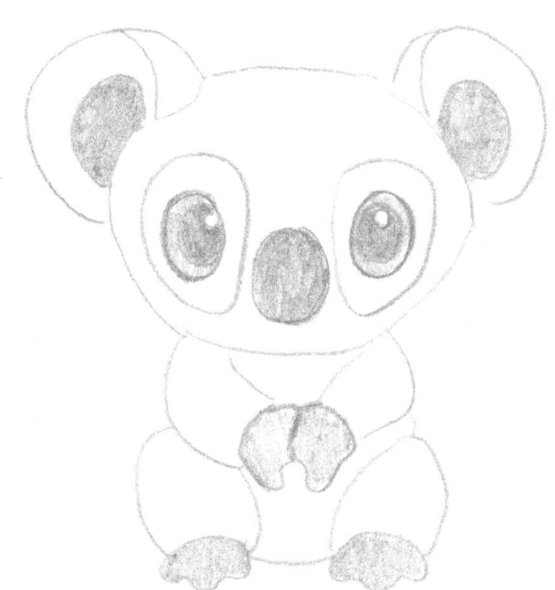

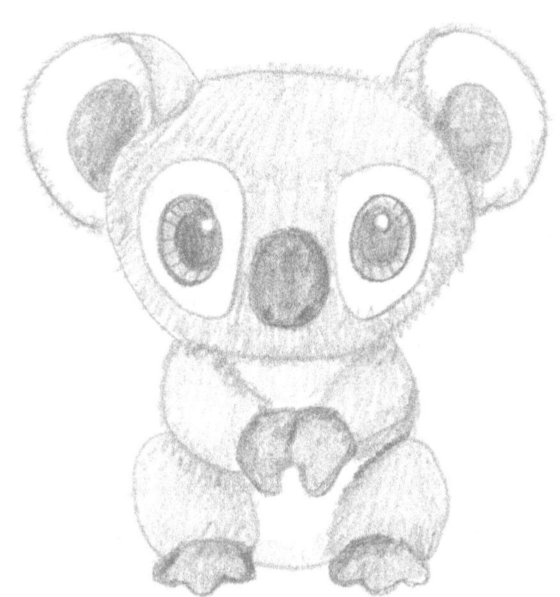

Schritt 5: Füllen Sie den Rest des Koalas mit einer leichten Farbtonschicht aus. Für eine pelzige Struktur die Ränder mit einer Zickzack-Bewegung umranden. Fügen Sie von der Pupille ausgehende Linien hinzu und fügen Sie den hellsten Farbton im Bauchbereich hinzu.

Extrazeit: Machen Sie die Stellen, an denen Ohren und Arme auf den Körper treffen, etwas dunkler (an den Nähten). Radieren Sie Flecken auf der Nase für Highlights. Fügen Sie einen leichten Schatten unter dem Körper hinzu.

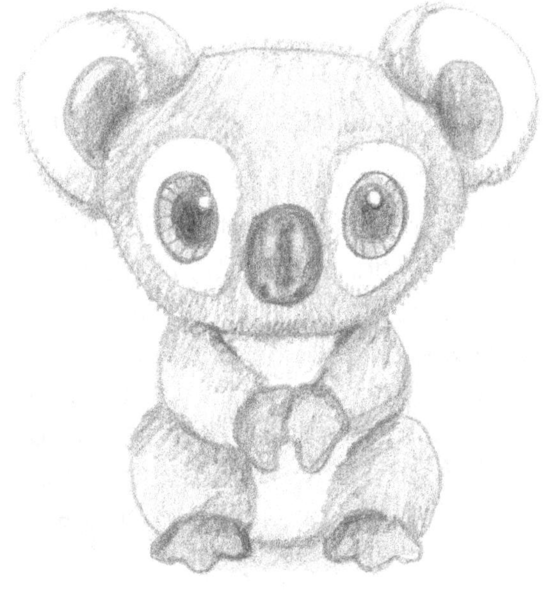

PERLEN-ARMBAND

Perlen sind die einzigen Schmuckstücke, die von einem lebenden Tier geschaffen werden. In weniger als 1 von 10.000 wilden Austern findet sich eine wertvolle Naturperle. Mit diesen einfachen Schritten ist die Fähigkeit, ein Armband zu zeichnen, nicht so selten.

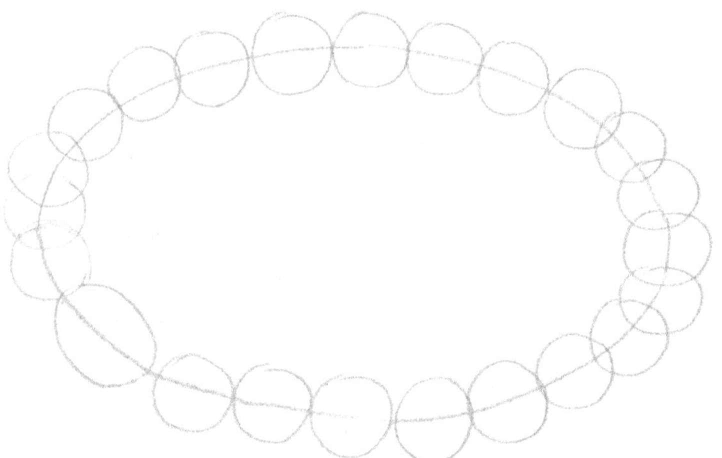

Schritt 1: Beginnen Sie mit einer ovalen Form als Orientierungshilfe (zeichnen Sie sie nur leicht, da diese später wieder gelöscht wird). Zeichnen Sie Kreise auf das Oval, die sich an den Seiten wie gezeigt überlappen.

Schritt 2: Löschen Sie das ursprüngliche Oval. Löschen Sie Teile der sich überlappenden Kreise, so dass es so aussieht, als ob die Kreise, die dem unteren Rand der Seite am nächsten sind, im Vordergrund liegen. Falls gewünscht, einen kleinen Haken/Riegel anbringen.

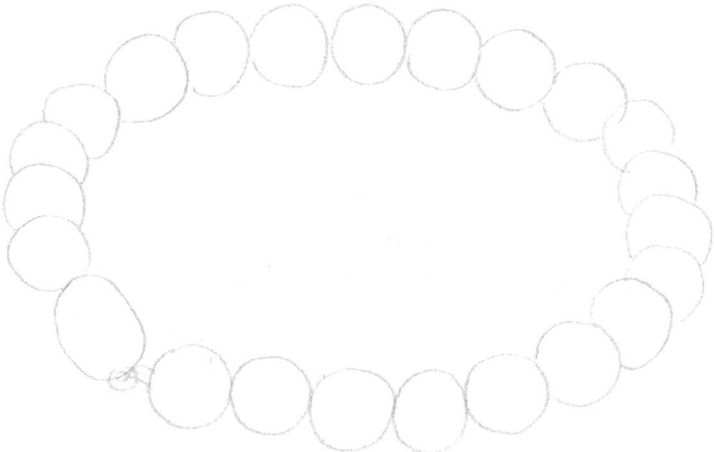

: Fügen Sie eine leichte Schicht Farbton in alle kleinen Kreise ein.

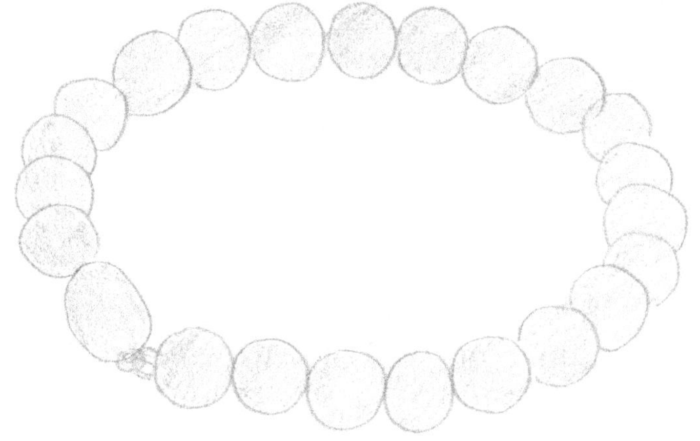

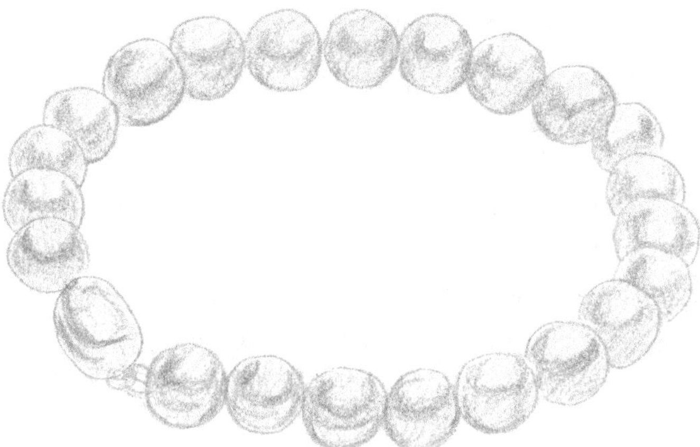

Schritt 4: Fügen Sie im Inneren jedes Kreises ein „C" ein, indem Sie einen etwas dunkleren Farbton als den in Schritt 3 verwendeten verwenden. Beachten Sie die Richtung des „C" in jedem Kreis.

Schritt 5: Verwischen Sie die Farbtöne, um sie zu glätten. Verwenden Sie einen Knetradierer, um das Innere der „C"-Form hervorzuheben. Fügen Sie unter der „C"-Form einen mittleren Farbton hinzu, um einen sanften Übergang zwischen den Farbtönen zu schaffen.

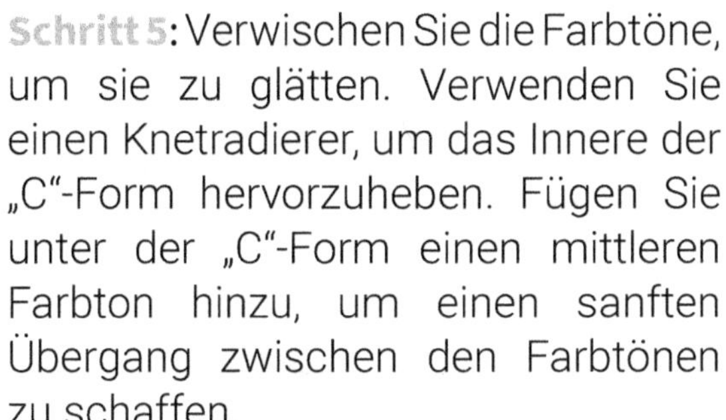

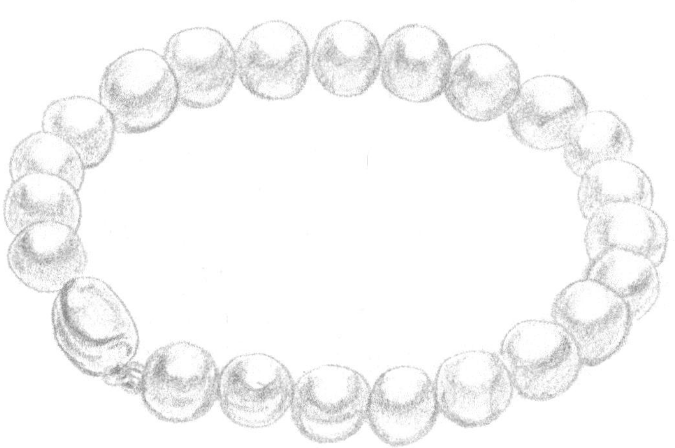

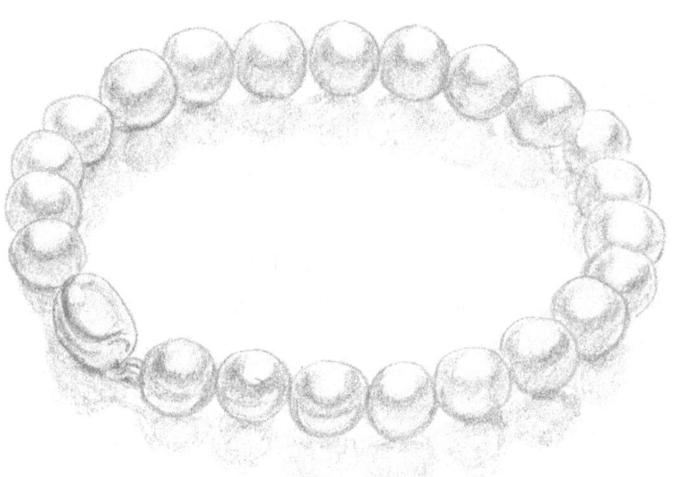

Extrazeit: Fügen Sie von jedem Kreis einen leichten Schatten mit dem Bleistift in einem Winkel hinzu. Achten Sie darauf, dass sich der Schatten unter den Kreisen befindet, außer bei den Seitenkreisen. Beachten Sie die Platzierung des Schattens, den die Kreise an den Seiten werfen.

SICHERHEITSNADEL

Die moderne Sicherheitsnadel ist ein aufgerolltes Stück Stahldraht, das an einem Ende angespitzt und am anderen Ende mit einer Platte versehen ist. Verwenden Sie Formen, die miteinander verbunden sind und eine durchgehende Linie in Ihrer Sicherheitsnadel bilden.

Schritt 1: Beginnen Sie mit einem kleinen Kreis, von dem eine lange, diagonale Linie ausgeht. Fügen Sie einen kleineren Kreis etwas oberhalb des Endes dieser Linie hinzu, der jedoch nicht befestigt ist. Nehmen Sie sich dafür 20-30 Sekunden Zeit.

Schritt 2: Zeichnen Sie eine Linie parallel zu der in Schritt 1 gezeichneten diagonalen Linie, die den kleinen Kreis berührt. Zeichnen Sie eine weitere Linie auf der rechten Seite, die sich von der ursprünglichen diagonalen Linie entfernt. Tun Sie dies in etwa 30 Sekunden.

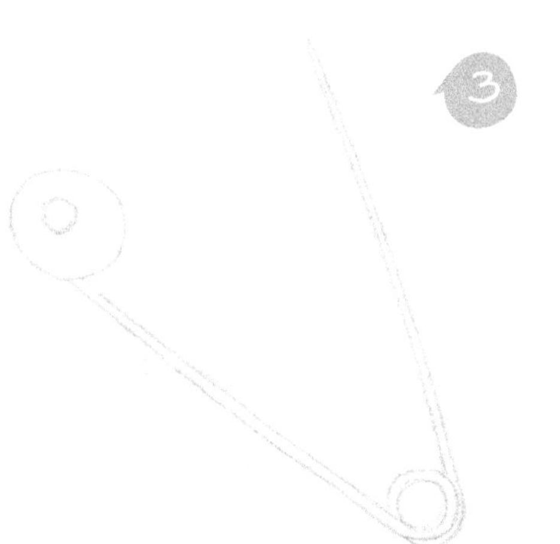

Schritt 3: Zeichnen Sie einen kleinen Kreis innerhalb des großen Kreises wie gezeigt. Zeichnen Sie einen weiteren Kreis um die Außenseite des kleinen Kreises am unteren Rand der Zeichnung. Fügen Sie eine parallele Linie zu der rechts gezeichneten Linie hinzu. Setzen Sie diese Linie wie gezeigt um die Basis des kleinen Kreises fort. Nehmen Sie sich hierfür etwa 30 Sekunden Zeit.

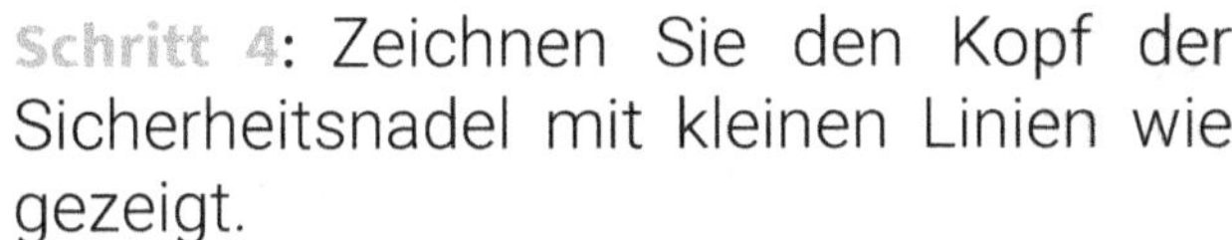

Schritt 4: Zeichnen Sie den Kopf der Sicherheitsnadel mit kleinen Linien wie gezeigt.

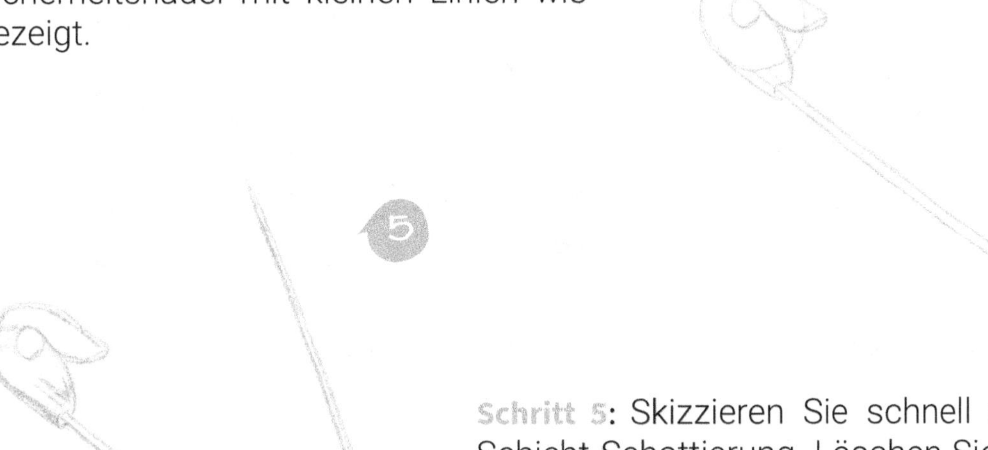

Schritt 5: Skizzieren Sie schnell die erste Schicht Schattierung. Löschen Sie den Teil des großen Kreises, der nicht mehr benötigt wird.

Schritt 6: Glätten Sie die Farbtöne mit einem Wischwerkzeug und radieren Sie eventuelle Flecken in den hellsten Bereichen aus, um metallische Akzente zu setzen.

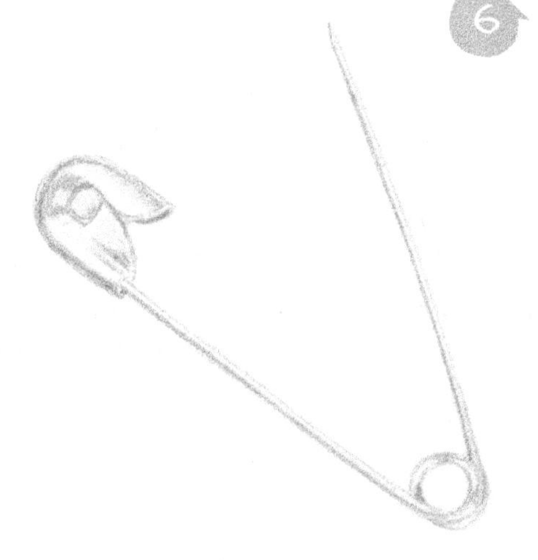

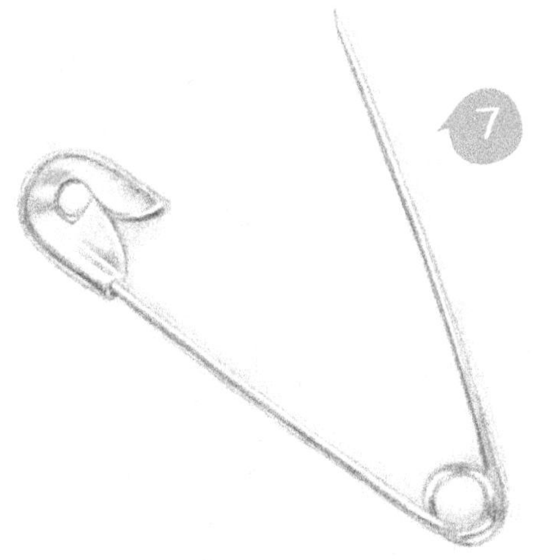

Extrazeit: Vertiefen Sie Schatten und hellen Sie Highlights auf, um den Kontrast zu erhöhen. Fügen Sie einen Schatten unter der Nadel hinzu, um eine Oberfläche anzudeuten.

HAI

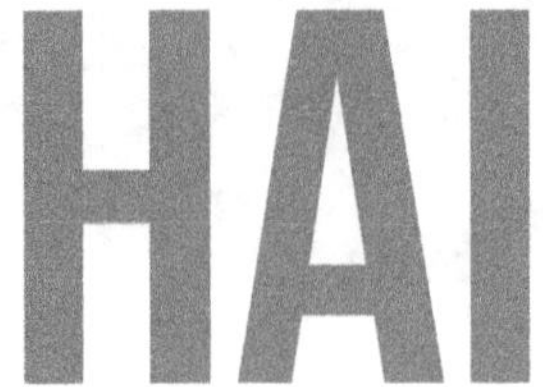

Haie sind gefürchtete Tiere, weil hin und wieder über Angriffe auf Menschen berichtet wird. In den seltenen Fällen, in denen ein solcher Haiangriff passiert, handelt es sich meist um eine Verwechslung. Wenn Sie die nachstehenden Schritte befolgen, wird Ihre Zeichnung unverwechselbar.

Schritt 1: Beginnen Sie mit einer Ellipsenform für den Körper.

Schritt 2: Fügen Sie die Formen oben und unten wie gezeigt für die Flossen hinzu. Fügen Sie Kurven hinzu, die von der Rückseite der Ellipse ausgehen, um das Ende zu bilden. Zeichnen Sie einen kurzen Schrägstrich für das Maul, einen Punkt für das Auge und geschwungene Linien für die Kiemen in der Nähe der unteren Vorderflosse.

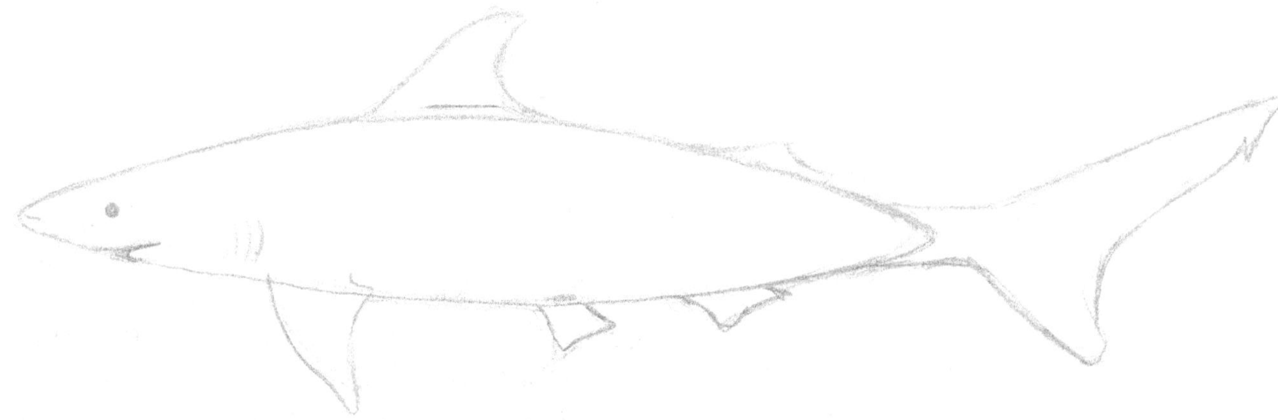

: Verwenden Sie eine schnelle Hin- und Her-Bewegung, um den Farbton zu füllen. Bereiche in der Nähe der Ränder können etwas dunkler sein als die Mitte. Lassen Sie den Bereich um Nase und Maul unberührt. Definieren Sie das Maul.

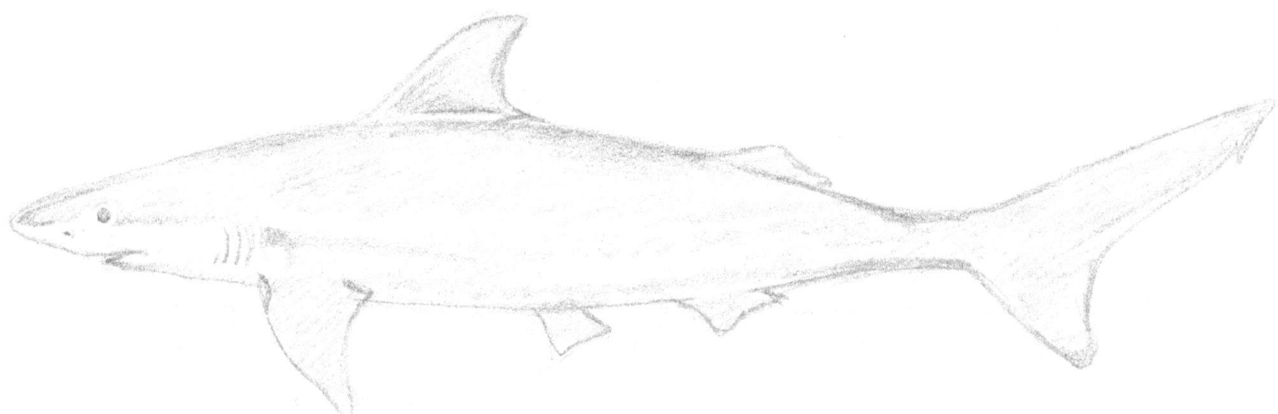

: Verwenden Sie ein Mischwerkzeug, um die Farbtöne zu glätten. Fügen Sie mehr Farbton hinzu, um den Kontrast zu erhöhen, und lassen Sie die Bereiche in der Nähe des Mauls, der Flossenspitzen und des unteren Viertel des Körpers heller, um Highlights zu setzen.

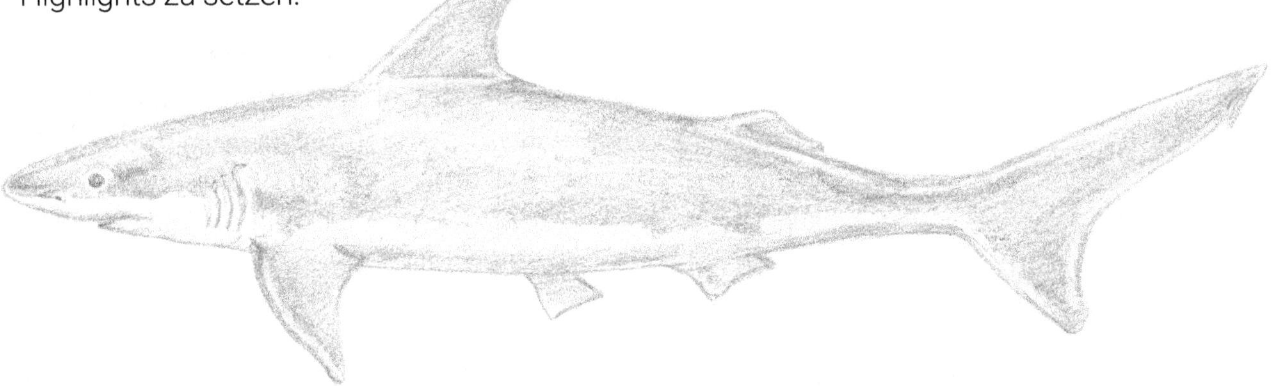

: Verwischen Sie die Farbtöne noch einmal. Verwenden Sie einen Knet-radierer, um dünne Streifen heller Farbtöne auf der Vorderseite der Flossen, der Oberseite des Körpers und um das Auge herum hervorzuheben.

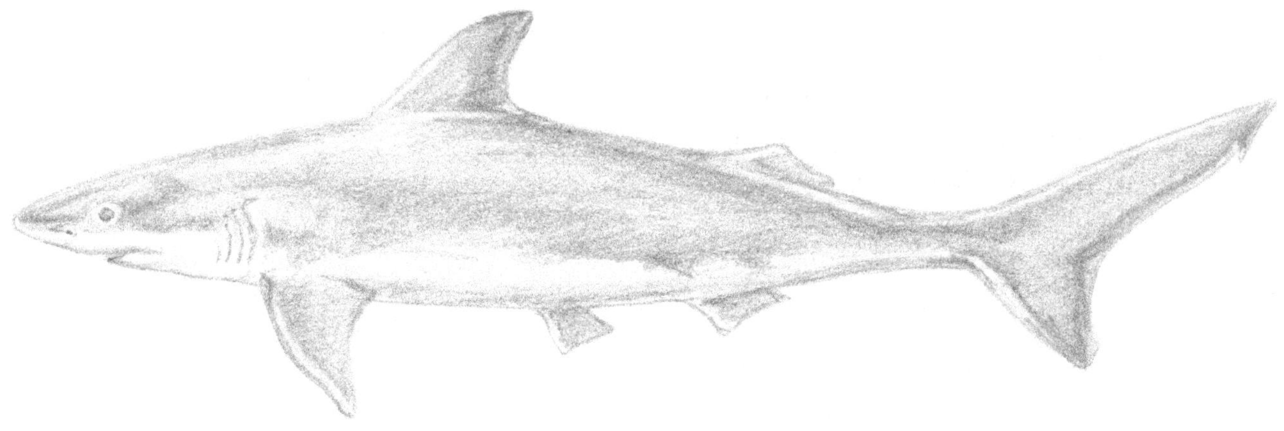

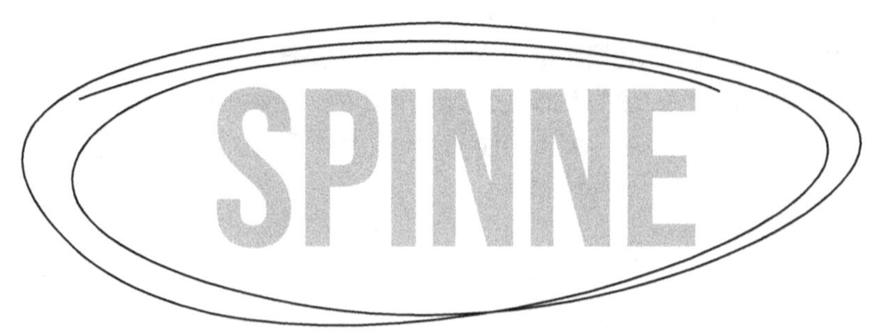

Es gibt über 40.000 Spinnenarten, und sie alle spinnen Seide. Eine Spinne kann bis zu sieben verschiedene Arten produzieren, die jeweils für einen anderen Zweck verwendet werden. Machen Sie Ihre Spinnenzeichnung interessanter indem Sie ein Netz mit Beute hinzufügen!

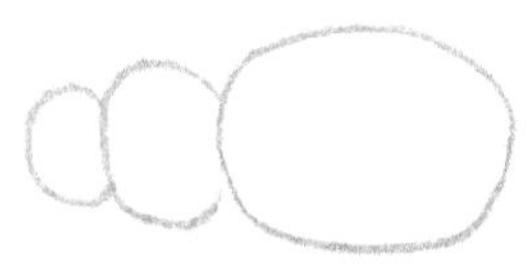

Schritt 1: Beginnen Sie mit drei Kreisen, die sich berühren: ein kleiner Kopf, ein mittlerer Brustkorb und ein großer Unterleib. Wie bei einem Schneemann, nur in anderer Reihenfolge.

Schritt 2: Zeichnen Sie mit langen Linien vier Beine auf jeder Seite des Körpers. Sie sollten nicht vollkommen gerade sein.

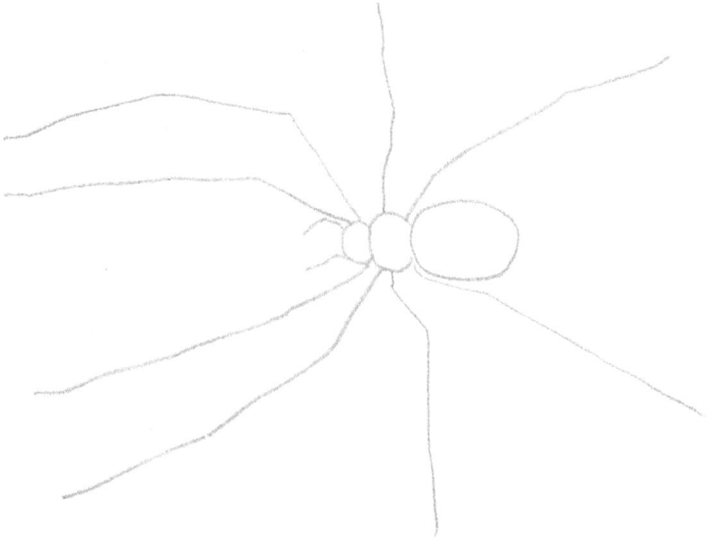

: Schattieren Sie die gesamte Spinne leicht. Verdunkeln und verdicken Sie die Beinlinien, so dass sie sich nach innen verjüngen und an den Enden viel schlanker werden.

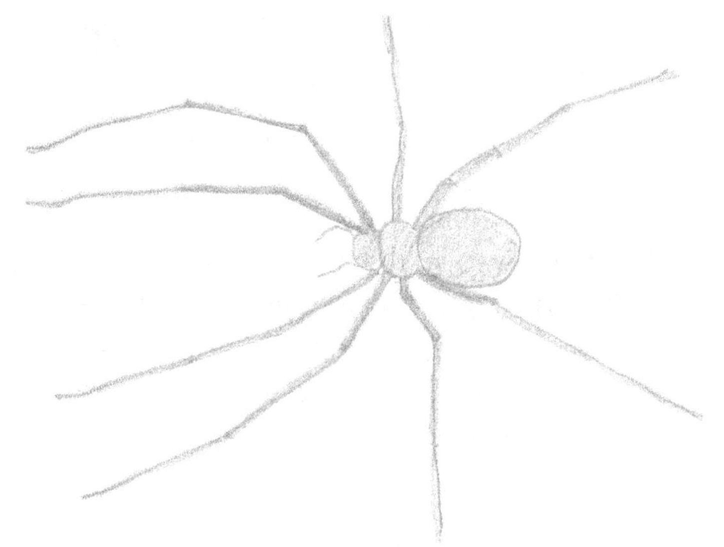

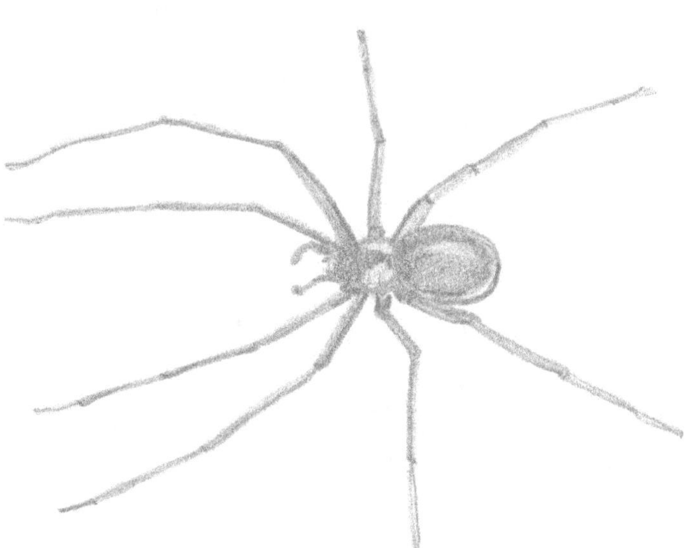

Schritt 4: Verwischen Sie die Farbtöne, um sie zu glätten. Fügen Sie mehr Farbton um die Segmente der Beine und in der Nähe der abgerundeten Enden des Bauches hinzu. Verwenden Sie einen Knetradierer, um die äußeren Kurven und die Mitte des Bauches und die Seiten des Brustkorbs aufzuhellen.

Schritt 5: Bein- und Körperteilsegmente noch stärker abdunkeln. Verwischen Sie die Farbtöne und verwenden Sie den Radiergummi, um die helleren Bereiche hervorzuheben und den Kontrast zu verstärken.

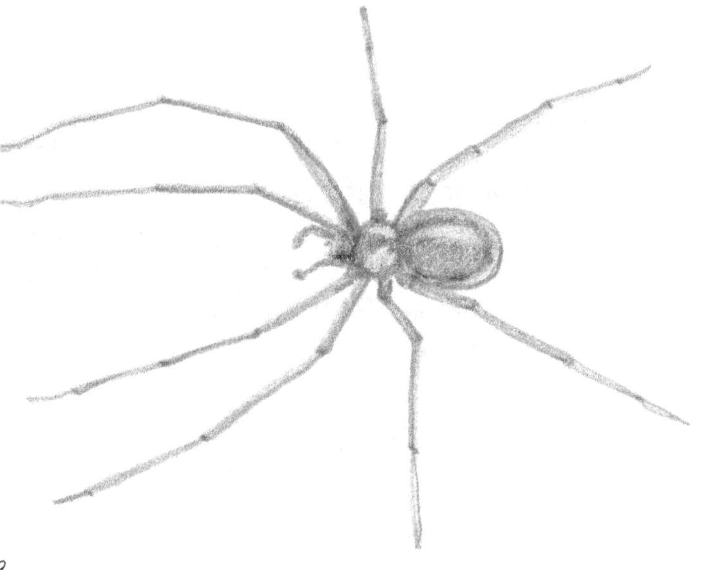

SCHIRM

Der Schirm kann sowohl zum Schutz vor Unwetter als auch vor der Sonne verwendet werden. Durch sein zusammenklappbares Design ist er leicht zu transportieren. Bei den nächsten Wetterkapriolen werden Sie nicht ohne dastehen, wenn Sie Ihren Zeichenstift parat haben!

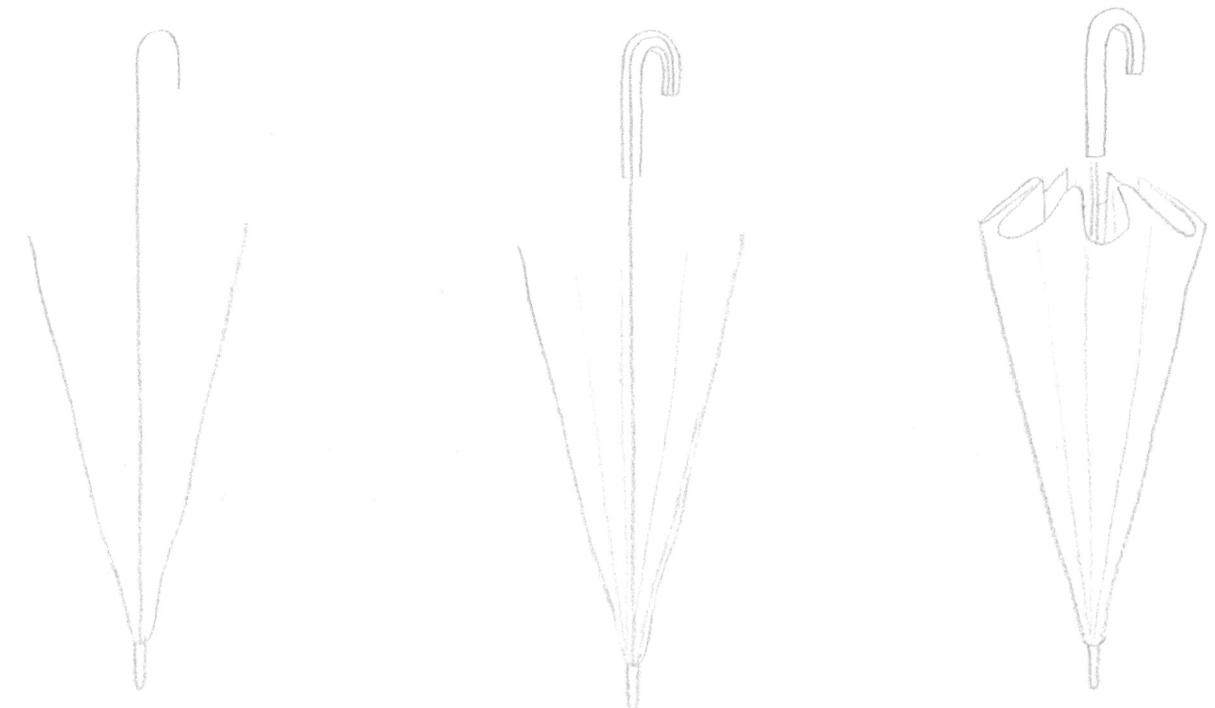

Schritt 1: Beginnen Sie mit einem nach unten zeigenden Pfeil. Die Mitte des Pfeils sollte die Form eines auf dem Kopf stehenden „J" für den Griff haben. Die Spitze des Pfeils kann ein kleines Rechteck für die Schirmspitze haben.

Schritt 2: Verwenden Sie die „J"-Hilfslinie, um einen auf dem Kopf stehenden Blockbuchstaben „J" zu erstellen. Zeichnen Sie einige Linien, die sich wie gezeigt zwischen den Pfeilen auffächern.

Schritt 3: Löschen Sie den Mittelpunkt des in Schritt 1 gezeichneten Pfeils. Er wird nicht mehr benötigt. Zeichnen Sie zwei parallele Linien vom „J"-Teil des Griffs zum Schirmteil. Zeichnen Sie wie gezeigt Kurven um den Griff.

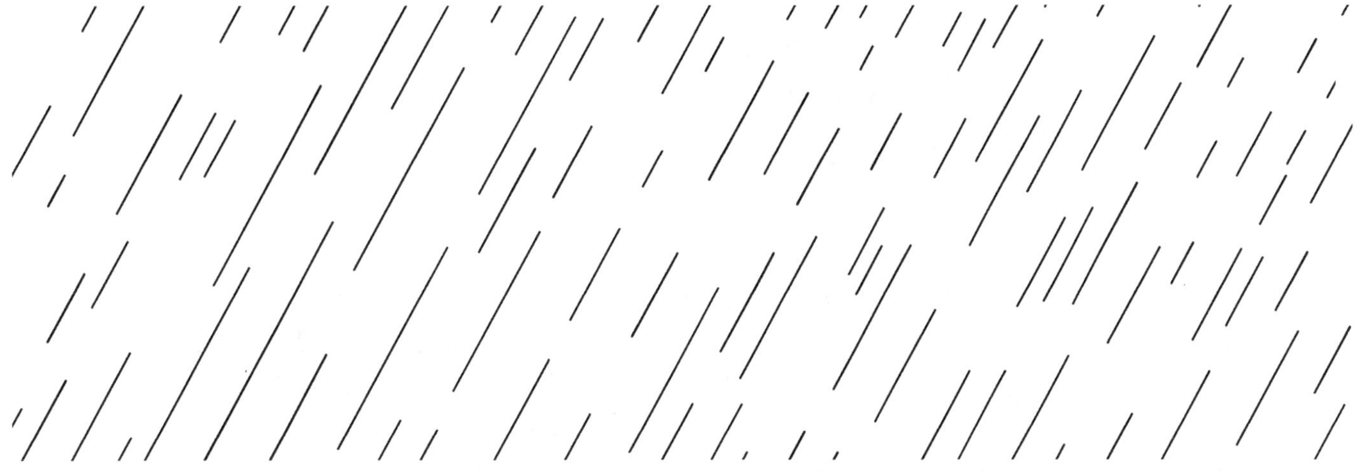

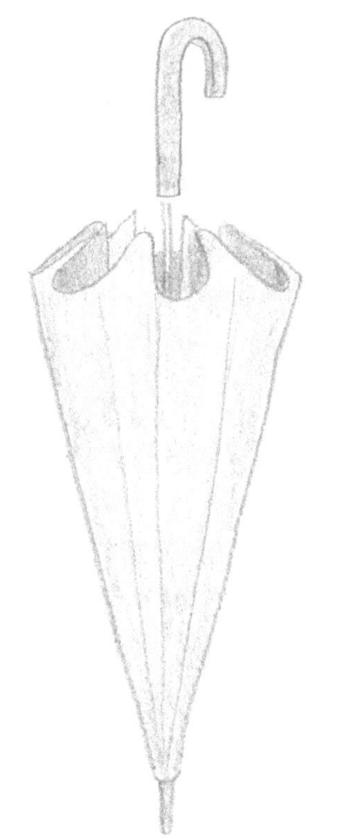

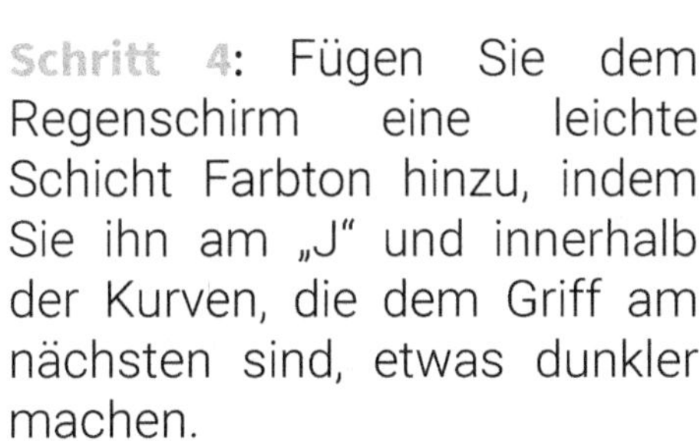

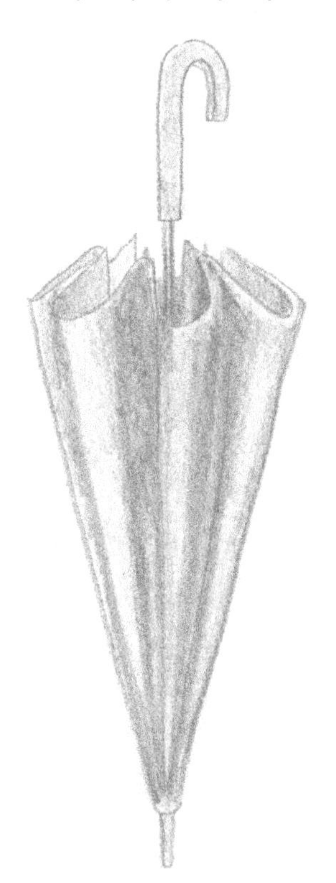

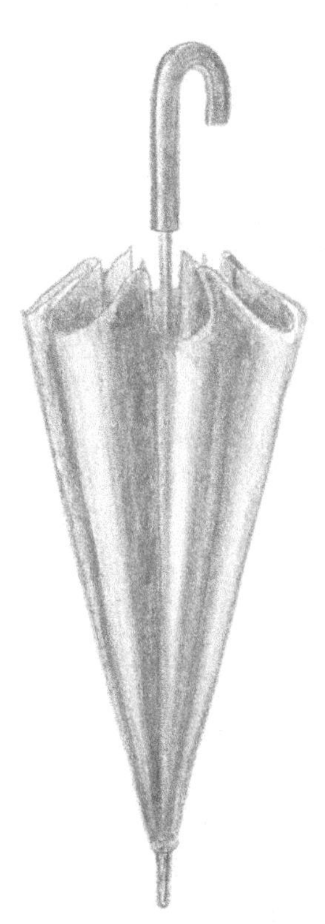

Schritt 4: Fügen Sie dem Regenschirm eine leichte Schicht Farbton hinzu, indem Sie ihn am „J" und innerhalb der Kurven, die dem Griff am nächsten sind, etwas dunkler machen.

Schritt 5: Fügen Sie unter stärkerem Druck mit dem Bleistift den in Schritt 2 gezeichneten aufgefächerten Linien einen Farbton hinzu, wobei der Farbton zum rundesten Teil der Kurve hin heller wird. Dadurch entsteht die Illusion von Tiefe.

Extrazeit: Verwenden Sie einen Knetradierer, um Pigmente von der linken Seite des „J"-Griffes und dem hellsten Teilen des Schirms zu entfernen, um mehr Kontrast zu erzeugen.

BABY**SCHUH**

Auch wenn sie niedlich sind, sind Schuhe für Ihr Baby nicht notwendig, solange es nicht wirklich läuft. Dieses Paar könnten Sie auf die Vorderseite einer selbstgemachten Babykarte zeichnen. Der Empfänger wird sich sehr darüber freuen.

Schritt 1: Zeichnen Sie 2 ovale Formen für die Sohle des Schuhs. Fügen Sie für die Naht eine Linie hinzu, die der Kontur des Vorderteils folgt.

Schritt 2: Fügen Sie den oberen Teil des Schuhs mit einer Reihe von Kurven hinzu. Vergessen Sie die Zunge nicht.

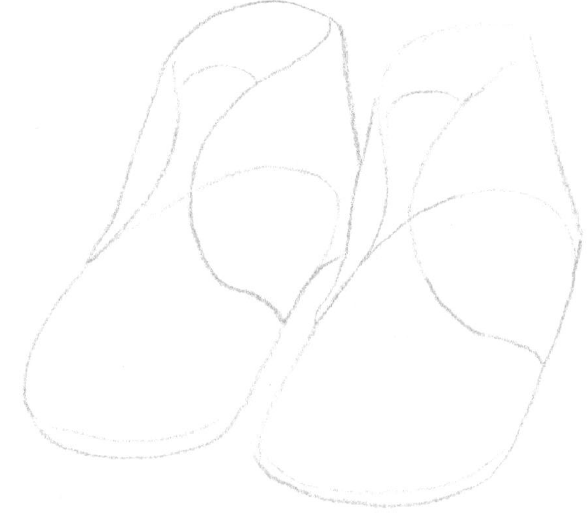

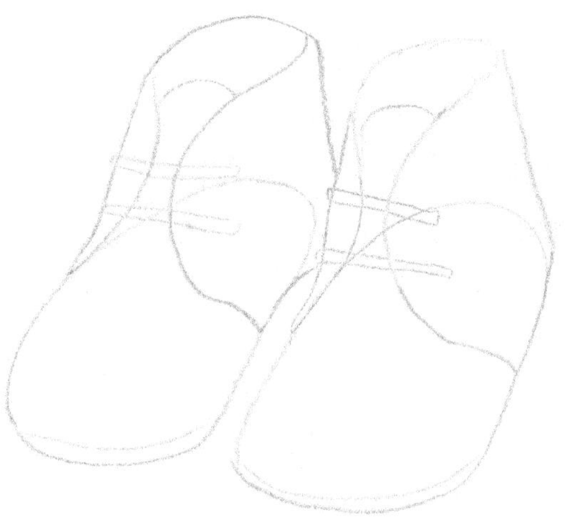

: Fügen Sie die Schnürsenkel hinzu. Sie sollten sich leicht über die Schuhspitzen wölben und die oberen Teile miteinander verbinden.

: Löschen Sie den Teil der Sohlen-Hilfslinien, der nicht mehr benötigt wird. Tragen Sie eine leichte Schicht Farbton auf den gesamten Schuh auf. Drücken Sie fester, um einen dunkleren Farbton im oberen Bereich zu erhalten, wie gezeigt.

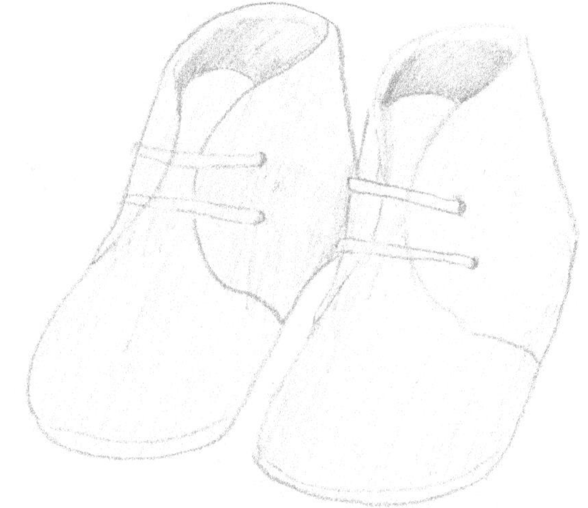

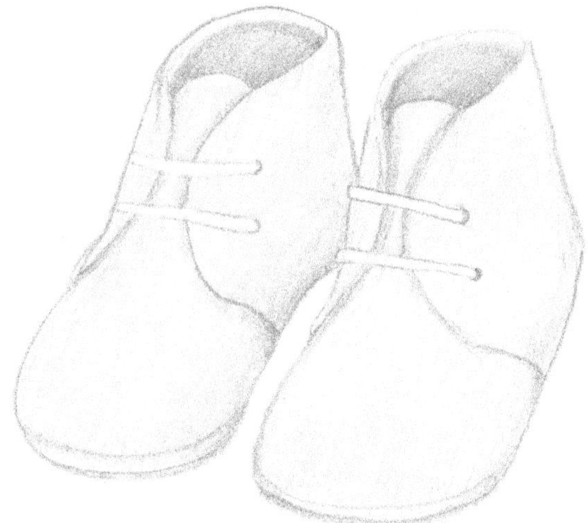

: Verwischen Sie die Farbtöne, um sie zu glätten. Verdunkeln Sie die Linien und fügen Sie im Bereich über der Zunge einen dünnen Streifen Farbton hinzu. Verwenden Sie einen Radiergummi, um Pigmente von den Schnürsenkeln zu entfernen.

: Verfeinern Sie die Farbtöne und glätten Sie sie weiter. Zeichnen Sie eine Wellenkante um den oberen Teil und die Abschnitte neben der Zunge für ein niedliches Muster. Verwenden Sie einen Radiergummi in den Kurven des Wellenmusters, um diese hervorzuheben. Zeichnen Sie, wenn gewünscht, kleine Punkte um den Wellenrand und die Nahtdetails. Fügen Sie der unteren Länge der Schnürsenkel eine Schicht Farbton hinzu, um einen Schatten zu erzeugen.

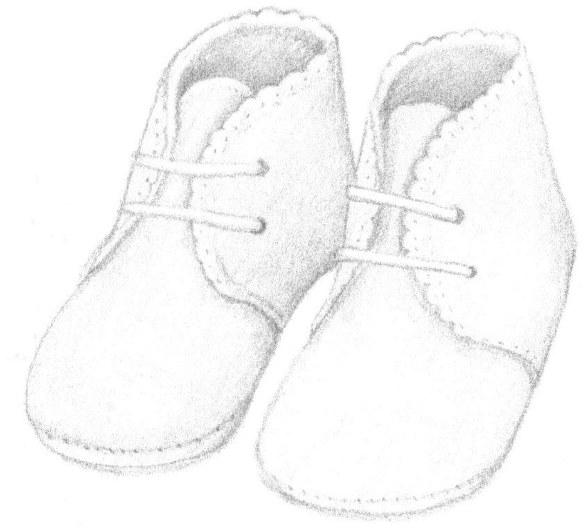

BALLETTSCHLÄPPCHEN

Professionelle Balletttänzerinnen und Balletttänzer tragen Spitzenschuhe, damit sie auf den Zehenspitzen tanzen können. Versuchen Sie, diese zarten Tanzschuhe zu zeichnen.

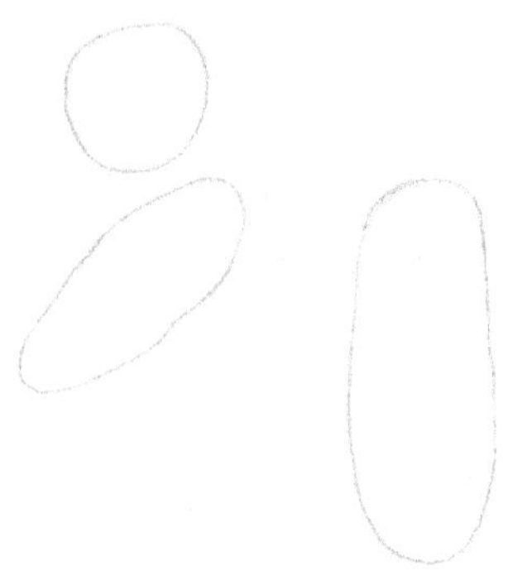

Schritt 1: Zeichnen Sie ein längliches Oval wie abgebildet für den Vorderfuß/das Schläppchen. Etwas höher und links davon zeichnen Sie ein kleineres längliches Oval mit einem Kreis darüber. Beachten Sie den Abstand zwischen den einzelnen Formen.

Schritt 2: Verbinden Sie die in Schritt 1 gezeichneten Formen, um die Füße und Beine zu kreieren. Dies geschieht mit den dargestellten Kurven und Linien.

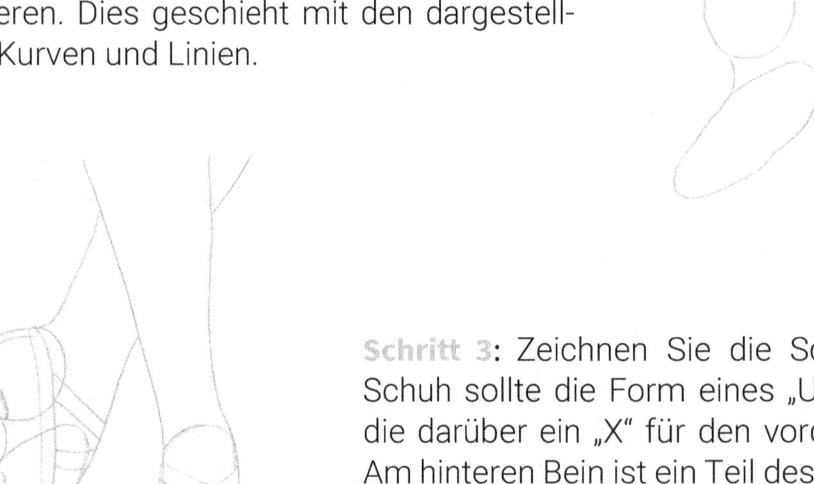

Schritt 3: Zeichnen Sie die Schuhe. Der vordere Schuh sollte die Form eines „U" haben, mit Linien, die darüber ein „X" für den vorderen Schuh bilden. Am hinteren Bein ist ein Teil des Bodens (Sohlen) zu sehen. Unter der Ferse befindet sich ein Kreis und an der Spitze des Hinterfußes ein Oval. Der obere Teil des Schuhs und die Riemen sollten mit leicht geschwungenen Linien angedeutet werden.

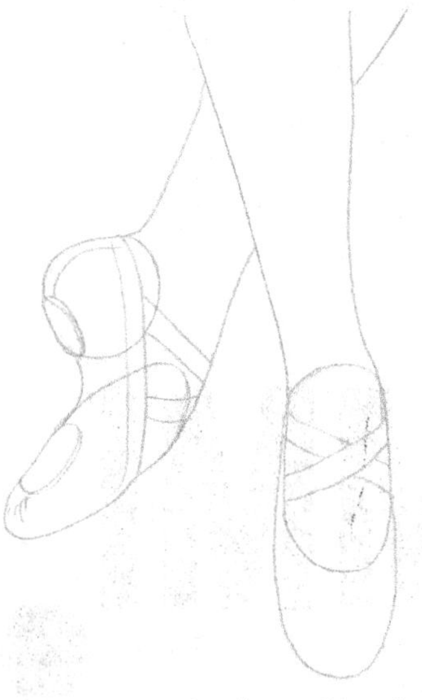

: Fügen Sie jedem Schuh eine leichte Schicht Farbton zu. Die Sohlen haben einen dunklen Rand, um die Tiefe zu zeigen.

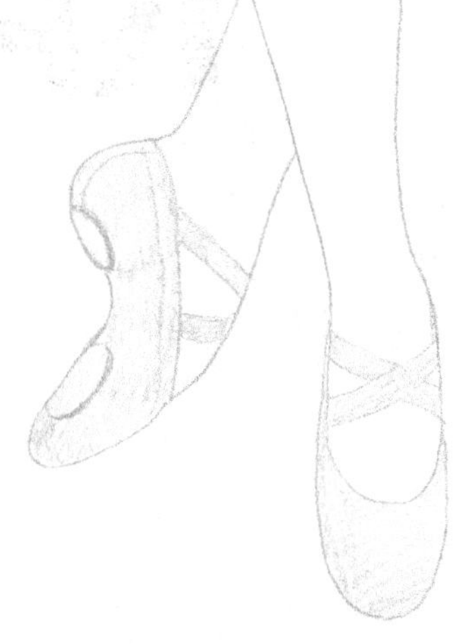

Schritt 5: Verwischen Sie den Farbton, um ihn zu glätten. Färben Sie den unteren Teil jedes Schläppchens und die Bereiche des Riemens, die auf den Schuh treffen und sich überlappen, stärker ein. Fügen Sie den Beinen eine leichte Schicht Farbton hinzu, wobei Sie darauf achten, dass die rechte Seite im Licht liegt.

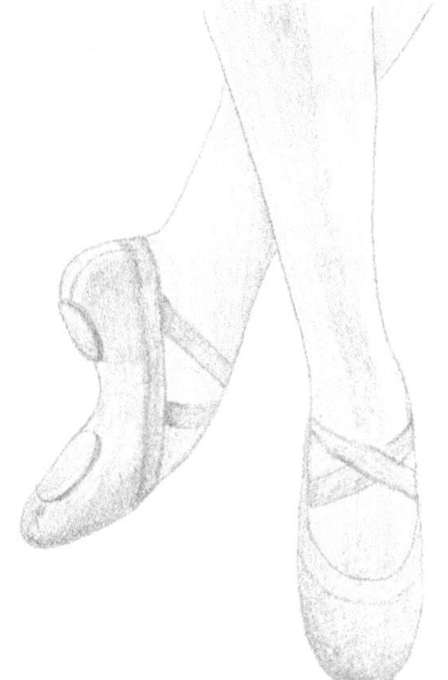

Schritt 6: Verwischen Sie die Farbtöne erneut. Fügen Sie mehr Farbton hinzu, um die Schatten an den Beinen (am Schienbein vorne, Schatten am Hinterbein), die Ränder der Schuhe an den Stellen, an denen sie dick sind, und die Zehen der Schuhe darzustellen. Verwenden Sie einen Radiergummi, um Schienbein und Schuhe hervorzuheben.

Extrazeit: Farbtöne weiter glätten. Falten im Leder in der Nähe der linken Zehe und unterbrochene Linien für die Nähte an den Sohlen, der Rückseite und der Öffnung der Schuhe hinzufügen. Verwenden Sie einen Radiergummi, um die Ränder der dunklen Teile der Zehenfalten, der Ferse, der Riemen und der Beine hervorzuheben, um einen Kontrast zu schaffen.

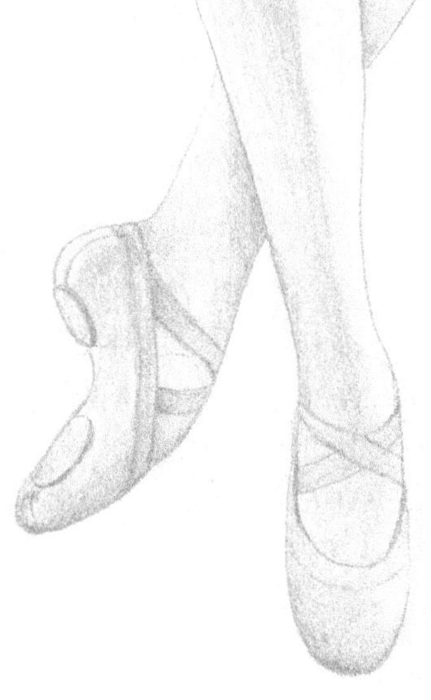

GEKAUTER KAUGUMMI

Zwar ist ein gekauter Kaugummi etwas eklig und nicht besonders nützlich, aber das Zeichnen kann eine gute Übung sein, um mit Hilfe von Werten um eine feine räumliche Dimension zu schaffen.

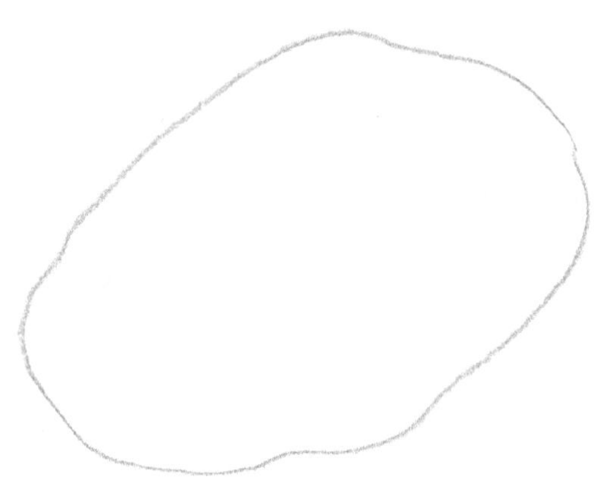

Schritt 1: Beginnen Sie mit einer organischen Form für die Umrisse des Kaugummis.

Schritt 2: Fügen Sie oben und unten einige geschwungene Linien hinzu und kritzeln Sie in der Mitte wie gezeigt ein wenig herum. Beachten Sie die Richtung der geschwungenen Linien, die einen Bissabdruck nachbilden.

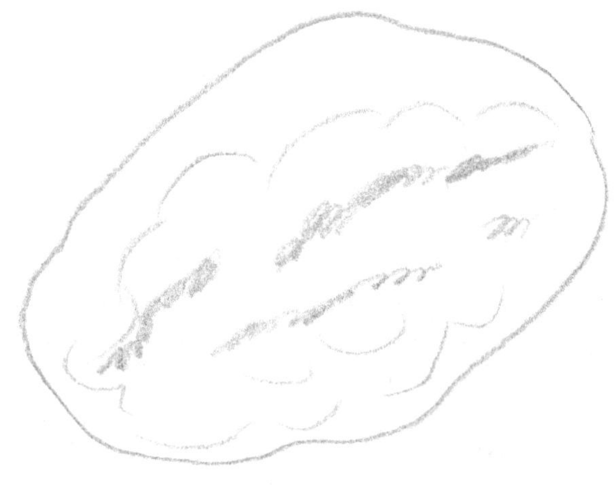

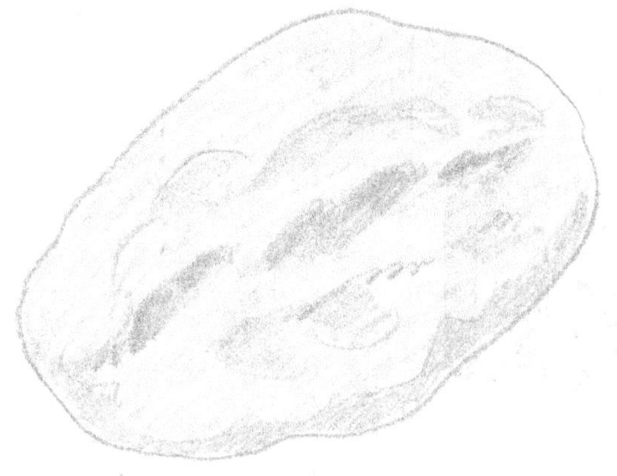

Schritt 3: Fügen Sie eine gleichmäßige Farbtonschicht im Inneren der gesamten Form hinzu. Drücken Sie etwas fester unter den oberen Kurven und über den unteren Kurven, damit eine Einkerbung entsteht. Verbreitern Sie die mittleren Kritzeleien ein wenig.

Schritt 4: Glätten Sie die Farbtöne mit einem Mischwerkzeug. Wiederholen Sie Schritt 3 nach dem Verwischen, um die Farbtöne zu intensivieren. Fügen Sie einen organisch geformten Schatten um die Kurven der linken und unteren Seite hinzu, um einen Schatten zu erzeugen.

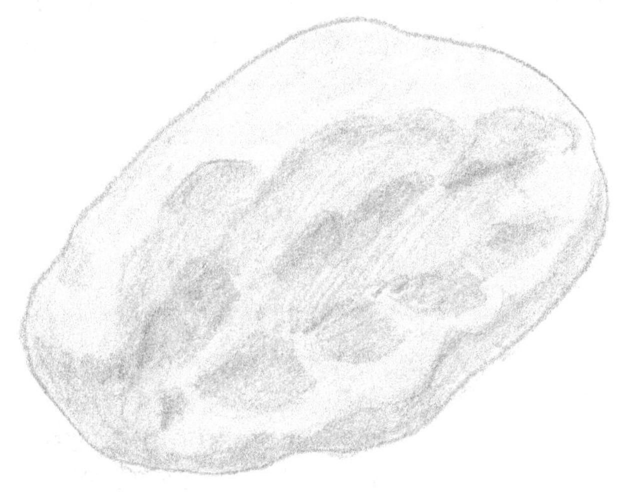

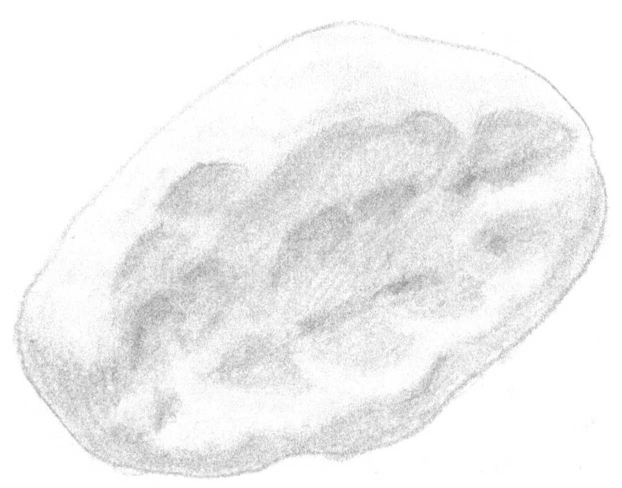

Schritt 5: Verdunkeln Sie einige der Kurven, um mehr Kontrast zu erzeugen. Verwenden Sie einen Knetradierer, um etwas Pigment von den Spitzen der Kurven zu entfernen, wie es für die Highlights gezeigt wird.

LEUCHTENDER MOND

Der Mond ist der einzige natürliche Satellit der Erde und dreht sich synchron mit der Erde, d. h. es ist immer die gleiche Seite der Erde zugewandt. Zeichnen Sie diese leuchtende Version von den Baumwipfeln aus gesehen.

SCHRITT 1

Zeichnen Sie einen Kreis mit einer gezackten Linie darunter (diese Linie wird später die Silhouetten der Bäume darstellen).

SCHRITT 2

Fügen Sie mit dem Rand des Bleistifts im Inneren des Mondes einige hin- und herlaufende Kritzeleien hinzu, um eine Struktur zu erzeugen.

SCHRITT 3

Fügen Sie mit der Kante des Bleistifts einen Ring aus Farbtönen um den Kreis herum hinzu. Halten Sie ihn in der Nähe des Umrisses hell und werden Sie allmählich dunkler, je weiter sich der Ton vom Kreis entfernt. Verwischen Sie die Farbtöne im Mond.

SCHRITT 4

Füllen Sie den Rest des Bereichs um den Mond herum mit einem dunklen Farbton aus. Füllen Sie auch den Bereich mit den Silhouetten der Bäume aus, indem Sie ihn mit starkem Druck dunkler als den Himmel machen.

SCHRITT 5

Radieren Sie die Bereiche auf einer Seite jeder Baumsilhouette aus, die dem Mond am nächsten sind. Radieren Sie um den Rand des Mondes herum, um einen Leuchteffekt zu erzielen. Verwischen Sie den Himmel, bis er glatt ist.

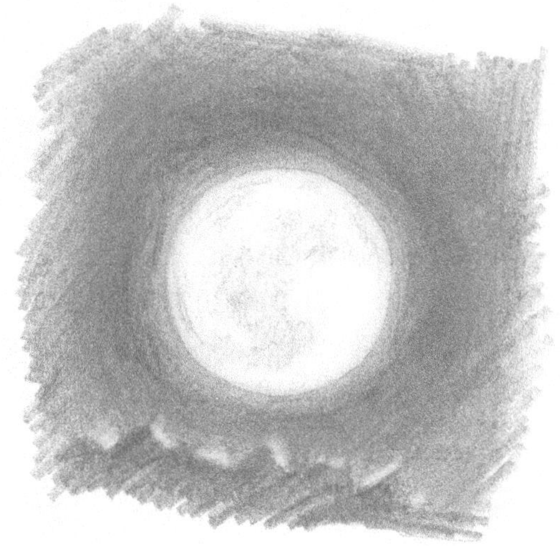

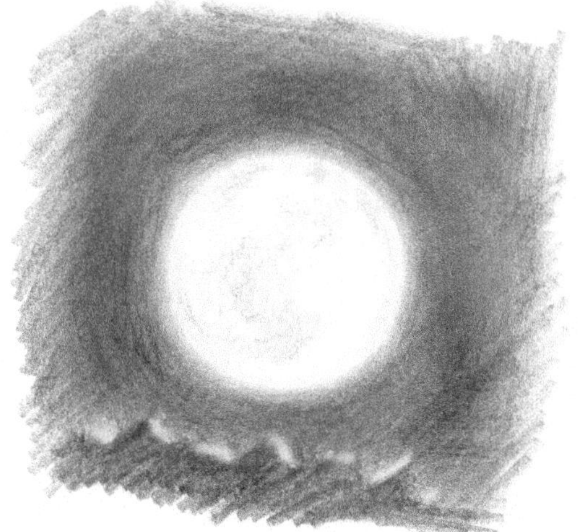

Extrazeit: Fügen Sie mehr Kontrast hinzu. Nehmen Sie sich die Zeit, die dunklen Bereiche abzudunkeln und die hellen Bereiche noch heller zu machen, wobei Sie sich darauf konzentrieren, den ursprünglichen Mondumriss zu entfernen, damit er nahtlos in den Himmel übergeht.

EISZAPFEN

Ein Eiszapfen ist ein spitzenförmiger Eisblock, der sich bildet, wenn tropfendes Wasser gefriert. Formen Sie den Eiszapfen mit langen Strichen und schattieren Sie ihn mit der Kante Ihres Bleistifts.

SCHRITT 1

Zeichnen Sie lange, senkrechte Linien unterschiedlicher Länge. Dies sind Hilfslinien, die irgendwann gelöscht werden. Sie markieren die Mitte jedes Eiszapfens.

SCHRITT 2

Zeichnen Sie Kurven um die Hilfslinien, um lange, unregelmäßige Dreiecke zu erzeugen, die an Eiszapfen erinnern. Sie sollten oben mit geschwungenen Linien verbunden sein und sich nach unten hin verjüngen.

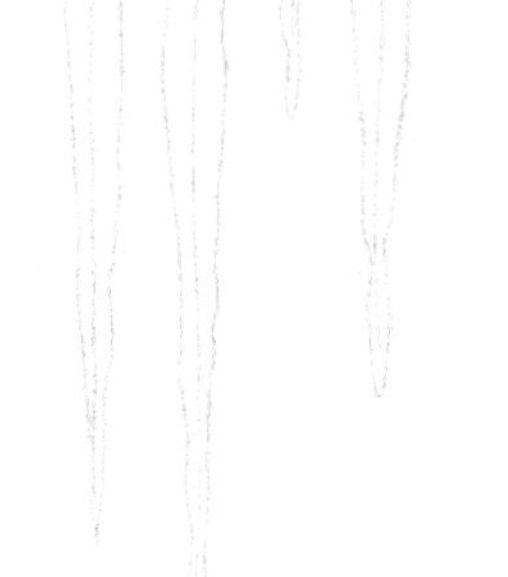

SCHRITT 3

Löschen Sie die ursprünglichen Hilfslinien, so dass die Eiszapfenformen übrigbleiben. Zeichnen Sie leichte Linien entlang der Innenkonturen der Eiszapfen, um ihnen Dimension zu verleihen.

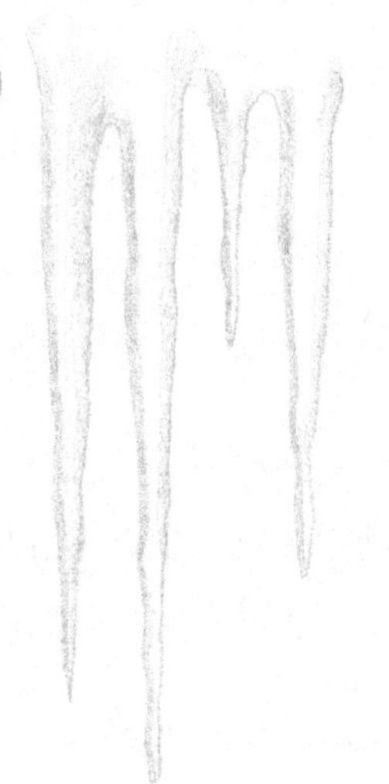

SCHRITT 4

Fügen Sie eine Schicht Farbton an den Seiten hinzu, wobei die linke Seite dunkler sein sollte.

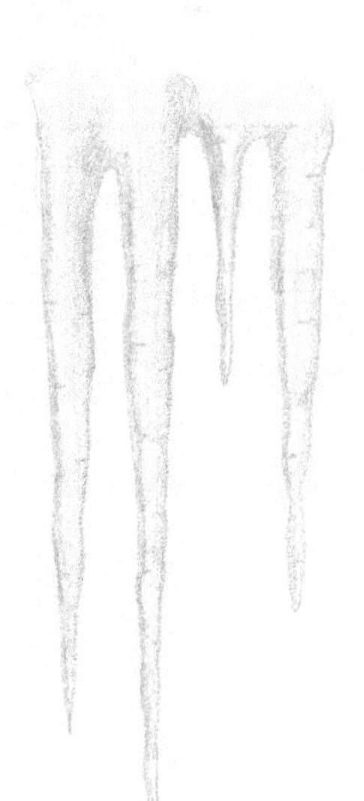

SCHRITT 5

Füllen Sie den Rest des Eiszapfens mit einer leichten Schattierung. Mit dem Finger verwischen und dann kurze Linien hinzufügen, die nach dem Zufallsprinzip die Mitte der Eiszapfen schneiden.

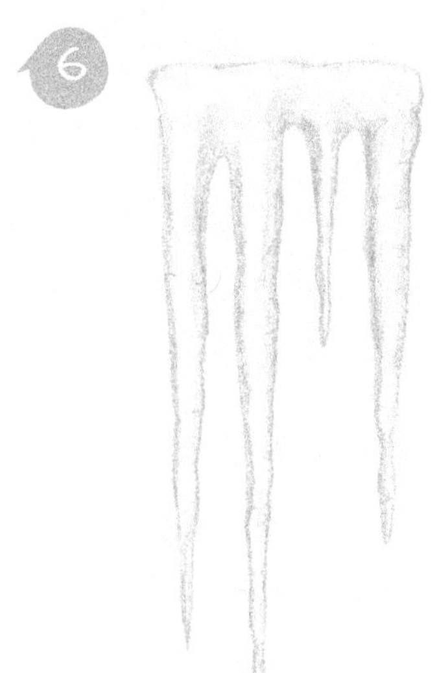

SCHRITT 6

Radieren Sie in der Mitte jedes Bildes einen Abschnitt aus, um die Highlights zu zeigen.

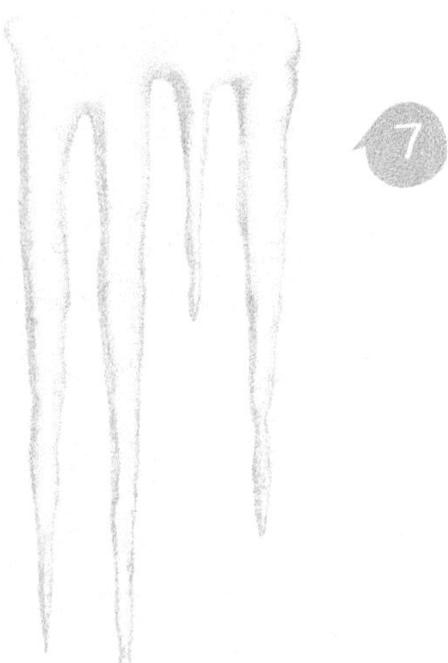

Extrazeit: Benutzen Sie einen Radiergummi, um die Eiszapfen noch heller zu machen. Die rechte Seite eines jeden Eiszapfens ist heller als die linke. Der Kontrast ist nicht sehr hoch und die Eiszapfen sollten transparent erscheinen. Dies ist eine kontrastarme Zeichnung.

RETTUNGSRING

Ein Rettungsring oder eine Rettungsboje ist dazu bestimmt ist, einer Person im Wasserzugeworfen zu werden, um für Auftrieb zu sorgen und ein Ertrinken zu verhindern. Mit dieser einfachen, kontrastarmen Zeichnung werden Sie nicht untergehen.

Schritt 1:

Zeichnen Sie einen kleinen Kreis innerhalb eines etwas größeren Kreises.

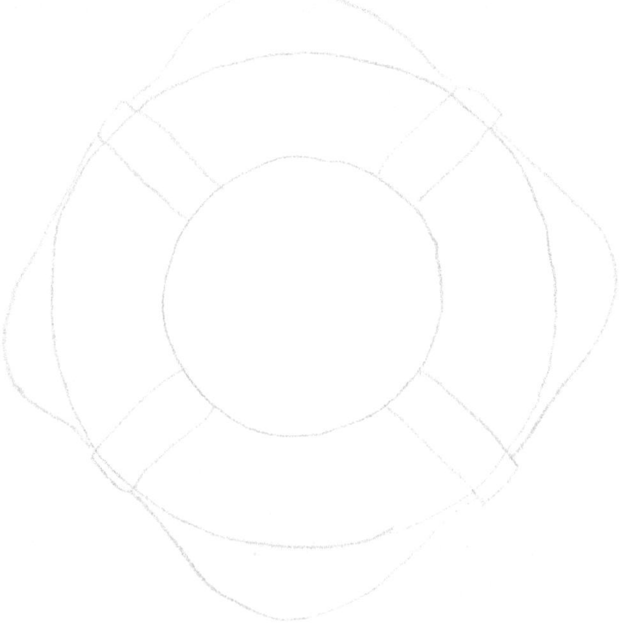

Schritt 2:

Fügen Sie Linien hinzu, um 4 Bänder um den Ring zu erstellen. Zeichnen Sie eine Linie, die die Bänder wie gezeigt verbindet. Sie müssen nicht symmetrisch sein.

Fügen Sie auf der Unterseite des Rings eine Farbtonschicht hinzu, um eine Lichtquelle anzudeuten. Das bedeutet, dass der Boden des Rings in einer gebogenen Bewegung ausgefüllt wird, ebenso wie der obere Teil des Innenrings. Dies deutet auf eine von oben kommende Lichtquelle hin.

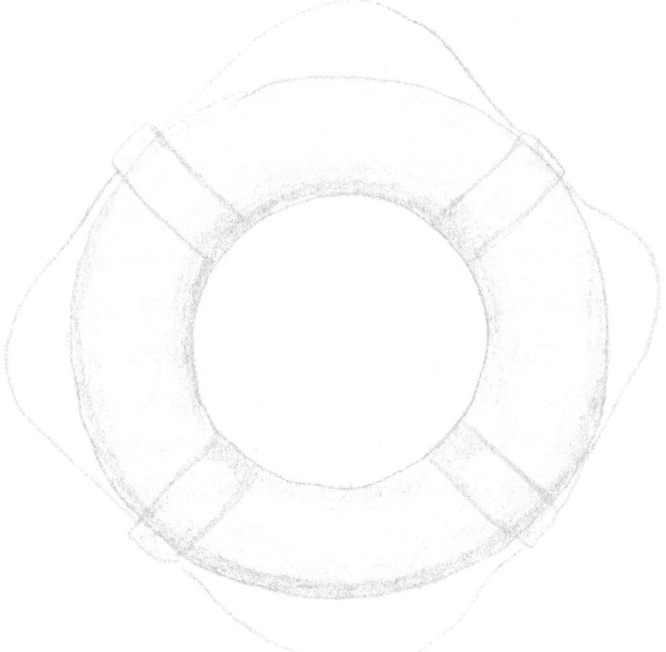

Schritt 4:

Fügen Sie auf dem Rest des Rings eine leichte Farbtonschicht hinzu. Die Mitte des Rings sollte der hellste Farbton sein. Machen Sie die Bänder mit einer Linie dicker.

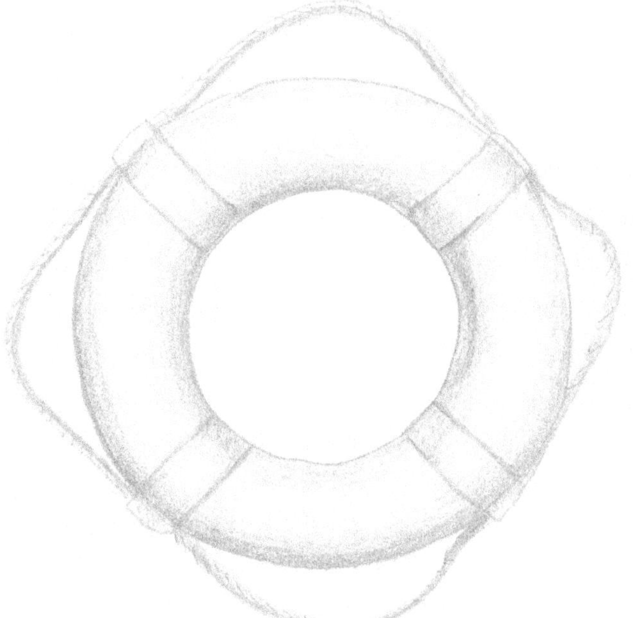

Schritt 5:

Verwischen Sie die Farbtöne, um sie zu glätten. Verwenden Sie einen Knetradierer, um die Mitte des Rings hervorzuheben. Fügen Sie eine Linie hinzu, die der Kontur des Seils folgt, und zeichnen Sie die Diagonalen für das Seilmuster.

Tipp

Der Kontrast in der Kunst bezieht sich auf die Anordnung von gegensätzlichen Elementen in einem Bild. Ein kontrastreiches Kunstwerk hat sehr helle und sehr dunkle Farbtöne. Ein kontrastarmes Kunstwerk hat mehr Farbtöne, die zwischen hell und dunkel liegen, so genannte Mitteltöne.

EISBÄR

Dieses wilde und doch knuddelig aussehende Wesen beherrscht die eisige Wildnis und steht an der Spitze der Nahrungskette. Beherrschen Sie dank Ihrer Fähigkeiten und dieser Anleitung diese Eisbärenzeichnung.

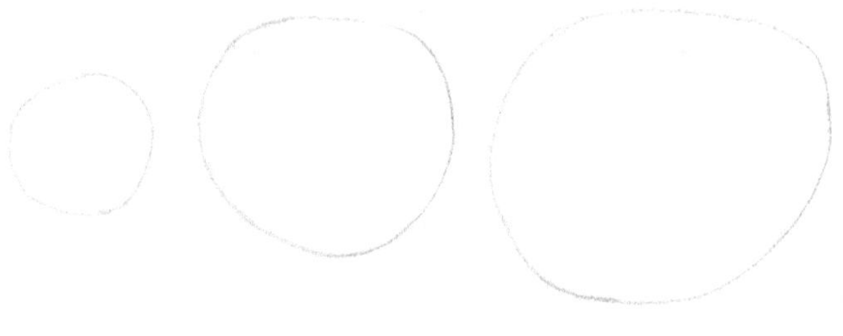

Schritt 1: Zeichnen Sie einen kleinen Kreis für den Kopf, einen mittleren Kreis für die Vorderseite des Körpers und eine größere kreisförmige Form für die Rückseite. Beachten Sie den Abstand zwischen den einzelnen Formen.

Schritt 2: Verbinden Sie die Formen wie gezeigt. Fügen Sie Kurven für ein vorderes und hinteres Bein hinzu.

: Fügen Sie Gesichtszüge hinzu, z. B. eine verlängerte Nase, ein gebogenes Ohr und ein kleines keilförmiges Auge. Zeichnen Sie die Beine fertig.

: Füllen Sie die Nase und die Augen mit einem dunklen Farbton aus. Füllen Sie mit der Kante des Bleistifts und einer schnellen Hin- und Her-Bewegung die Bereiche unter dem Kopf, dem Hals, dem Bauch und den Beinen aus, um einen hellen Farbton hinzuzufügen, der wie eine Fellstruktur aussieht. Da Eisbären weiß sind, wird nur eine geringe Menge an Farbton benötigt.

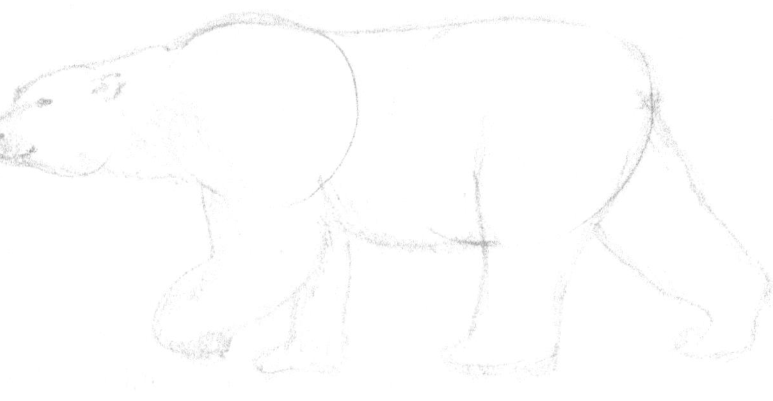

: Verwischen Sie die Farbtöne vorsichtig, um sie zu glätten. Löschen Sie alle nicht mehr benötigten Teile der ursprünglichen Kreis-Hilfslinien. Zeichnen Sie kurze Schraffuren um die Konturen des Bärenkörpers, um das Fell darzustellen.

EISBECHER

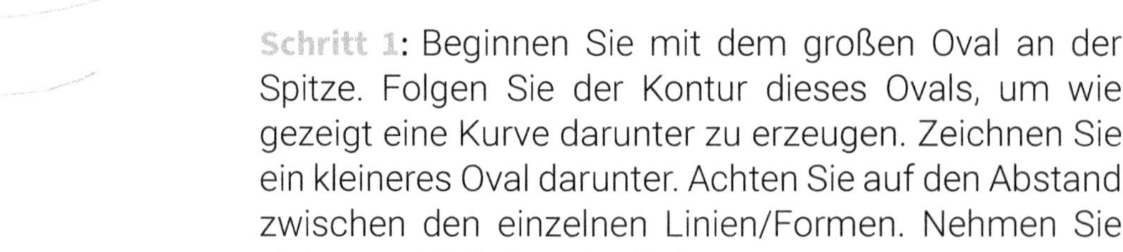

Schritt 1: Beginnen Sie mit dem großen Oval an der Spitze. Folgen Sie der Kontur dieses Ovals, um wie gezeigt eine Kurve darunter zu erzeugen. Zeichnen Sie ein kleineres Oval darunter. Achten Sie auf den Abstand zwischen den einzelnen Linien/Formen. Nehmen Sie sich etwa 30 Sekunden Zeit.

Schritt 2: Zeichnen Sie einen Halbkreis, der vom oberen Oval ausgeht. Zeichnen Sie Linien, die von jedem Rand des Ovals nach unten führen und sich mit der darunter liegenden Kurve verbinden. Zeichnen Sie eine Dreiecksform, die vom unteren Oval ausgeht. Fügen Sie eine Kurve hinzu, die der Kontur der ovalen Kante folgt, die die Basis des Dreiecks verbindet.

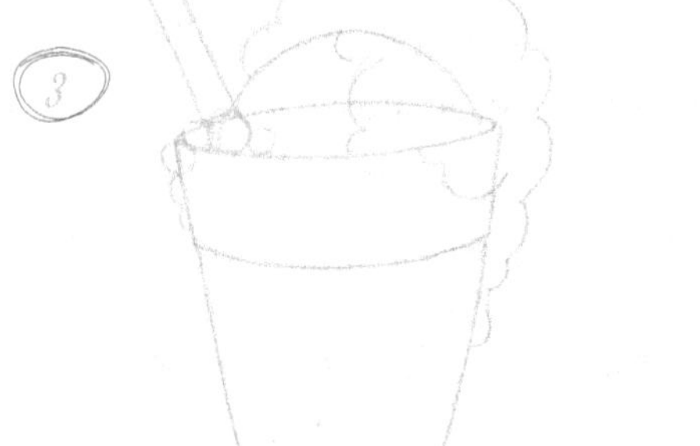

Schritt 3: Verbinden Sie die obere und untere Form mit Linien, die nach innen gebogen sind, um den Eisbecher zu bilden. Fügen Sie oben 2 parallele Linien für den Strohhalm hinzu. Fügen Sie oben, an den Seiten und am Boden nach Belieben Rundungen für die Schlagsahne hinzu. Nehmen Sie sich etwa 30 Sekunden Zeit.

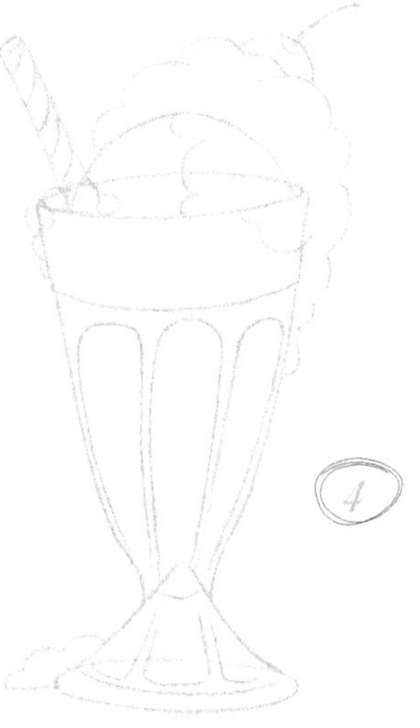

Schritt 4: Fügen Sie oben am Strohhalm ein Oval mit Kurven hinzu, um ein gestreiftes Muster zu erzeugen. Für die Kirsche einen Halbkreis mit Stiel in die Schlagsahne zeichnen. Zeichnen Sie ein Muster auf den Eisbecher.

Schritt 5: Nehmen Sie sich 30 Sekunden Zeit, um die Kirsche, den Strohhalm und die Tasse abzutönen.

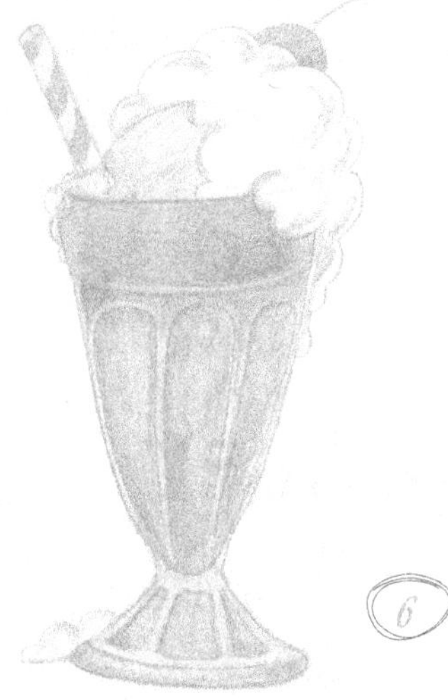

Schritt 6: Verwischen Sie die Farbtöne, und verleihen Sie der Schlagsahne mit der gezeigten Schattierung Tiefe. Farbtöne auf der Tasse vertiefen.

Schritt 7: Verwischen Sie die Farbtöne weiter, um mehr Kontrast zu erzeugen. Benutzen Sie einen Knetradierer, um Glanzstellen oder Highlights aufzuhellen (siehe Strohhalm).

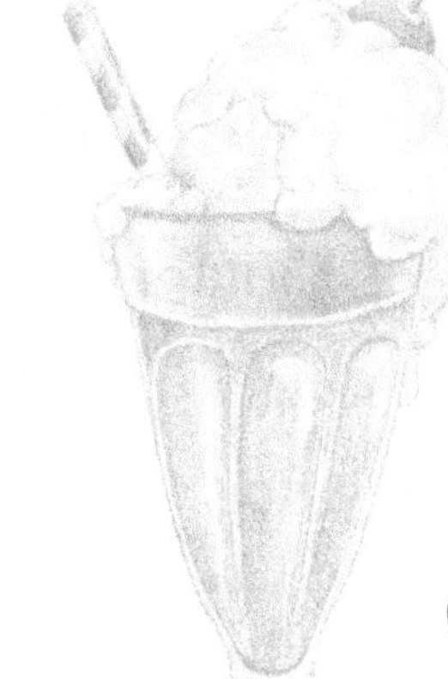

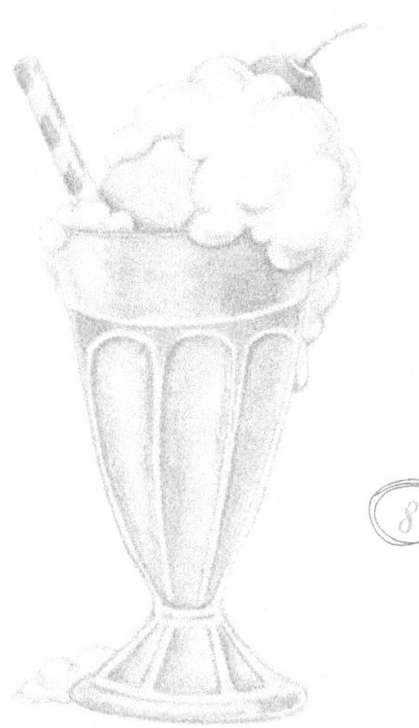

Extrazeit: Löschen Sie die Ränder, um die Linien schärfer zu machen. Fügen Sie mehr Glanzlichter hinzu und vertiefen Sie die Schatten für mehr Kontrast in Sahne und Becher. Fügen Sie dem Becherrand einen 3D-Rand hinzu. Glätten Sie die Farbe mit den Mischwerkzeugen und folgen Sie dabei der Richtung des Farbtons und der Linie für den gewünschten Effekt.

DRITTES KAPITEL
Struktur und Muster

Struktur und Muster beschreiben verschiedene dekorative/beschreibende Elemente in einem Kunstwerk. Ein Muster ist ein visuelles Element, das eine Form wiederholt, während eine Struktur die Art und Weise ist, wie etwas aussieht, wie es sich anfühlt.

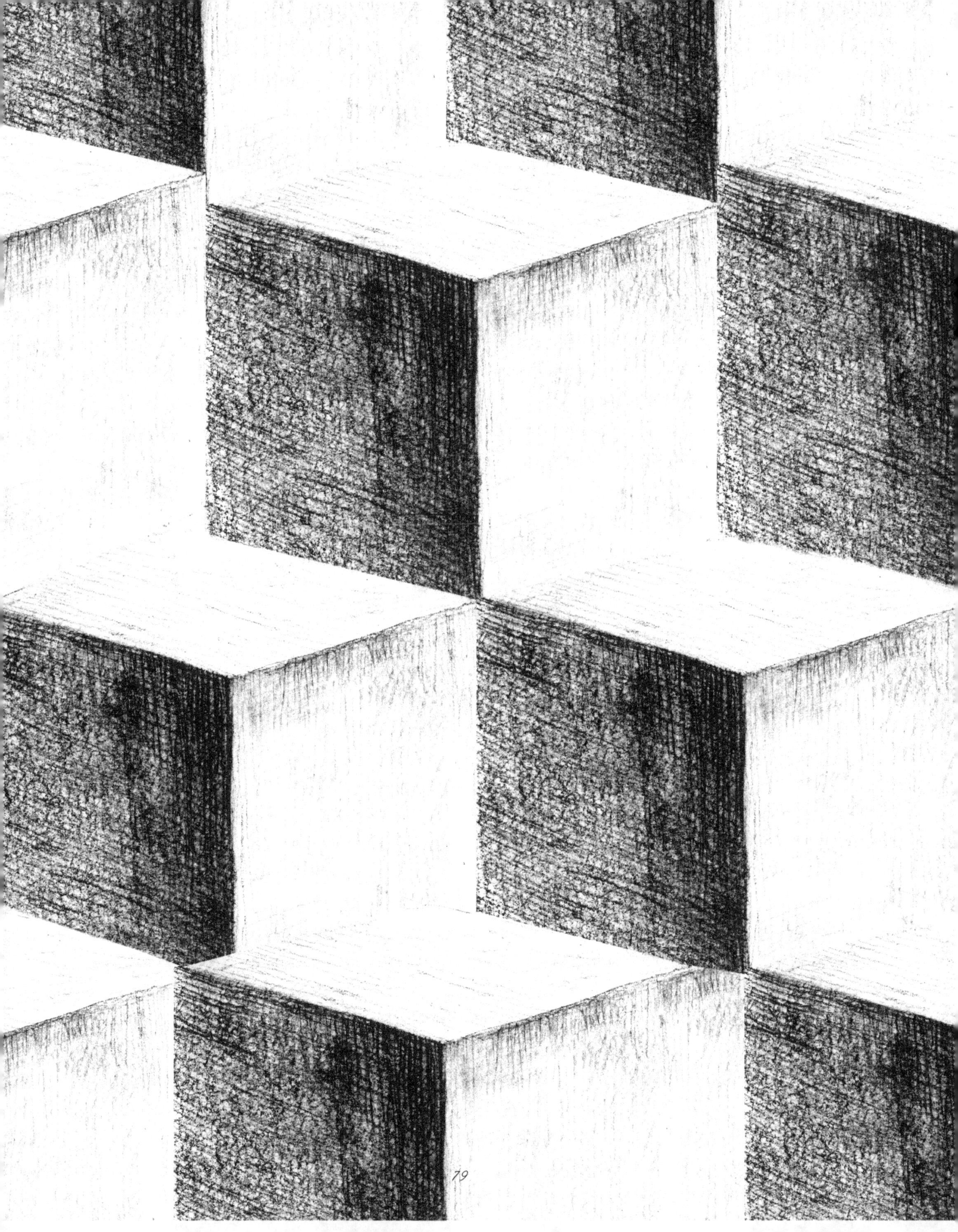

BÄR

Die Struktur ist ein Element der Kunst, das eine Zeichnung realistischer macht. Um die Illusion eines realistischen Fells zu erzeugen, eignen sich Richtungslinien mit dunklen Werten (Schattierungen) und hellen Werten (Tönungen).

Schritt 1: Beginnen Sie mit einem kleinen Oval neben einem größeren Kreis. Verbinden mit Kurven wie gezeigt.

Schritt 2: Fügen Sie ein langes Oval hinzu, das den Kreis und die Kurven für das vordere Bein überlappt. Zeichnen Sie ein weiteres halbes Oval hinter das erste für das hintere Vorderbein. Das Gleiche gilt für die Hinterbeine.

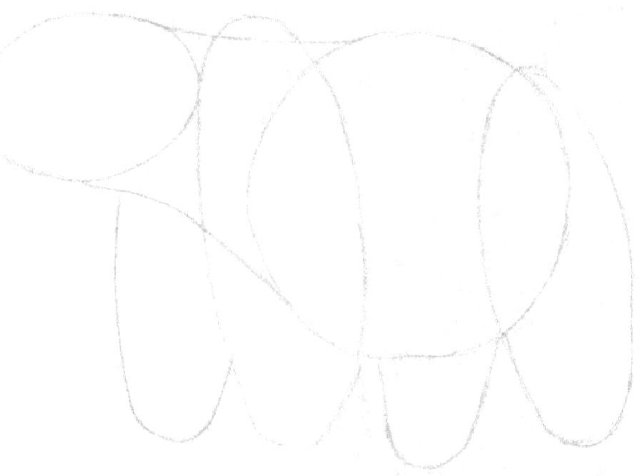

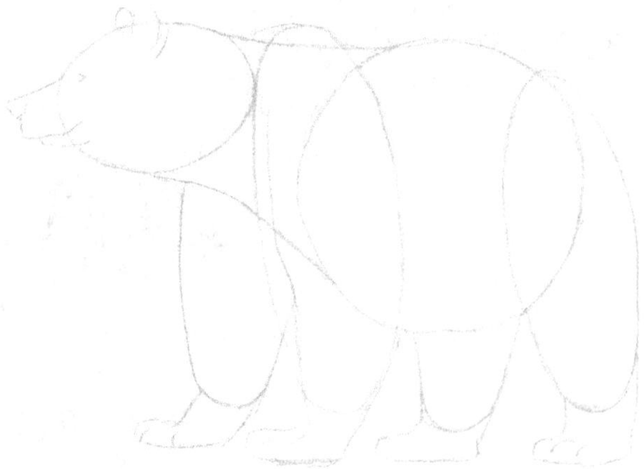

Schritt 3: Fügen Sie an den Enden der Bein-Ovale die Form einer Pfote hinzu. Verwenden Sie diagonale Linien für die Schnauze, den gebogenen Mund und die abgerundeten Ohren. Seitliches Dreieck als Auge hinzufügen.

: Zeichnen Sie Schraffuren (kurze, schnelle Linien) um die Umrisse der Bärenformen, um die Struktur darzustellen (siehe Beilage) Schattieren Sie die Nase und das Auge. Fügen Sie Details für Augenbrauen und Nasenrücken hinzu. Die nächstgelegene Vorderpfote neu formen. Fügen Sie ein kleines Büschel für einen Schwanz hinzu. Radieren Sie das Oval des hinteren Beins weg, das sich mit dem Kreisbauch schneidet.

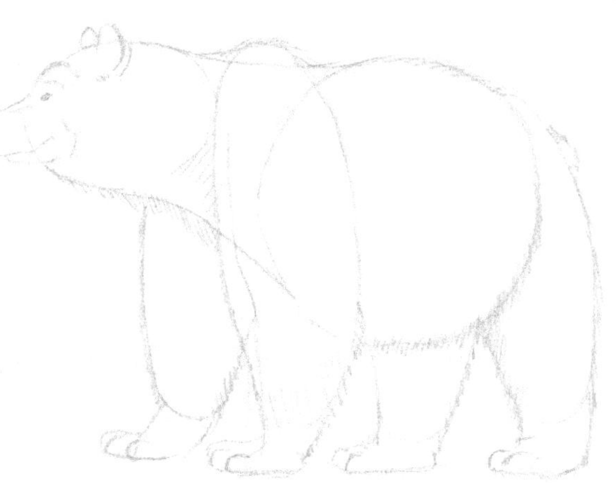

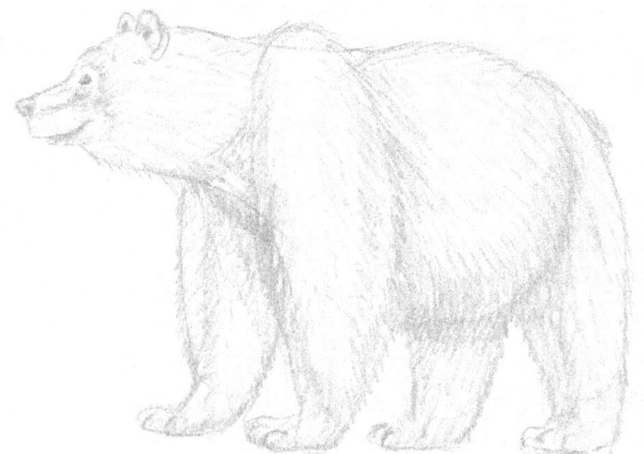

Schritt 5: Fügen Sie eine weitere Schicht Fellstruktur auf dem ganzen Körper hinzu. Halten Sie die Schraffur in den dunklen Bereichen, insbesondere unter dem Bauchbereich, enger. Zeichnen Sie die Schraffuren in den hervorgehobenen Bereichen weiter auseinander. Achten Sie auf die Richtung der Schraffuren im Inneren des Bären, da sie dem Querschnitt seines Körpers folgen.

Schritt 6: Farbtöne verwischen. Fügen Sie in dunklen Bereichen weitere Schraffuren hinzu. Drücken Sie mit dem Knetradierer vorsichtig auf die hervorgehobenen Stellen.

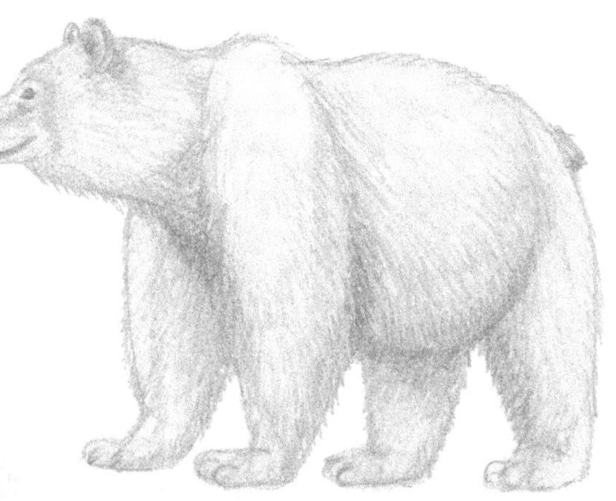

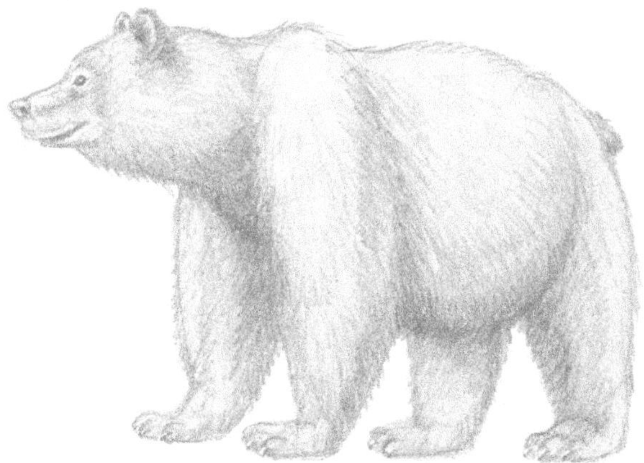

Extrazeit: Fügen Sie weitere Details um das Gesicht herum hinzu, einschließlich enger Schraffuren, Hervorhebungen an Nase und Auge und Krallen. Fügen Sie noch mehr Kontrast hinzu, indem Sie die Schatten abdunkeln und die Highlights aufhellen. Highlights können mit einem Radiergummi herausgehoben werden, wodurch sich der Werte- und Kontrastumfang der Zeichnung erhöht.

RAUPE

Schmetterlinge durchlaufen in ihrem Leben 4 Stadien: Ei, Larve, Puppe und erwachsener Schmetterling. Die Larve, die auch als Raupe bezeichnet wird, verbringt ihre Zeit mit Fressen und Wachsen. Versuchen Sie, Ihre Raupe zu zeichnen.

SCHRITT 1

Zeichnen Sie eine lange, nach links unten gebogene Linie für den oberen Teil des Körpers. Fügen Sie eine Wellenform wie gezeigt für den unteren Teil des Körpers hinzu. Beachten Sie, dass die gezackten Linien innerhalb der linken Kurve kleiner sind.

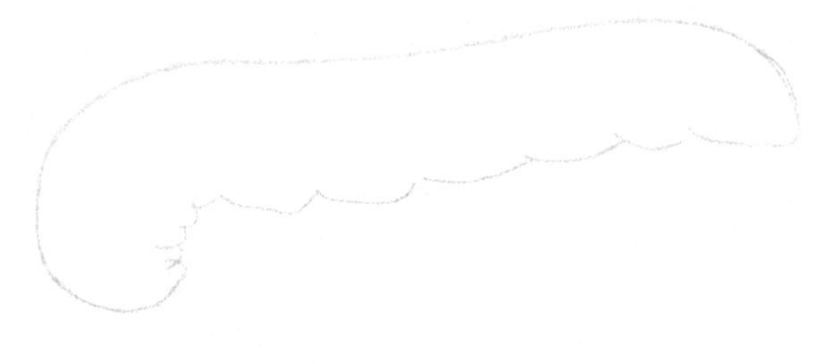

SCHRITT 2

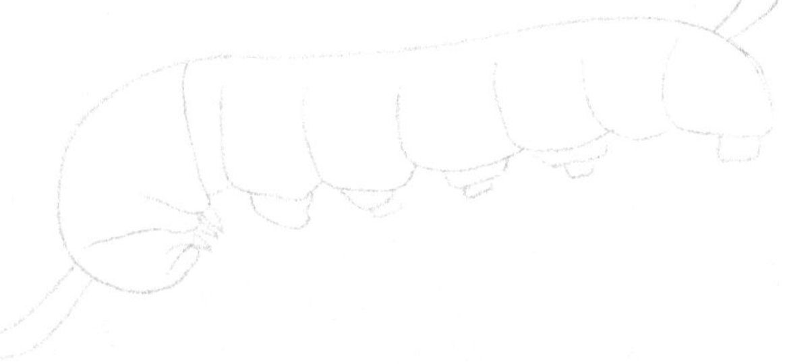

Zeichnen Sie geschwungene Linien, um den Körper in Segmente zu unterteilen, und fügen Sie Kurven am Kopf und am Rücken hinzu. Fügen Sie kleine, abgerundete rechteckige Formen für die Beine hinzu.

SCHRITT 3

Folgen Sie den in Schritt 2 gezeichneten Kurven, um ein gestreiftes Muster zu erstellen, das sich um die Länge des Körpers wölbt und dabei den Kreuzkonturen folgt. Wechseln Sie kurze und lange Streifen mit einer Kombination aus gezackten und geschwungenen Linien ab. Fügen Sie einen Stock unter der Raupe als Oberfläche hinzu.

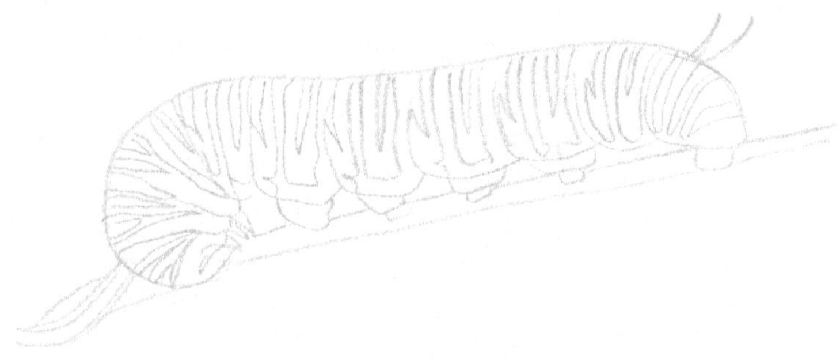

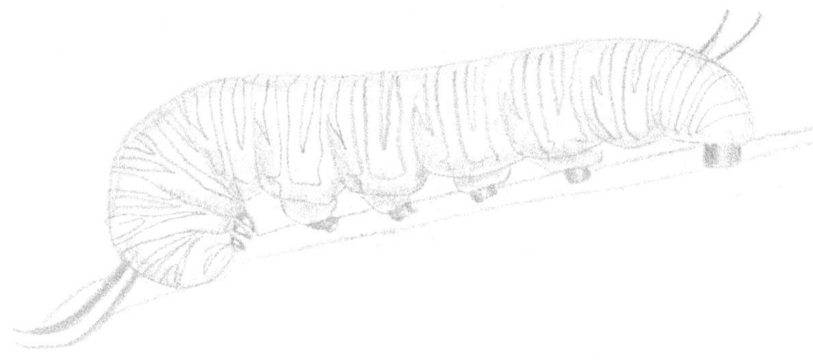

SCHRITT 4

Fügen Sie mit der Bleistiftspitze eine leichte Schicht Farbton auf der Ober- und Unterseite des Raupenkörpers hinzu und drücken Sie dabei stärker auf die Außenkanten der Füße. Dunkeln Sie auch die Fühler ab.

SCHRITT 5

Füllen Sie die Streifen aus, um einen Kontrast zu erzeugen.

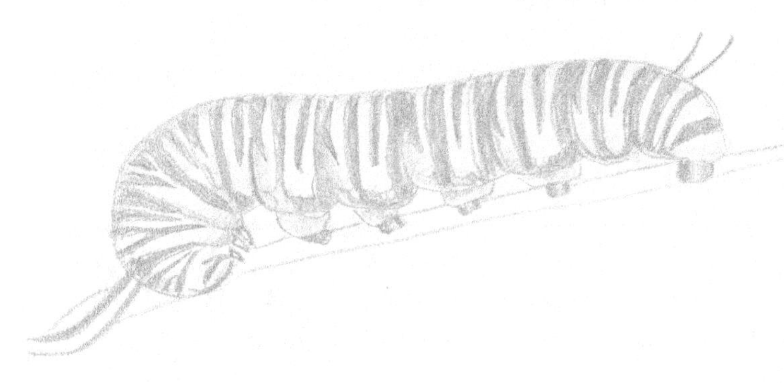

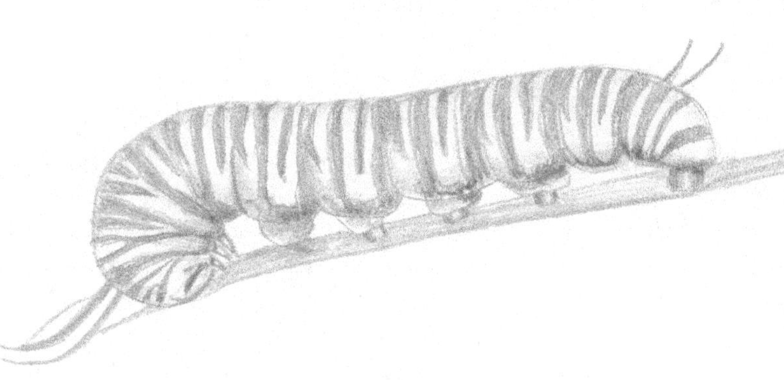

Extrazeit: Verwischen Sie die Farbtöne mit dem Finger oder dem Wischwerkzeug, um einen sanften Übergang zu erzielen. Machen Sie dunkle Bereiche dunkler und löschen Sie einige helle Bereiche, um mehr Kontrast und Interesse zu erzeugen.

FLUNDER

Die Flunder ist eine Art Plattfisch, der in den warmen Küstengewässern des Nordatlantiks und des Pazifiks, Kanadas und der USA vorkommt. Verleihen Sie Ihrer Flunder mit Werten und Mustern eine Dimension.

Schritt 1: Beginnen Sie mit der Form eines seitlich liegenden Eies. Nehmen Sie sich dafür etwa 10 Sekunden Zeit. Zeichnen Sie in leichten Strichen!

Schritt 2: Fügen Sie eine Dreiecksform für das Gesicht auf der linken Seite hinzu. Zeichnen Sie die Kurven für die Schwanzflosse rechts. Nehmen Sie sich etwa 30 Sekunden Zeit.

Schritt 3: Zeichnen Sie ovale Augen mit Pupillen und Munddetails. Fügen Sie oben und unten Flossenkurven hinzu. Nehmen Sie sich etwa 30 Sekunden Zeit.

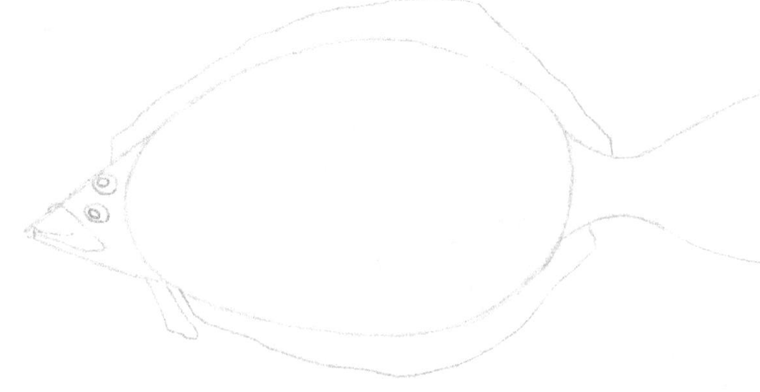

: Mund ausfüllen, Pupillen ausfüllen, Flosse am Ende schließen.

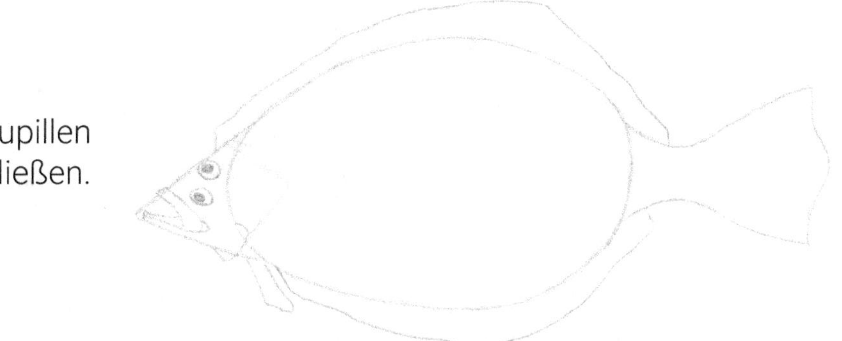

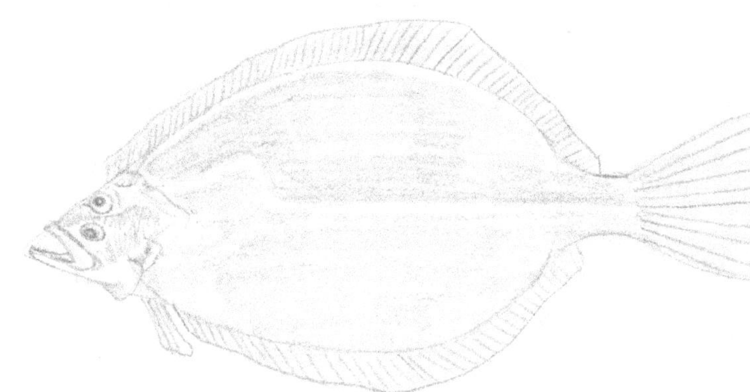

Schritt 5: Den Fisch schnell mit einer Schicht Farbton skizzieren. Lassen Sie eine weiße Linie in der Mitte und etwas auf der Vorderseite als Muster/Highlight. Zeichnen Sie Linien, die sich wie gezeigt von den Flossen ausbreiten.

Schritt 6: Fügen Sie eine weitere Farbschicht hinzu und vertiefen Sie die dunkelsten Stellen, insbesondere um den Mund und die Körperränder. Verwenden Sie eine Wellenkante, um die Flossenenden zu formen.

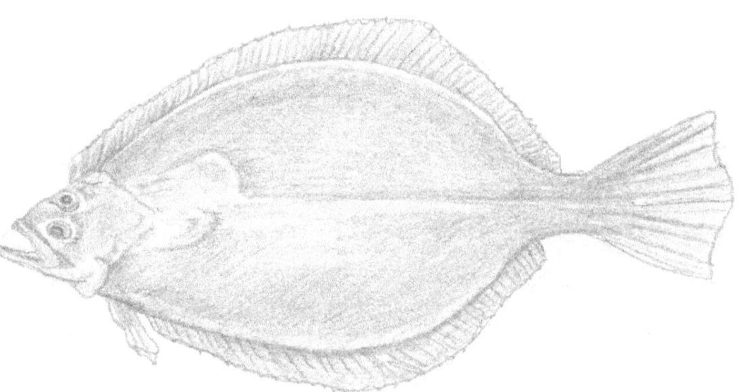

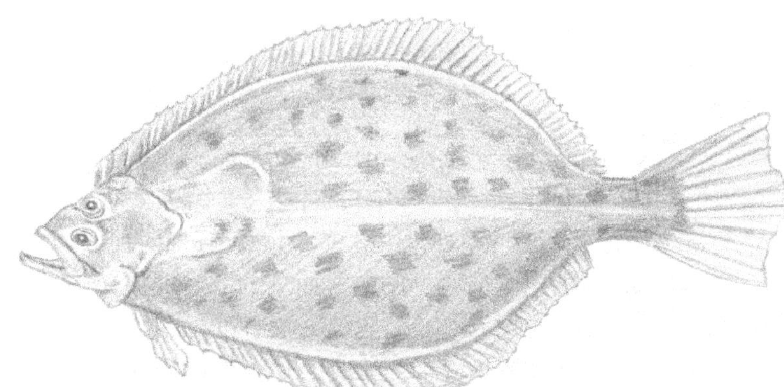

Extrazeit: Fügen Sie dem Körper ein Muster hinzu, betonen Sie die Augen und verwenden Sie den Knetradierer, um mehr Glanz/Highlights zu erzeugen. Löschen Sie alle unnötigen Skizzenlinien.

Hinweis. Ein Wellenschliff ist eine dekorative Linie, die aus einer Reihe von Kurven besteht, die sich entlang einer Kante wiederholen. Dies kann bei der Definition der Flossenränder in dieser Flunderzeichnung hilfreich sein.

GIRAFFE

Hallo da oben! Wollten Sie schon lange einmal üben, Muster zu erstellen? Mit ein paar Strichen und Kritzeleien können Sie mit dieser Anleitung in kurzer Zeit das größte Landtier der Erde zeichnen.

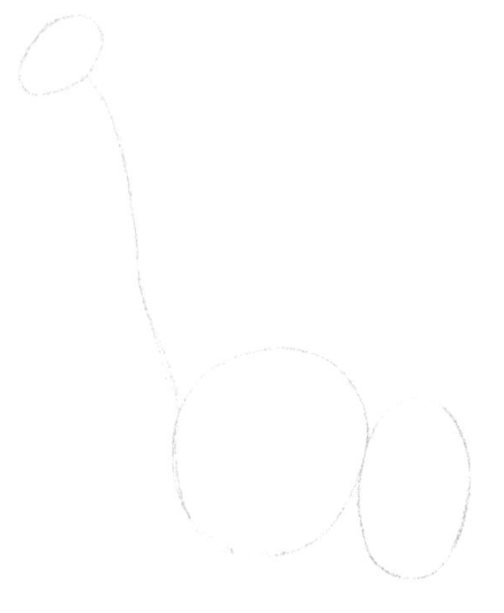

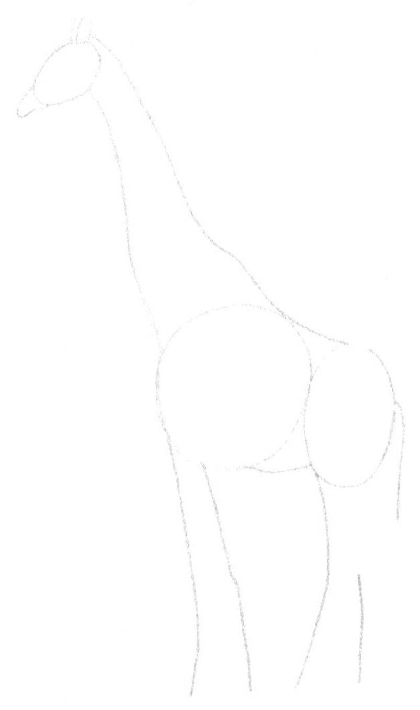

Schritt 1: Beginnen Sie mit einer kleinen Eiform für den Kopf, einem großen Kreis für die Vorderseite des Körpers und einem Oval, das diese Form berührt, für die Rückseite. Verbinden Sie Kopf und Körper mit einer langen Linie.

Schritt 2: Zeichnen Sie die Hörner (Gehörknöchelchen), die Schnauze und die Rückseite des Halses (beachten Sie den kleinen Buckel). Verbinden Sie Kreis und Oval mit einer kurzen Linie, um die Rückseite zu gestalten. Zeichnen Sie eine Linie für den Schwanz, den Bauch und die Vorderseiten der Beine.

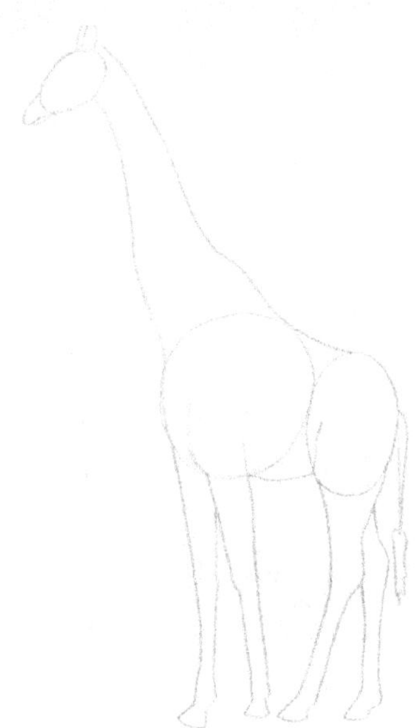

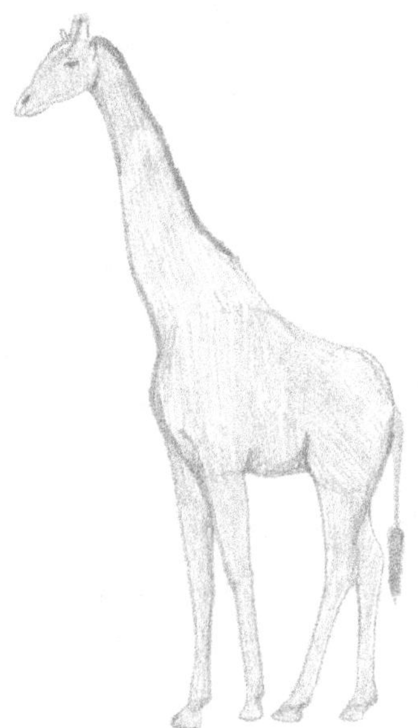

: Fügen Sie eine kleine Kurve für das Kinn, die Rückseite der Beine und eine Hufform an den Enden der Beine hinzu. Zeichnen Sie ein paar Haare an den Schwanz.

: Löschen Sie den Teil der ursprünglichen Hilfslinien des Körpers, der nicht mehr benötigt wird. Tragen Sie schnell eine leichte Schicht Farbton auf den gesamten Körper auf. Augen, Nasenlöcher, Ohren und Mähne hinzufügen.

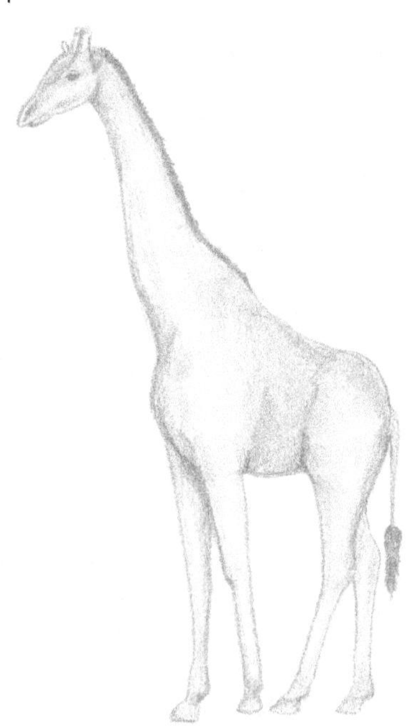

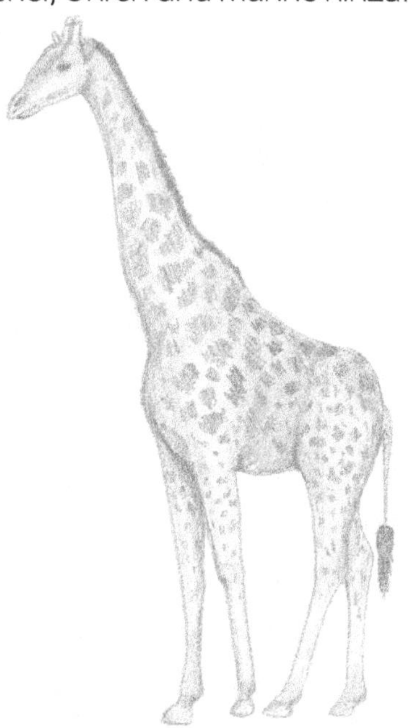

: Verwischen Sie die Farbtöne mit dem Finger oder dem Wischwerkzeug, um sie zu glätten. Verdunkeln Sie alle Bereiche, die an Kontrast verloren haben. Löschen Sie Bereiche in der Mitte des Halses und der Beine, um sie hervorzuheben. Auch im Gesicht können Sie Highlights setzen.

: Kritzeln Sie mit einer schnellen Hin- und Her-Bewegung ein Muster aus Punkten auf die Giraffe. Die Flecken sind am Hals und am vorderen Teil des Körpers größer und können an der Hinterhand und an den Beinen kleiner gezeichnet werden.

Extrazeit: Mehr Flecken! Füllen Sie das Muster aus, um es zu verdunkeln, und formen Sie einige der Punkte so um, dass sie enger zusammenliegen, sich aber nicht berühren. Fügen Sie ein Highlight im Auge hinzu.

GOLDFISCH

Eine Gruppe von Fischen ist ein Schwarm. Sie werden von dieser Anleitung schwärmen, wenn Sie einen Schritt nach dem anderen zeichnen.

Schritt 1: Beginnen Sie mit einer ovalen Form.

Schritt 2: Fügen Sie einen Kreis für das Auge eine kleine Linie für den Mund hinzu. Fügen Sie oben, hinten und unten eine feine Linie hinzu.

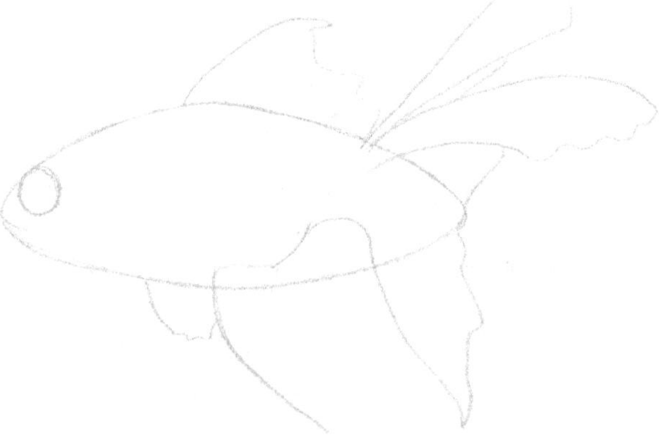

: Fügen Sie Linien zu den Flossen hinzu, um die Struktur anzuzeigen. Augen und Kiemen hinzufügen.

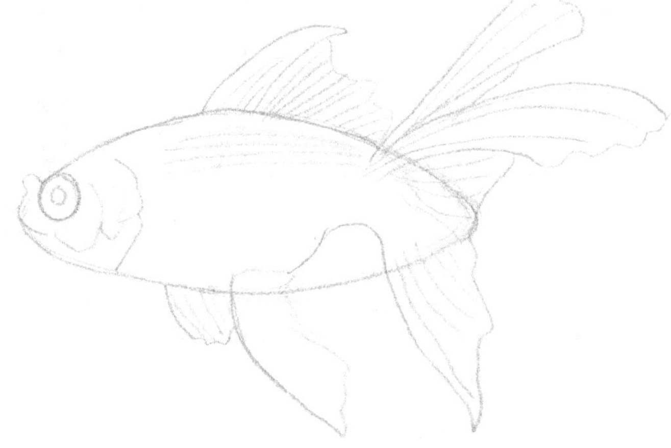

: Fügen Sie dem Fisch eine leichte Schicht Farbton zu. Löschen Sie Teile der ursprünglichen ovalen Hilfslinie, die nicht mehr benötigt werden. Verdunkeln Sie die Pupille und fügen Sie im weißen Bereich einen Rand aus Farbton hinzu, wie gezeigt.

: Fügen Sie den in Schritt 3 gezeichneten Flossenlinien dunkle Tönung hinzu. Drücken Sie mit dem Bleistift fester, um einen dunkleren Farbton um die Kiemen, die obere Kurve des Körpers und das Heck zu erzielen.

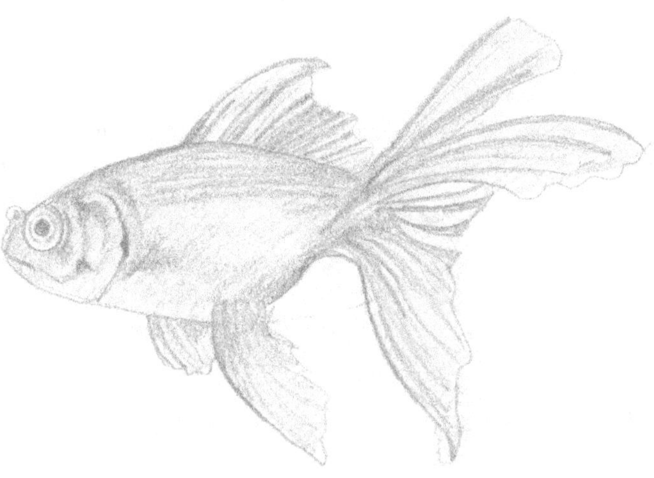

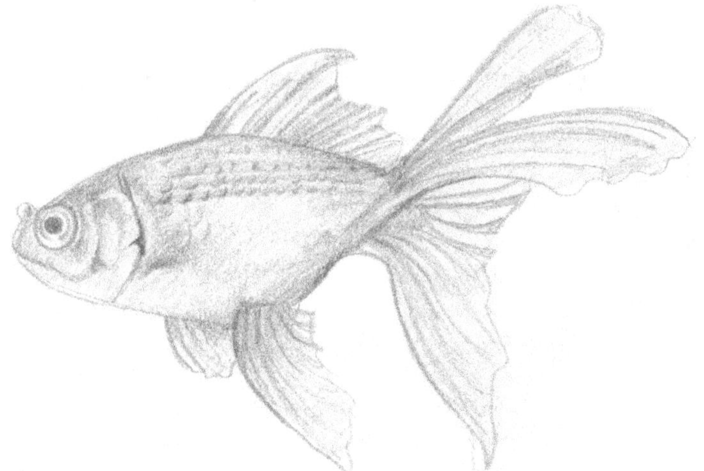

: Verwenden Sie einen Knetradierer, um die hervorgehobenen Bereiche aufzuhellen. „Zeichnen" Sie mit dem Radiergummi Streifen mit hellerem Farbton zwischen die dunkleren Flossenlinien. Fügen Sie auf der Oberseite des Körpers ein Muster aus dicken Linien hinzu, um Schuppen anzudeuten.

HEISSLUFT-BALLON

Schritt 1: Beginnen Sie mit einer großen Kreisform mit einer kleinen Ellipse darunter und einer noch kleineren Ellipse darunter. Beachten Sie den Abstand zwischen den Formen.

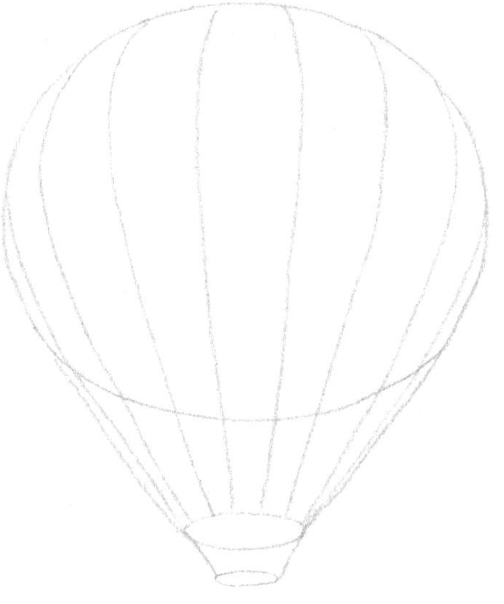

Schritt 2: Fügen Sie Kurven hinzu, die den Kreuzkonturen der runden Form folgen. Dies werden die Nähte/Abschnitte des Ballons sein. Zeichnen Sie eine kleine Raute unter die kleinste Ellipse. Dies wird der Boden des Korbes sein.

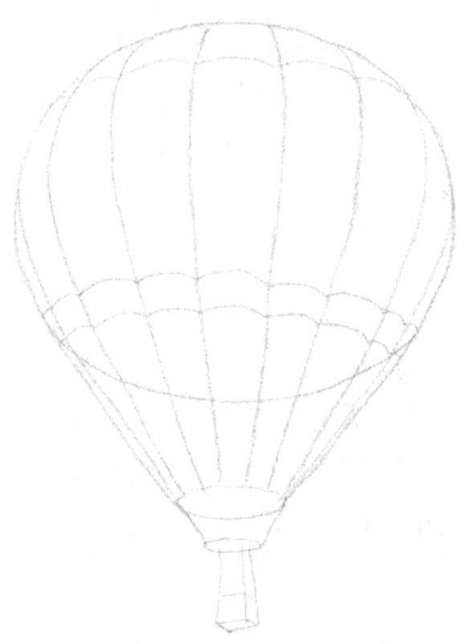

: Fügen Sie an jeder Ballonnaht geschwungene Linien für Streifen ein. Werden Sie kreativ und fügen Sie nach Belieben weitere Streifen oder andere Muster hinzu. Machen Sie aus der Raute eine kleine Würfelform mit Linien, die an den Ballon angrenzen.

: Löschen Sie alle nicht mehr benötigten Teile des ursprünglichen Kreises. Verbinden Sie den Korb mit weiteren Linien. Fügen Sie den Farbton mit einer Reihe von verschiedenen Druckstufen hinzu. Füllen Sie den Farbton abschnittsweise mit einer schnellen, gebogenen Hin- und Her-Bewegung. Halten Sie die linke Seite eines jeden Abschnitts hell, während die rechte Seite eines jeden Abschnitts dunkler sein sollte (mehr Druck mit dem Bleistift). Der linke Teil des Korbes sollte heller sein als der Rest.

: Mischen Sie die Farbtöne mit einem Mischwerkzeug oder dem Finger. Verstärken Sie einige der dunkleren Farbtöne, um mehr Kontrast zu erzeugen. Verwenden Sie unterschiedliche Druckstärken, damit die einzelnen Bereiche sich abheben.

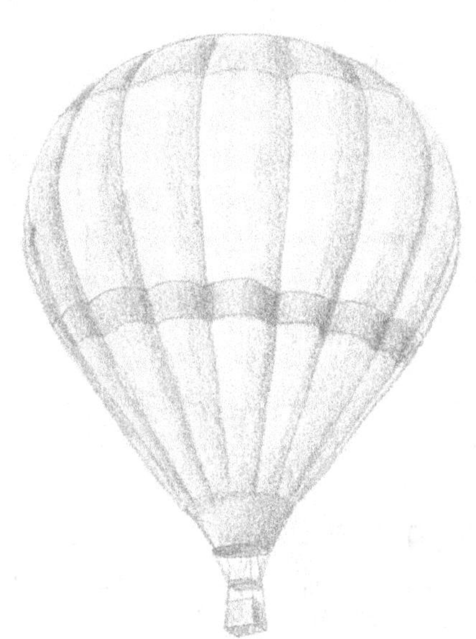

: Verwischen Sie die Farbtöne weiter, um ein glattes Ergebnis zu erzielen. Verwenden Sie einen Knetradierer, um die hellsten Bereiche des Ballons hervorzuheben Fügen Sie dem Korb ein Kreuzmuster hinzu, um eine gewebte Optik zu erzielen.

AFFE

Affen sind pelzige/haarige Viecher! Die Beobachtung 1 der Richtung des Haarwuchses kann dazu beitragen, dass eine scheinbar zeitaufwändige Zeichnung in wenigen Minuten realistisch aussieht.

Schritt 1: Beginnen Sie mit einem kreisförmigen Kopf und einem größeren ovalen Körper.

Schritt 2: Fügen Sie eine ovale Form im Inneren des Kopfes um die Stelle herum hinzu, an der die Augen sein werden, und einen kreisförmigen Mundbereich darunter. Zeichnen Sie 2 kleine Kreise als Augen in das Oval. Zeichnen Sie ein großes Oval für ein Hinterbein mit einer kleineren ovalen Pfote, die mit zwei Linien verbunden ist. Zeichnen Sie die Arme wie gezeigt.

Schritt 3: Fügen Sie Details wie Pupillen, Augenbrauen, Nase und Mund hinzu. Fügen Sie einen Halbkreis für die Hüfte hinzu, die mit dem Hinterbein verbunden ist. Fügen Sie Kurven für Ohren und Schulter auf der linken Seite hinzu. Fügen Sie Linien an Händen und Füßen hinzu, um Finger und Zehen darzustellen.

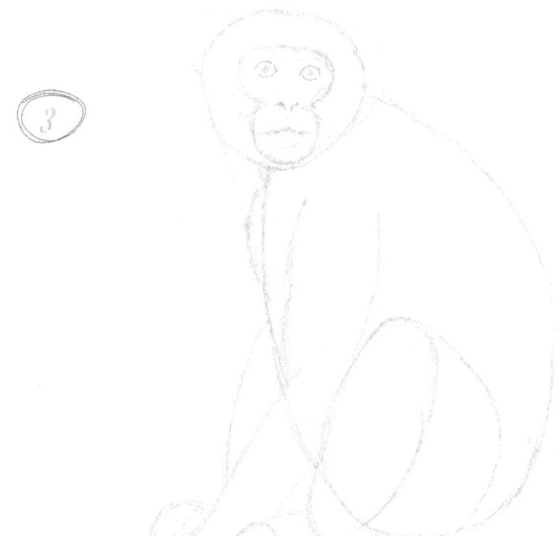

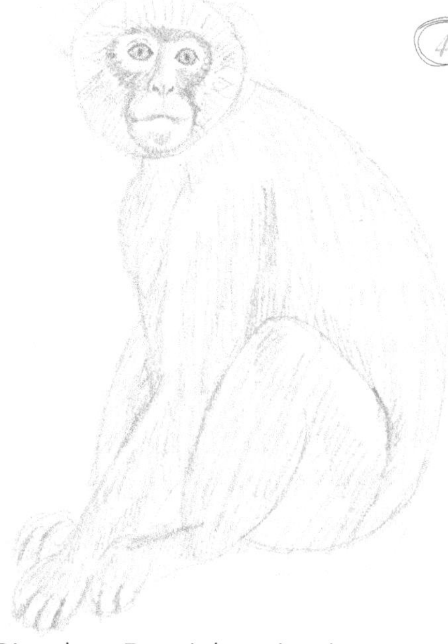

Schritt 4: Füllen Sie den Affenkörper mit kurzen, schnellen Linien aus, die der Kontur des Körpers folgen. Sie werden im Gesichtsbereich kürzer und dunkler. Füllen Sie die Augen mit einer leichten Farbtonschicht aus.

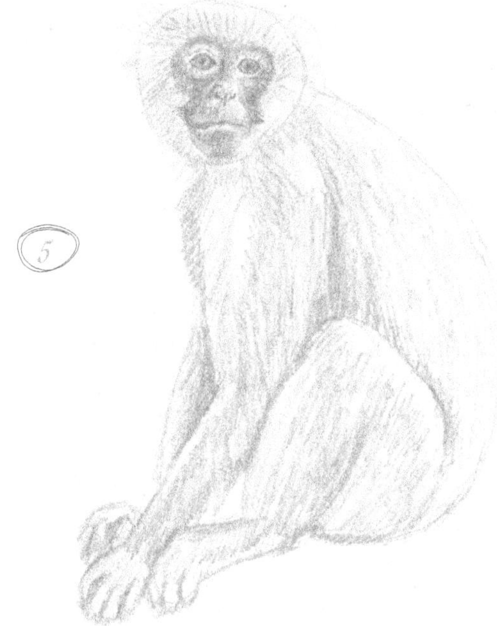

Schritt 5: Füllen Sie den Bereich mit einer weiteren Linie, um eine Fellstruktur zu erzeugen. Verdichten Sie die Linien an den Armen, im Gesicht und am Po. Lassen Sie einen weißen Rand um die Augen.

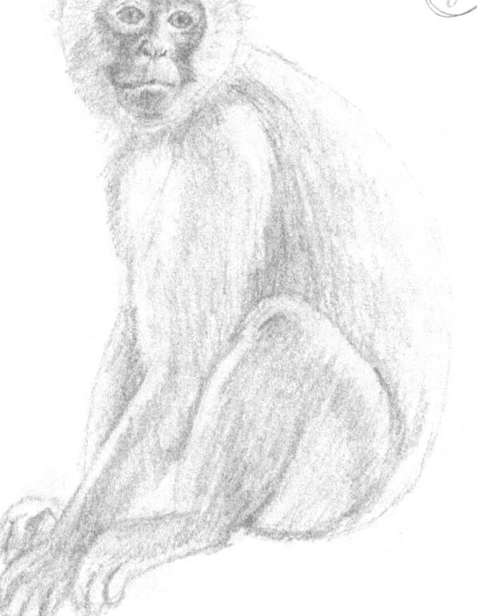

Schritt 6: Fügen Sie noch mehr Linien hinzu, um die Fellstruktur fortzusetzen. Verwenden Sie einen Radiergummi, um die Oberseiten aller Körperteile zu markieren, einschließlich des Rückens, der Schulter, des Beins und der rechten Seite des Gesichts.

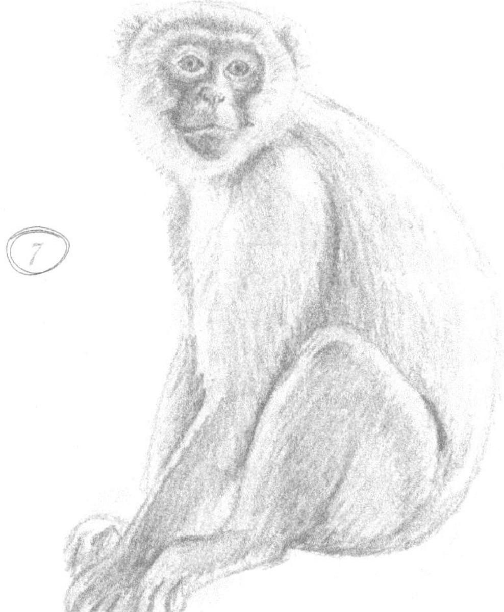

Schritt 7: Glätten Sie die Farbtöne, um sie zu verwischen. Fügen Sie weitere Linien für die Haare hinzu, da beim Verwischen einige der zuvor gezeichneten Linien verschwinden können.

MAUS

Eine Maus ist ein kleines Säugetier der Ordnung der Nagetiere. Sie können Schädlinge sein, sind aber auch niedlich! Verwenden Sie einfache Formen, um mit diesem Tier zu beginnen, und fügen Sie dann kurze Linien für Struktur hinzu.

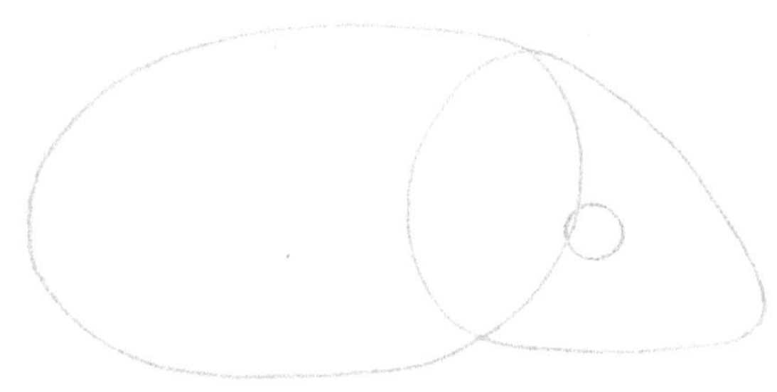

Schritt 1: Beginnen Sie mit einer ovalen Form für die Körperlinie und einer abgerundeten Dreiecksform für den Kopf. Zeichnen Sie einen kleineren Kreis für das Auge.

Schritt 2: Fügen Sie Beine mit Zehen, einen Schwanz und Bogen für die Ohren hinzu. Verfeinern Sie die Körperform. Siehe die Linien auf dem Bauch der Maus.

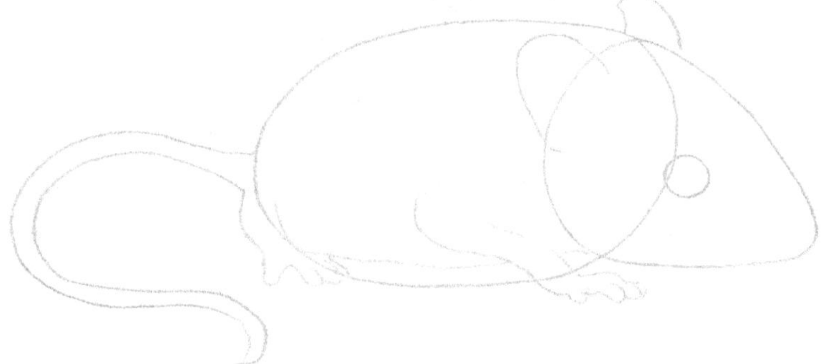

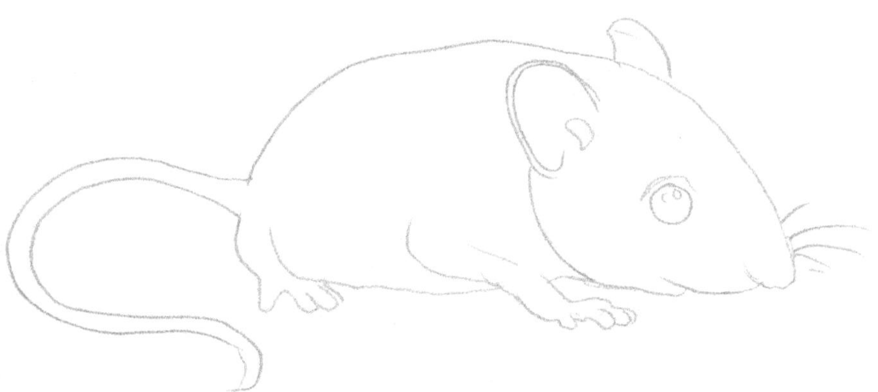

Schritt 3: Löschen Sie alle nicht mehr benötigten Teile der ursprünglichen Kreise. Fügen Sie Details für Ohren und Augen hinzu. Zeichnen Sie kurze Linien für die Schnurrhaare an den Wangen.

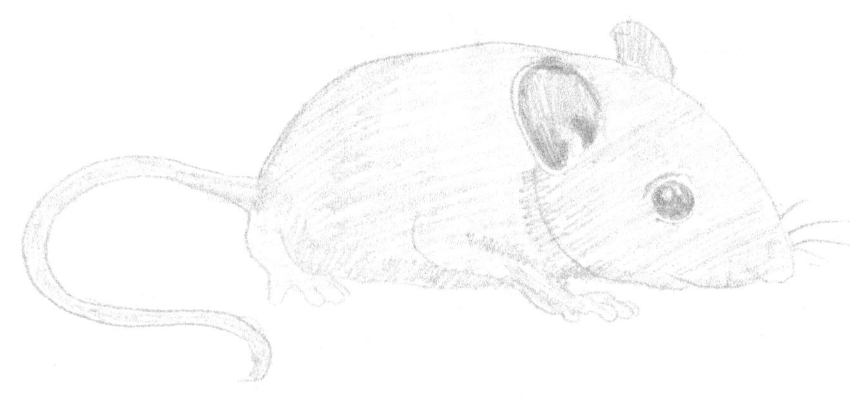

: Fügen Sie der Maus eine leichte Schicht Farbton zu. Üben Sie mit dem Bleistift mehr Druck auf das Innere der Ohren, das Auge und die Basis des Körpers und Halses aus, um diese Bereiche etwas dunkler zu machen.

Schritt 5: Fügen Sie mit einer Hin- und Her-Bewegung, die den Konturen des Körpers folgt, mehr Farbton hinzu, um die Illusion einer Fellstruktur zu erzeugen. Führen Sie die gleiche Bewegung über die Konturen des Körpers aus. Verdunkeln Sie die Schatten an der Basis des Körpers, an der Stelle, wo der Kopf auf den Körper trifft, und um die Nase herum. Verdunkeln Sie das Auge und lassen Sie weiße, glänzende Bereiche als Highlights stehen.

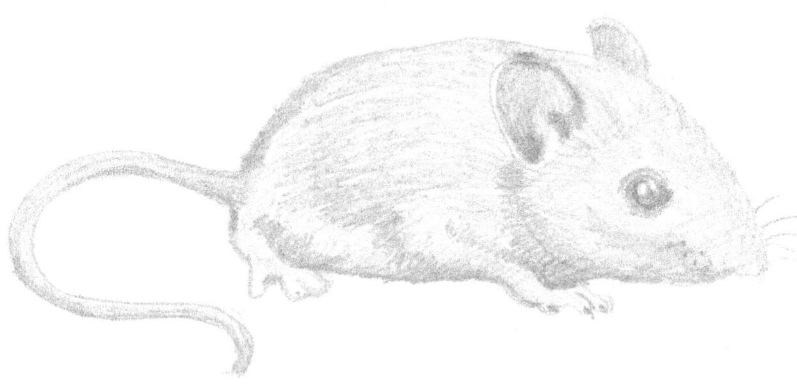

Extrazeit: Fügen Sie dem Körper mehr Fellstruktur hinzu, wobei Sie kleine Unterschiede im Farbton um die Augen, den Bauch, die Wangen, die Nase und den Rücken herum aufzeigen. Glätten Sie die Farbtöne nur ein wenig, um sie zu vermischen, aber nicht zu sehr, sonst wird der strukturierte Eindruck entfernt. Fügen Sie einen Schatten auf der Unterseite des Schwanzes und Punkte für die Schnurrhaare auf den Wangen hinzu. Fügen Sie Farbton hinzu, um einen leichten Schatten unter dem Körper zu erzeugen. Fügen Sie kleine Linien für die Krallen an den Enden der kleinen Zehen hinzu.

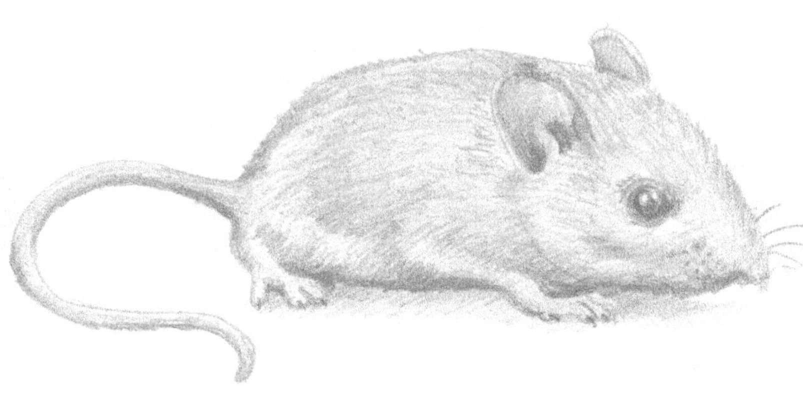

PANDA

Das unverwechselbare schwarz-weiße Fell des Großen Pandas macht ihn zu einem der bekanntesten Tiere der Welt. Mit dunklen Farbtönen und leichtem Druck mit dem Bleistift können Sie ein Abbild dieses einzigartigen Säugetiers erstellen.

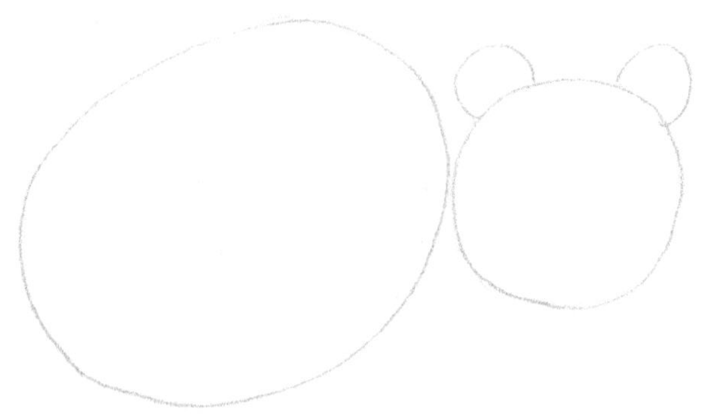

Schritt 1: Beginnen Sie mit einem großen Kreis für den Körper und einem kleineren Kreis für den Kopf. Zwei kleine Halbkreise für die Ohren.

Schritt 2: Fügen Sie Stäbchenbeine hinzu, kreisen Sie die Augen ein und formen Sie den unteren Teil des Körpers um. Verbinden Sie den Kopf mit dem Körper durch Kurven. Verlängern Sie diese Kurve nach unten in den Körper für die vordere Schulter.

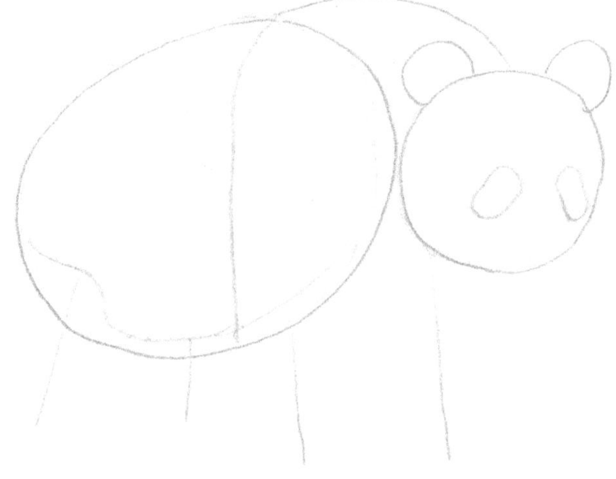

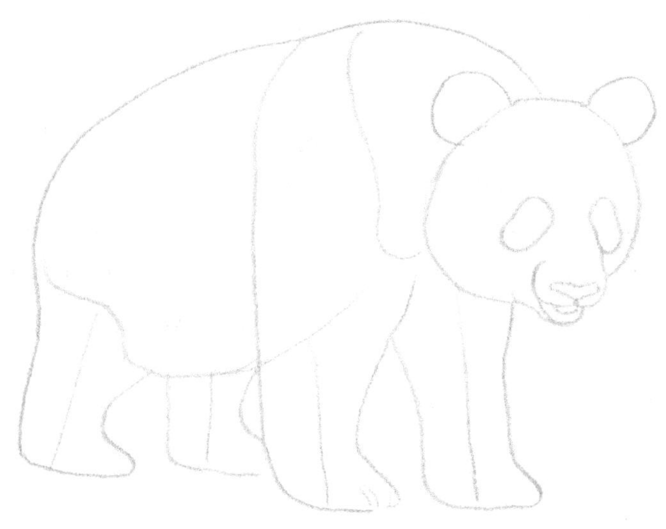

Schritt 3: Löschen Sie nicht mehr benötigte Teile des Körperkreises. Zeichnen Sie die Stäbchenbeine dicker. Fügen Sie Details zu Nase und Mund hinzu.

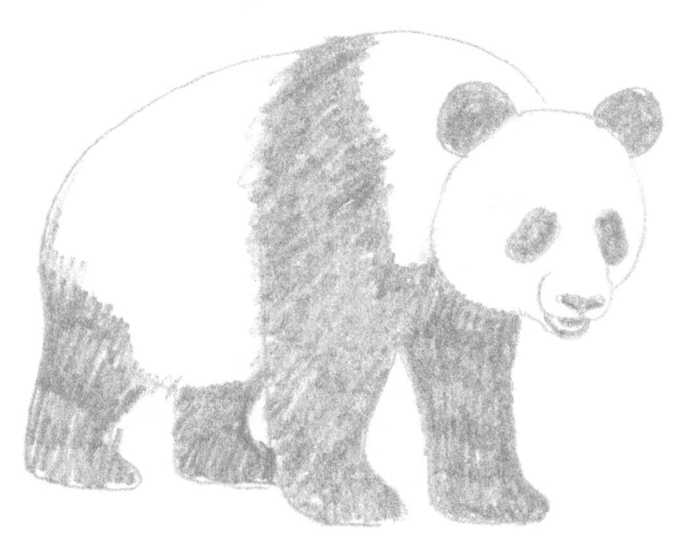

Schritt 4: Füllen Sie die kontrastierenden Bereiche des Bären mit vor- und zurücklaufenden Linien aus. Diese kurzen Linien sollten den Konturen des Körpers folgen und wie Fell aussehen.

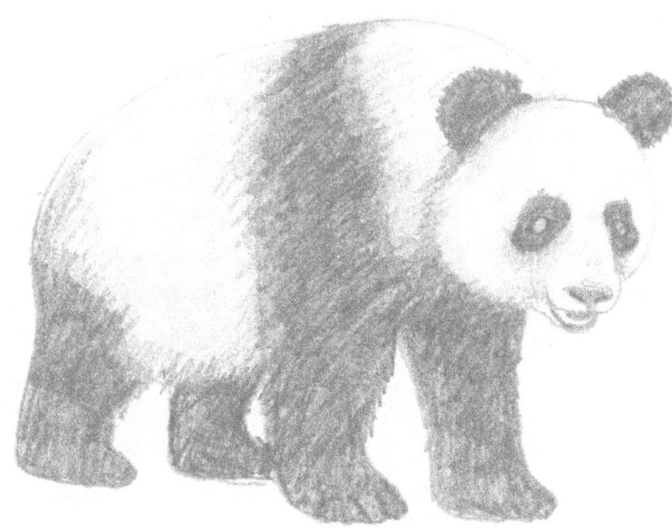

Schritt 5: Fügen Sie den weißen Bereichen etwas Farbton hinzu, insbesondere an den Rändern, die den dunklen Bereichen am nächsten sind. Füllen Sie Augen und Ohren aus, fügen Sie dem Gesicht Farbton hinzu. Mit Wischwerkzeug glätten.

HAHN

Hähne sind größer, in der Regel farbenfroher und haben größere Kämme auf dem Kopf als Hühner. Verwenden Sie die Techniken in diesem Tutorial, die beim Zeichnen aller Vögel helfen können.

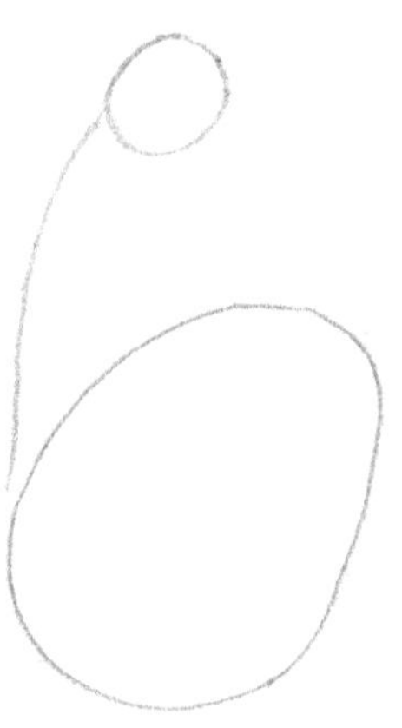

Schritt 1: Zeichnen Sie einen kleinen Kreis für den Kopf und ein größeres Oval für den Körper. Verbinden Sie sie mit einer Kurve. Sie sollte der Zahl „6" ähneln.

Schritt 2: Fügen Sie eine ovale Form hinzu, die an der Unterseite/Seite des Kopfes befestigt ist (für den Kehllappen), ein halbes Oval unter dem Körper und eine Kurve, die die Unterseite des Körpers und die Seite des halben Ovals berührt. Zeichnen Sie zwei Linien, wo die Beine sein werden.

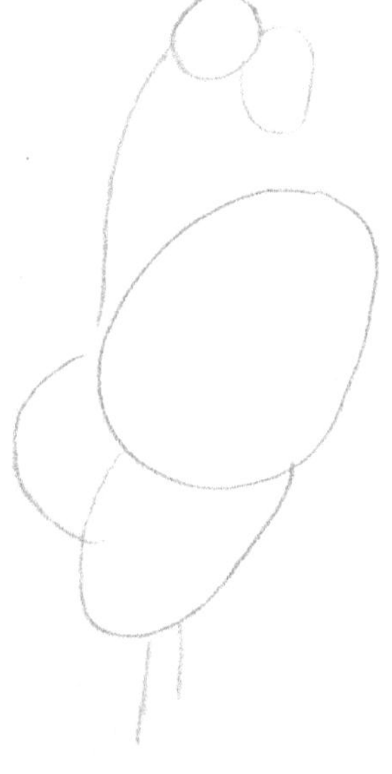

: Fügen Sie Zick-Zack-Linien am Kopf für den Kamm, einen Schnabel und ein Auge am Kopf sowie Kurven für die Schwanzfedern hinzu. Vervollständige Sie die Beine, indem Sie V-förmige Zehe hinzufügen.

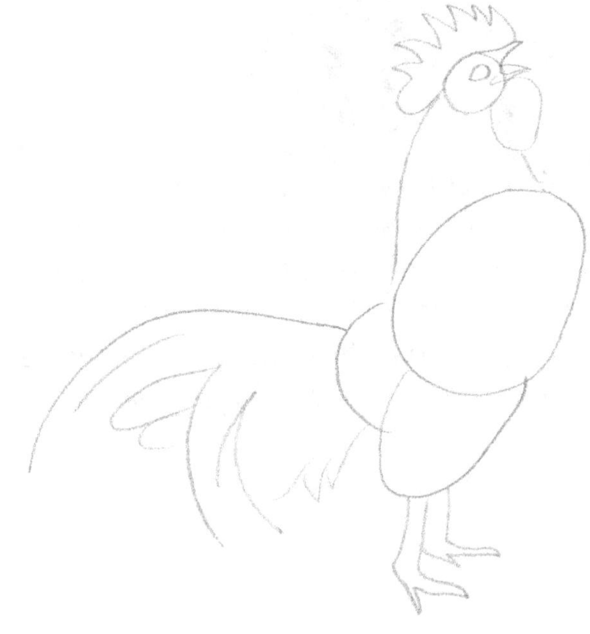

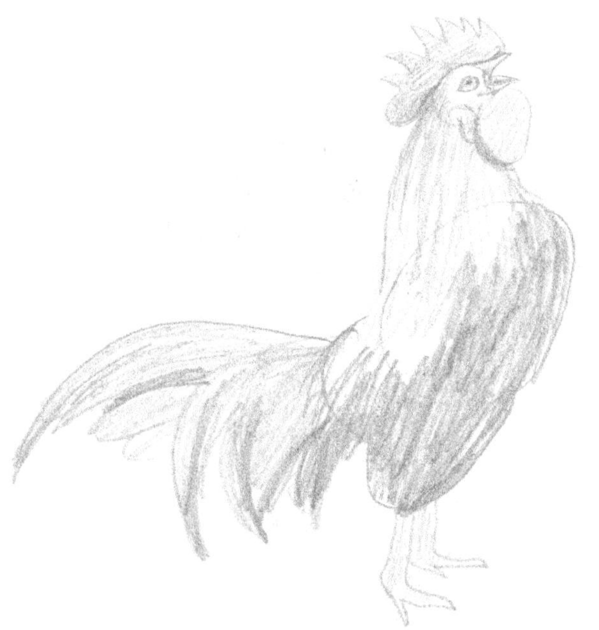

Schritt 4: Füllen Sie den Hahn schnell aus, um einen hellen Farbton hinzuzufügen. Drücken Sie fester auf die Brust, unter die Schwanzfedern und unter den Kehllappen. Versuchen Sie, den Konturen des Körpers zu folgen.

Schritt 5: Drücken Sie in dunklen Bereichen stärker, um den Kontrast zu erhöhen. Verwischen Sie die Farbtöne sanft, aber nicht zu stark, damit die einzelnen Linien noch zu erkennen sind. Verwenden Sie einen Knetgummi, um Pigmente um die Kröten, die Zehenspitzen, die Spitzen der Schwanzfedern, den Kamm und das Gesicht zu entfernen.

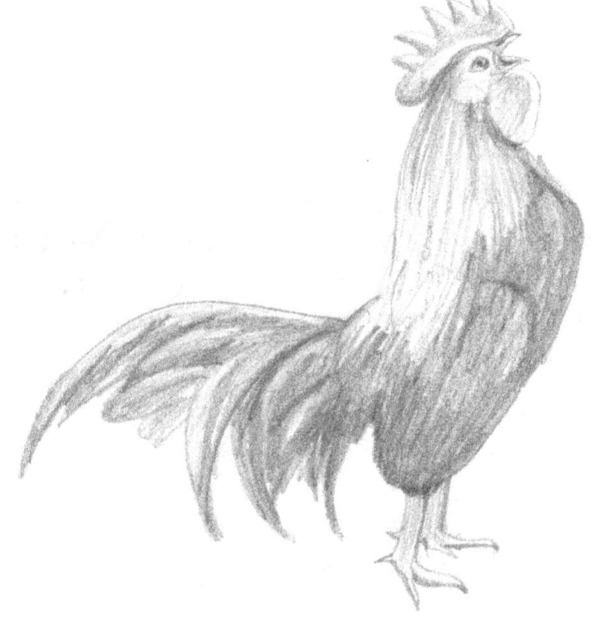

SCHMETTERLING

Schmetterlinge sind ein gutes Beispiel für die Symmetrie in der Natur, wo ein Flügel das Muster des anderen zu spiegeln scheint. Auch wenn die Seiten nicht exakt gleich sind, sollten Sie versuchen, die Flügelmuster spiegelsymmetrisch nachzubilden.

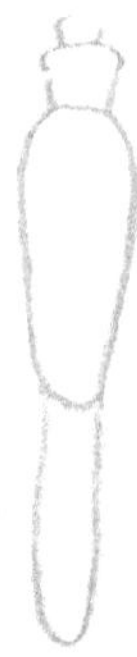

Schritt 1: Zeichnen Sie die drei Segmente des Schmetterlings: Kopf, Bauch und Brustkorb, indem Sie lange Ellipsen und Kreisformen verwenden.

Schritt 2: Fügen Sie Kurven für die Flügel hinzu. Was immer Sie auf einer Seite des Körpers zeichnen, versuchen Sie auf der anderen Seite spiegelsymmetrisch zu zeichnen.

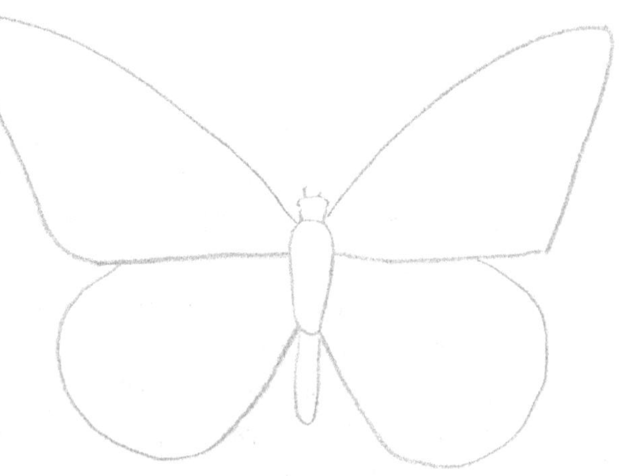

Schritt 3: Zeichnen Sie eine Reihe von Kurven, die wie gestapelte Regentropfen und ovale Formen aussehen. Versuchen Sie, beide Seiten ähnlich zu gestalten.

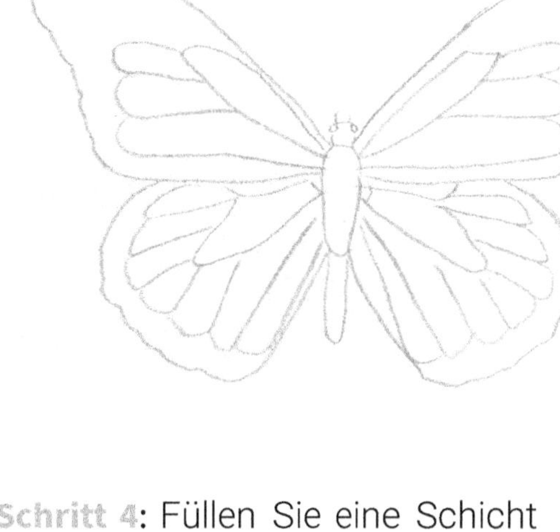

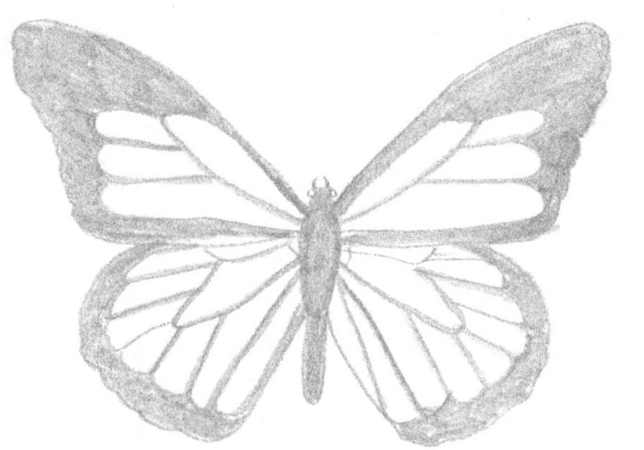

Schritt 4: Füllen Sie eine Schicht Farbton um die Außenseiten der gezeichneten Formen, um einen „Rahmen" aus dunklem Farbton zu schaffen. Füllen Sie auch den Körper aus.

Schritt 5: Fügen Sie dem Rest des Schmetterlings eine leichtere Farbtonschicht hinzu. Glätten Sie die Farbtöne mit einem Mischwerkzeug. Verwenden Sie einen Radiergummi, um einige kleine Bereiche des Pigments innerhalb des „Rahmens" zu entfernen, um mehr Details zu erhalten.

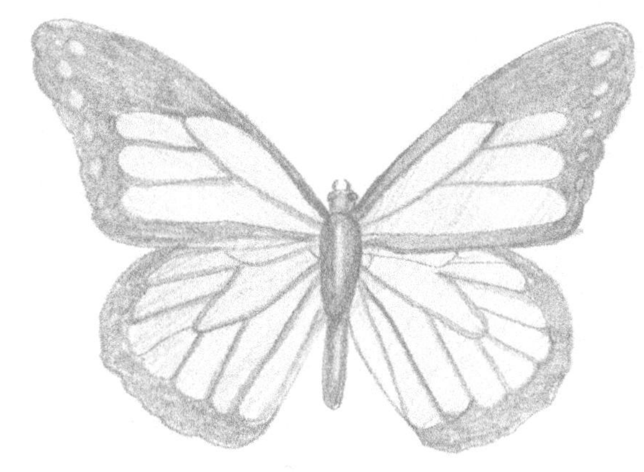

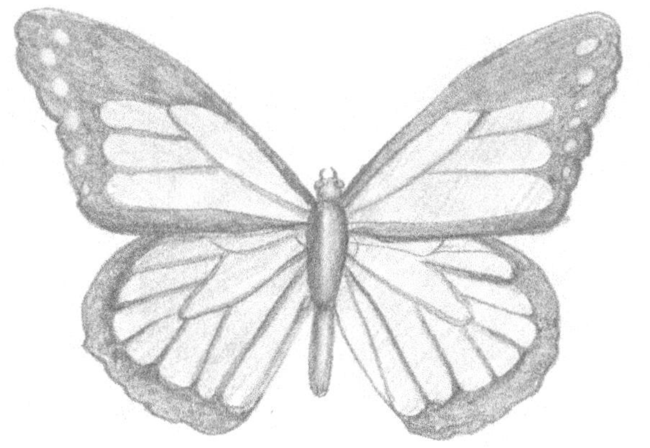

Extrazeit: Wischen Sie verschmierte Stellen weg und radieren Sie dann einen Streifen entlang jedes Körpersegments, um einen Glanzeffekt zu erzielen. Glätten Sie die Farbtöne und verdunkeln Sie den „Rahmen" für mehr Kontrast.

SCHAF

Die Lasur ist eine Methode der Schattierung mit kleinen Kreisen. Die erzeugte Struktur hängt von der Größe und dem Druck ab, mit dem die Kreise gezeichnet werden. Dies kann eine einfache, aber wirksame Technik sein, um die Wolle dieses Schafs zu erzeugen.

Schritt 1: Beginnen Sie mit einem Kreis, der nahe an einem Oval liegt, dieses aber nicht berührt.

Schritt 2: Fügen Sie ein abgerundetes Dreieck hinzu, das die obere linke Seite des Kreises berührt. Das wird der Kopf. Verbinden Sie den Kreis und das Oval mit Linien oben und unten wie gezeigt. Zeichnen Sie Kurven für die Vorder- und Hinterbeine.

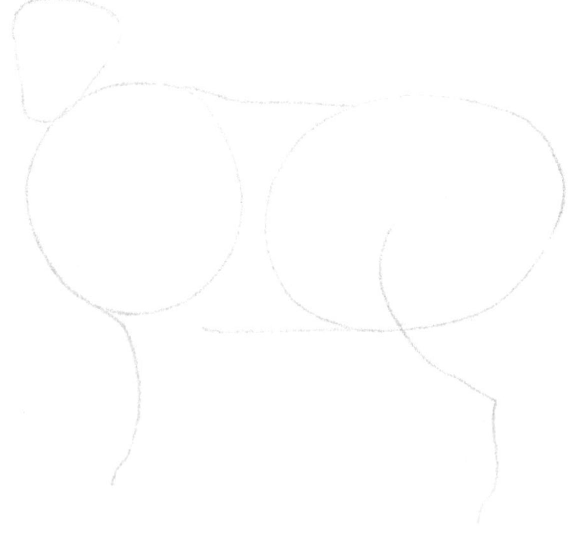

: Zeichnen Sie mit Hilfe von Kurven und Linien Ohren, Stirn und Gesichtsdetails. Verbinden Sie den Kopf mit dem vorderen Körperkreis in der Nähe des Ohrs auf der linken Seite. Beine fertigstellen und Hufe hinzufügen.

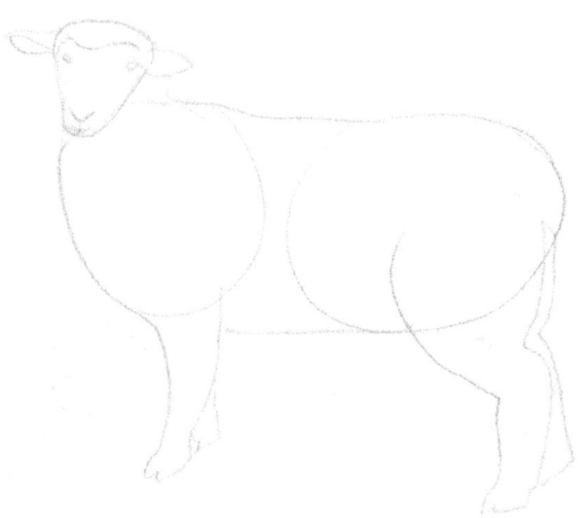

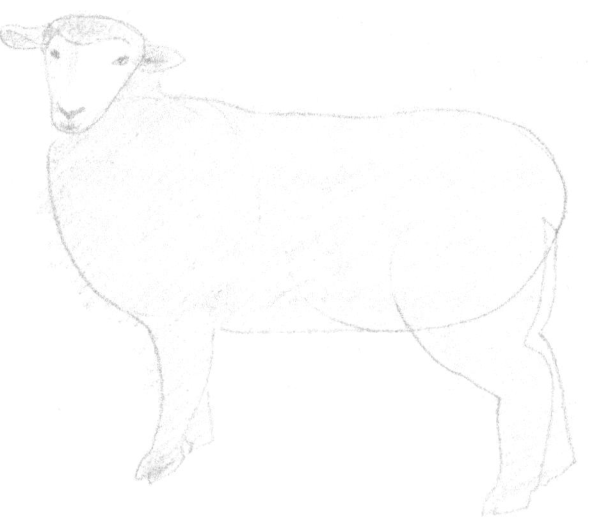

Schritt 4: Füllen Sie das Schaf mit einer leichten Farbtonschicht aus. Führen Sie eine schnelle Hin- und Her-Bewegung aus. Die Ohren und die linke Gesichtshälfte leicht abdunkeln.

Schritt 5: Schattieren Sie das Schaf mit einer Reihe von kleinen Kreisen. Dies wird als Lasur bezeichnet. Üben Sie mehr Druck in der Nähe der Brust, unter dem Bauch, in der Nähe der Beinbeugen, der Hufe und unter dem Schwanz aus. Tragen Sie unterhalb der Nase und über den Augen eine leichte Schicht Farbton auf. Leicht verwischen, um die Farbtöne zu glätten.

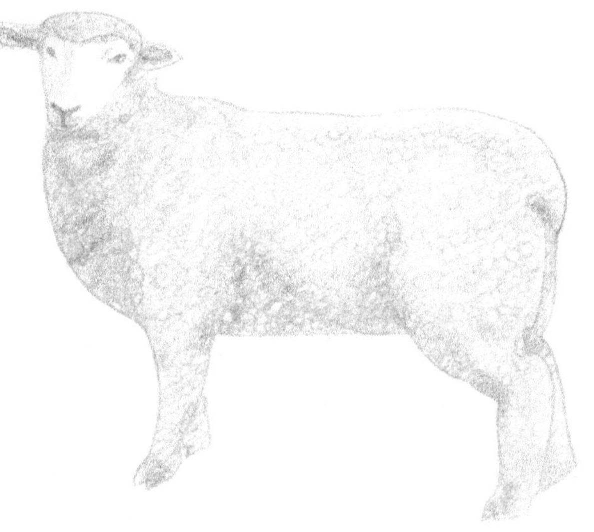

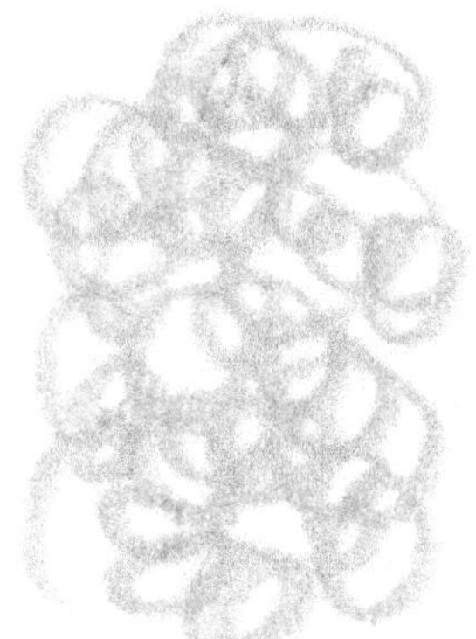

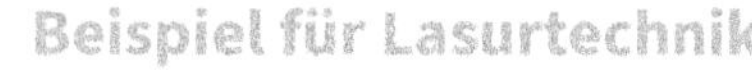
Beispiel für Lasurtechnik

KELLE

Dieses kleine handgeführte Gerät mit einer gebogenen Schaufel wird zum Anheben von Pflanzen oder Erde verwendet. Verwenden Sie die Lasurtechnik, um am Ende dieses Tutorials realistisch aussehende Erde hinzuzufügen.

Schritt 1: Zeichnen Sie eine lange diagonale Linie als Hilfslinie für den Griff. Fügen Sie am Ende dieser Linie ein langes „L" ein und schließen Sie das „L" mit einer gebogenen Spitze.

Schritt 2: Zeichnen Sie Linien um die in Schritt 1 gezeichnete Hilfslinie, um einen Griff zu erstellen. Die Unterseite des Griffs kann gewölbt sein. Zeichnen Sie eine Kurve unter dem Schaufelkopf, um die Tiefe darzustellen. Zeichnen Sie zwei dünne Linien zwischen der Schaufel und dem Stiel, um die beiden Formen zu verbinden.

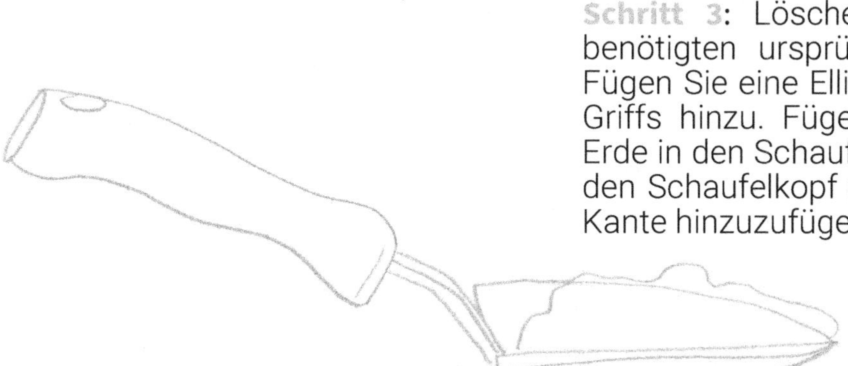

: Löschen Sie die nicht mehr benötigten ursprünglichen Griff-Hilfslinien. Fügen Sie eine Ellipse am oberen Ende des Griffs hinzu. Fügen Sie einen Umriss aus Erde in den Schaufelkopf ein. Umranden Sie den Schaufelkopf mit Konturlinien, um eine Kante hinzuzufügen.

Schritt 4: Füllen Sie die Schaufel und die Erde mit einer Hin- und Her-Bewegung mit dem Bleistift ein. Der Schmutz, die Griffkanten und die Unterseite der Schaufel sollten dunkler sein als die anderen Teile.

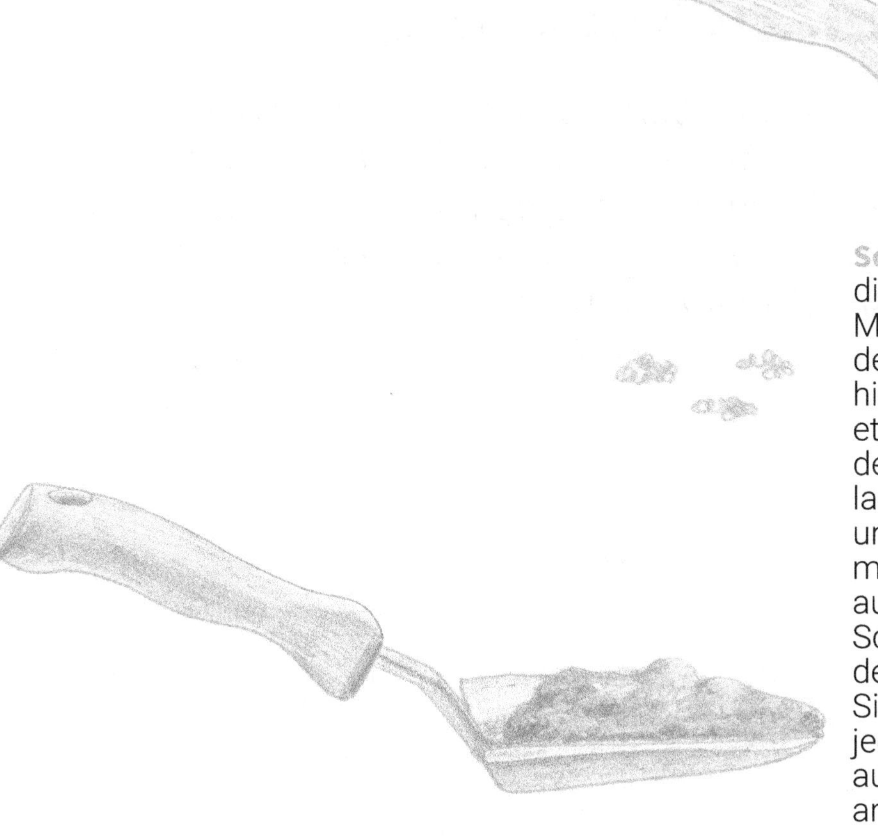

Schritt 5: Glätten Sie die Farbtöne mit einem Mischwerkzeug. Fügen Sie dem Griff einen Kontrast hinzu, indem Sie die Basis etwas dunkler machen und den unteren Rand heller lassen. Füllen Sie das Loch und die Schaufelränder mit dunklen Farbtönen auf. Erstellen Sie eine Schmutzstruktur im Inneren des Schaufelkopfes, indem Sie auf der linken Seite jedes Hügels mehr Druck ausüben, um eine Lichtquelle anzuzeigen.

VIERTES KAPITEL
Kreuzkonturen

Kreuzkonturlinien beschreiben die Form und das Volumen im Inneren eines Objekts, nicht nur die Außenlinien. Diese Linien können Formebenen folgen und sich sowohl um Objekte herum und über sie hinweg als auch durch sie hindurch bewegen.

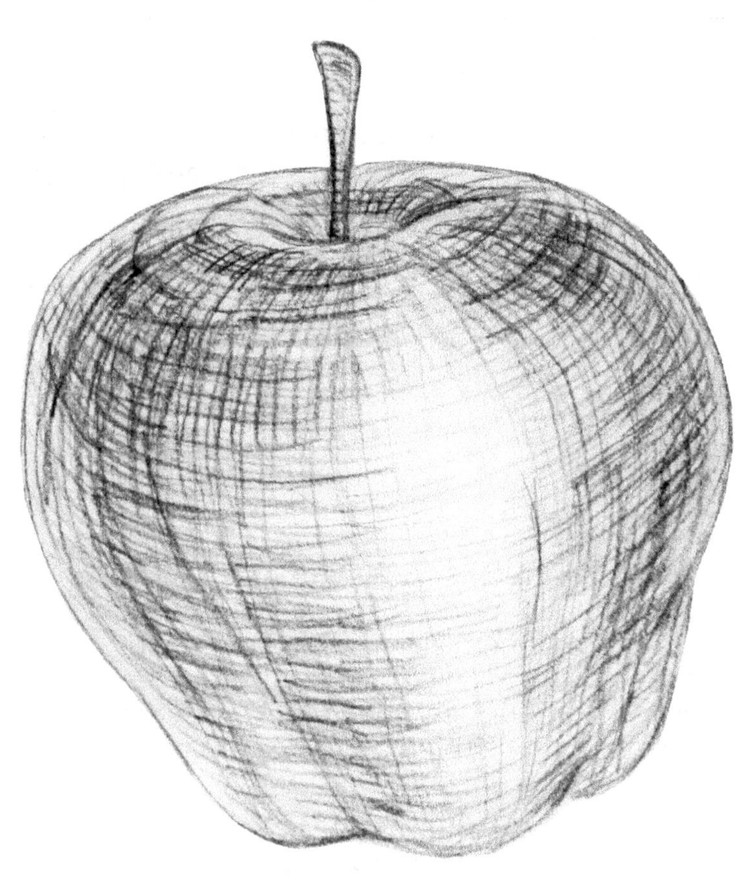

TURM

Ein Turm ist ein hohes, schmales Gebäude, das entweder freistehend oder Teil eines Gebäudes wie einer Kirche oder eines Schlosses ist. In Märchen sind Prinzessinnen oft im höchsten Raum eingesperrt. Vielleicht fügen Sie lange goldene Haarsträhnen hinzu, die aus dem oberen Fenster hängen?

Schritt 1: Beginnen Sie mit zwei vertikalen, parallelen Linien. Zeichnen Sie darüber zwei Kurven, die die Brüstung bilden.

Schritt 2: Zeichnen Sie kleine rechteckige Formen, die den oberen Rand der Brüstung einfassen. Zeichnen Sie unten links im Turm ein Quadrat mit einem kleinen Rechteck darin. Zeichnen Sie kleinere Rechtecke auf die Turmwand. Zeichnen Sie eine leicht gebogene Linie für den Boden. Zeichnen Sie zwei enge Kurven oberhalb der rechten Seite der Brüstung wie gezeigt.

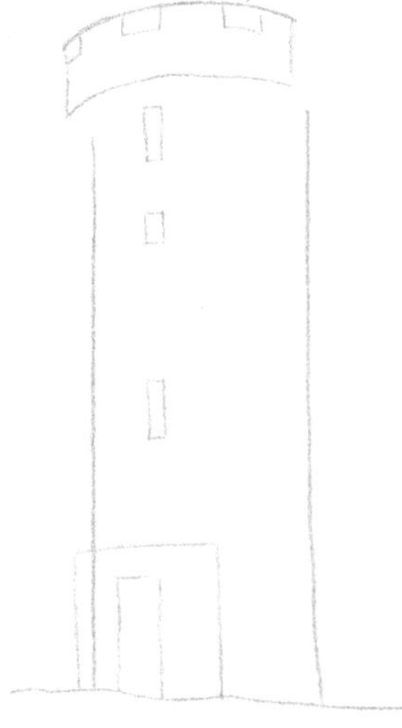

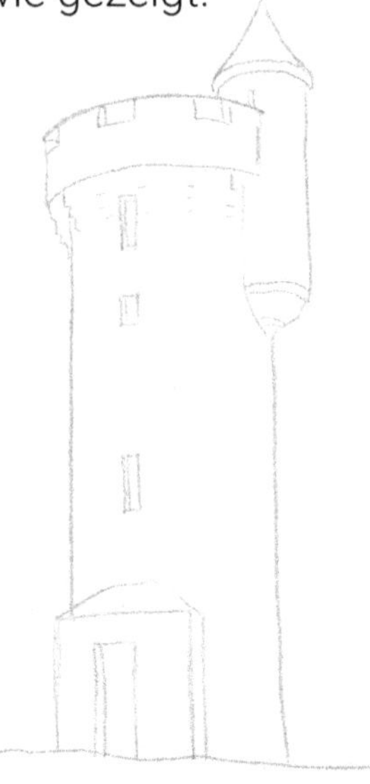

Schritt 3: Zeichnen Sie eine dreieckige Form für die Turmspitze. Zeichnen Sie eine Linie, die dem Umriss der Fenster und der rechteckigen Formen folgt, die die Brüstung einrahmen. Fügen Sie den Seitenteil des rechten Turms mit den gewünschten Details hinzu. Zeichnen Sie das Dach und die 3D-Kante zum Eingang um die Tür herum.

Schritt 4: Löschen Sie die nicht mehr benötigte Hilfslinie um die Brüstung. Beginnen Sie damit, Kurven hinzuzufügen, die den Querkonturen des Schlosses folgen, um eine Ziegelsteinstruktur anzudeuten. Fügen Sie unter der Brüstung nach Wunsch ein Gestaltungsdetail hinzu. Turmspitze, Dach, Fenster und unter der Brüstung mit Farbton versehen.

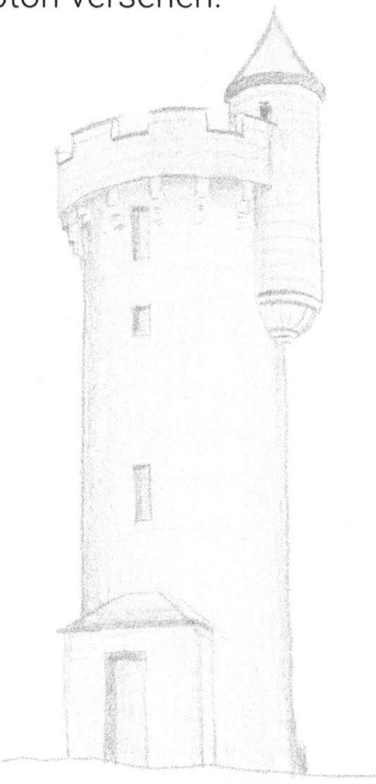

Extrazeit: Verwischen Sie die Farbtöne, um sie zu weiter glätten. Fügen Sie dem Seitenteil der Burg Details hinzu, z. B. die Dachform, das Kreuz auf der Spitze usw. Zeichnen Sie kleine, zufällige Markierungen, die an Ziegelsteine auf der Burg erinnern. Verwenden Sie Lasurtechniken, um Formen am Boden des Schlosses zu schaffen, die an Blattwerk erinnern.

Schritt 5: Fahren Sie fort, Linien hinzuzufügen, die dem Querschnitt des Schlosses folgen. Fügen Sie dem Schloss eine leichte Schicht Farbton zu.

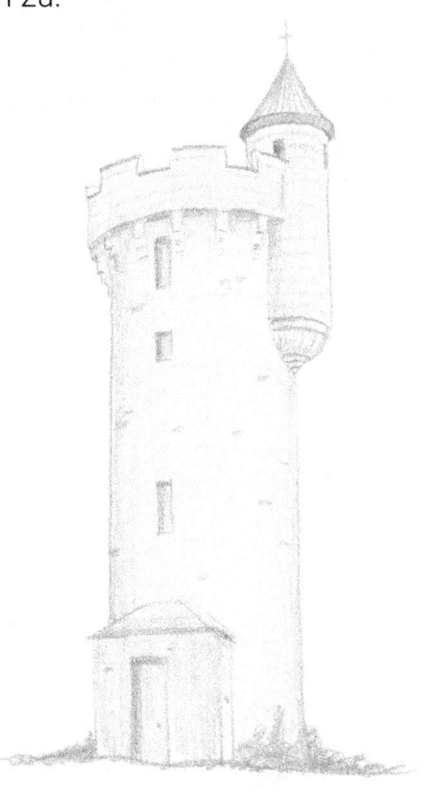

GLASIERTER DONUT

Allein in den USA werden jedes Jahr mehr als 10 Milliarden Donuts hergestellt. Doughnut oder Donut? Eigentlich ist „Doughnut" richtig, aber „Donut" ist OK. Die Rechtschreibung spielt keine Rolle mehr, wenn Sie sich in diese Anleitung vertiefen.

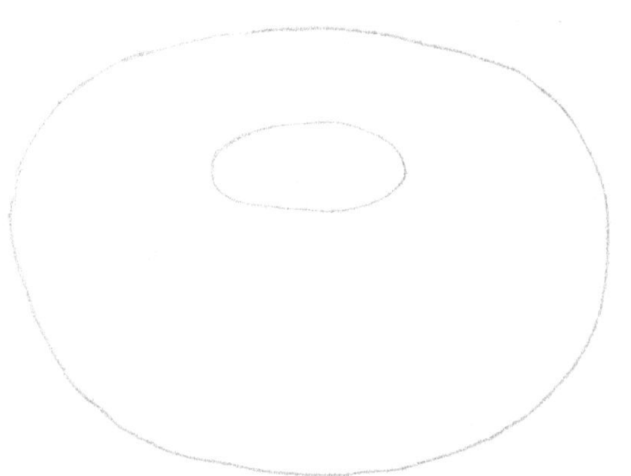

Schritt 1: Zeichnen Sie ein Oval mit einem kleinen Oval in der Mitte/Oberseite des größeren Ovals.

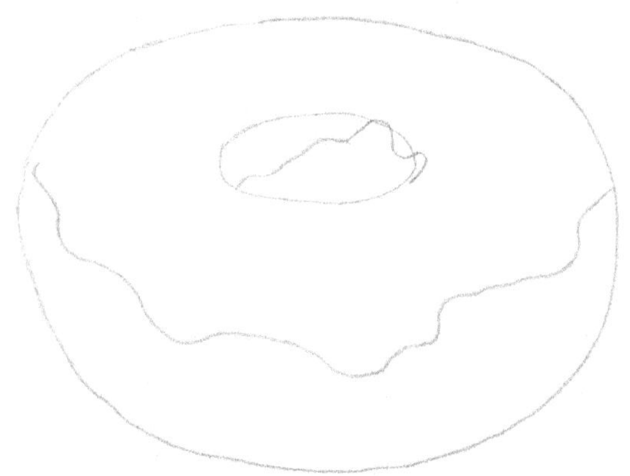

Schritt 2: Zeichnen Sie eine Kurve, um die Ränder der Glasur auf dem kleineren Oval innerhalb und um das größere Oval herum anzudeuten, wie gezeigt.

Schritt 3: Fügen Sie kurze Rechtecke (oder nur Linien) für Streusel hinzu. Achten Sie darauf, dass sie in verschiedene Richtungen gehen (1 Minute). Die Streusel auf der Vorderseite des Donuts können etwas länger und größer sein als auf der hinteren Seite.

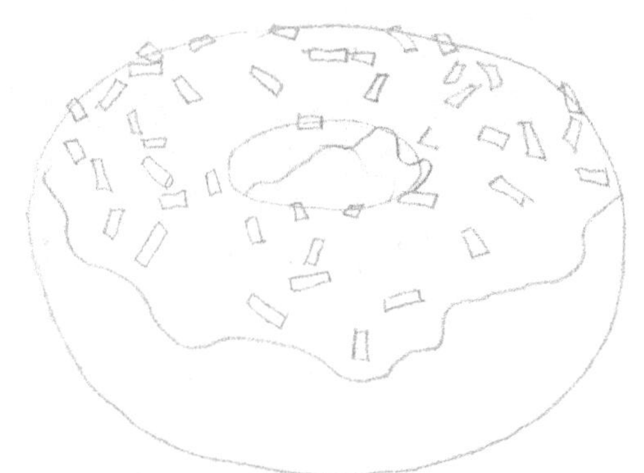

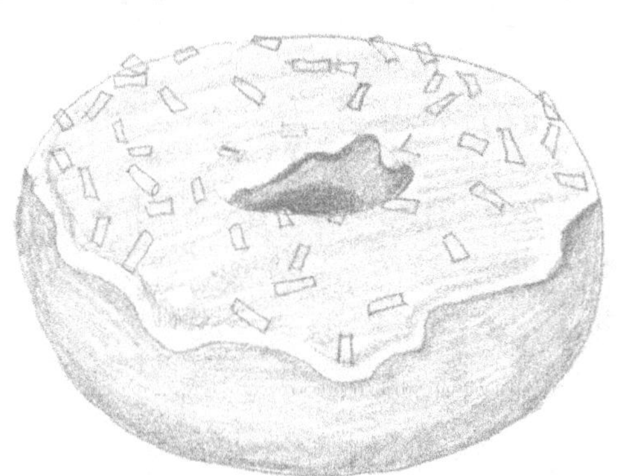

Schritt 4: Tragen Sie eine schnelle Schicht eines mittleren Farbtons auf den Donut selbst auf, eine hellere Schicht auf die Glasur. Das Loch innen sollte mit dunkleren Farbtönen schattiert werden. Die Unterseite der mattierten Fläche kann einen Schatten aufweisen, der durch einen Rand mit dunklerem Farbton gekennzeichnet ist. Lassen Sie auf der Innenseite der mattierten Fläche einen helleren Rand, der den Konturen folgt.

Schritt 5: Farbtöne verwischen. Machen Sie die Bereiche unter der Glasur, am Boden des Donuts und in der Mitte noch dunkler. Färben Sie die Streusel mit verschiedenen Farbtönen ein. Lassen Sie um die äußere Kontur des Donuts herum einen hellen Bereich frei, um für Abwechslung zu sorgen.

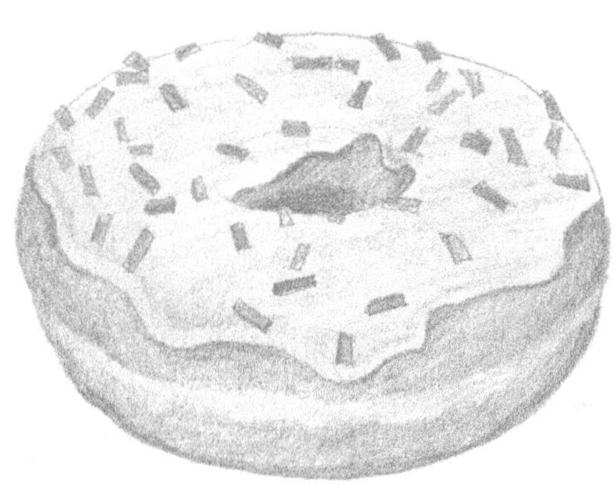

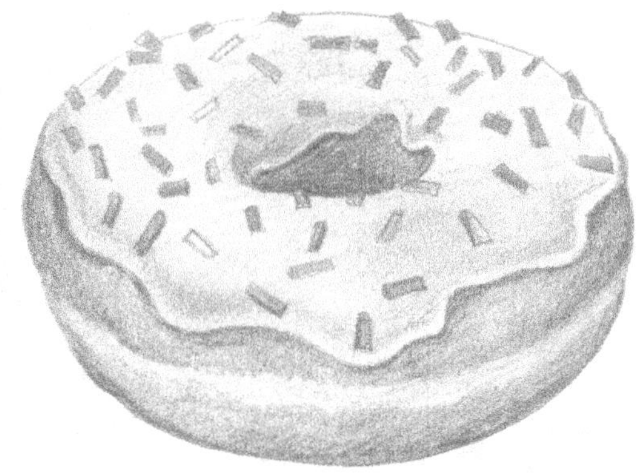

Extrazeit: Fügen Sie mehr Kontrast hinzu, säubern Sie die Ränder mit einem Radiergummi, fügen Sie Highlights auf dem Zuckerguss für glänzende Stellen hinzu.

ANGEBISSENER APFEL

In den USA werden über 2.500 Apfelsorten angebaut. Fügen Sie Ihrer Apfelzeichnung einen Bissabdruck hinzu, um sie interessanter zu machen. Wenn Sie diese Anleitung befolgen, werden Sie sich nicht übernehmen.

Schritt 1: Beginnen Sie mit einer runden Form, die etwas schlanker auf der Unterseite ist. Denken Sie an die Form eines Apfels

Schritt 2: Fügen Sie oben einen Stiel und innen eine organische Form hinzu, die wie ein Biss aussieht. Dies sollte eine Reihe von kleinen Kurven und Biegelinien sein.

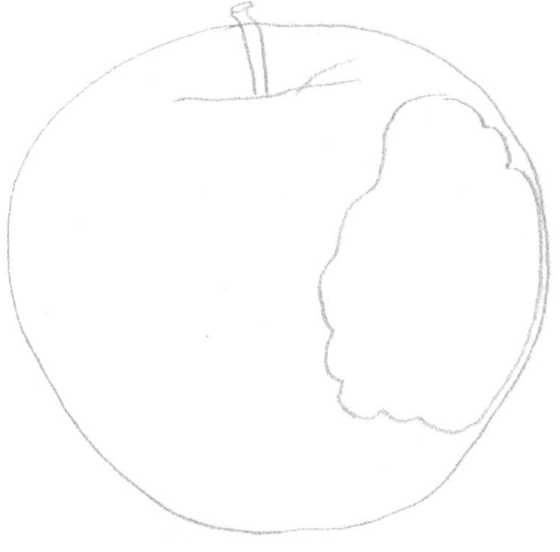

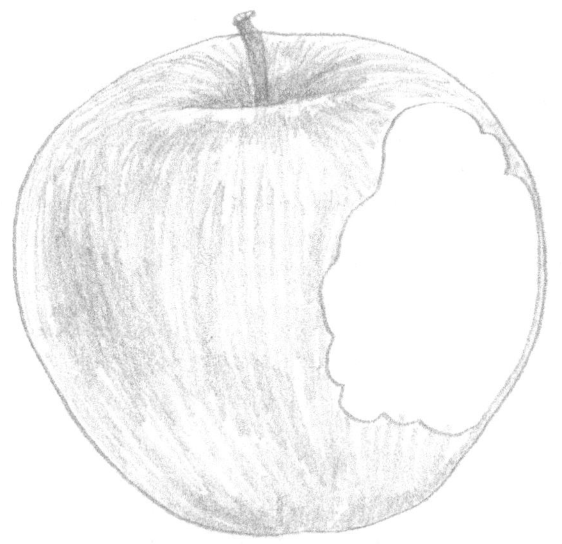

: Fügen Sie eine leichte Farbschicht hinzu, die den Querkonturen des Apfels folgt. Verwenden Sie mehr Druck, um einen dunkleren Farbton um den Stiel herum zu erzielen, und lassen Sie den Rand, die linke Seite und die Basis wie gezeigt heller.

Schritt 4: Verwischen! Verwenden Sie ein Mischwerkzeug oder Ihren Finger, um die Farbtöne ineinander übergehen zu lassen. Achten Sie darauf, entlang der Kreuzkonturen zu verwischen und nicht hin- und herzugehen, um ein realistischeres Aussehen zu erzielen. Fügen Sie den Bereichen, die möglicherweise zu stark verwischt wurden, mehr Dunkelheit hinzu, damit noch ein gewisser Kontrast vorhanden ist. Fügen Sie mit der Kante des Stiftes (nicht mit der Spitze) einige geschwungene Linien innerhalb des Bisses ein, um Bissabdrücke darzustellen.

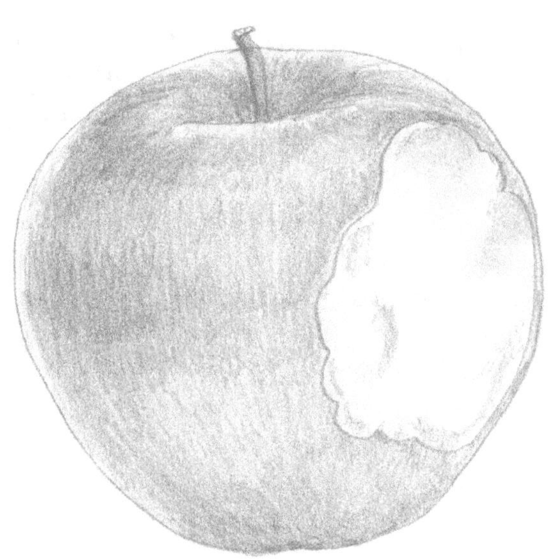

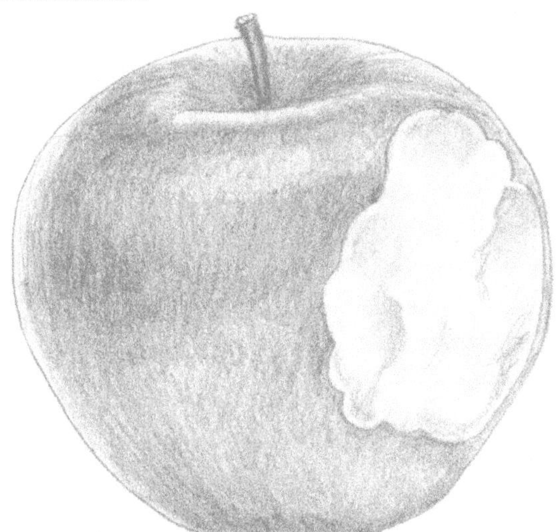

Schritt 5: Verfeinern Sie Ihre Arbeit. Erneut verwischen. Fügen Sie mehr Farbton hinzu, um schattige Bereiche abzudunkeln, und löschen Sie die der Lichtquelle nächstgelegenen Bereiche, um Highlights oder Glanz darzustellen. Verwischen Sie Bissbereiche und Bereiche neben dunklen Farbtönen, um die Illusion von Spitzen zu erzeugen.

Extrazeit: Fügen Sie der Bissstelle und der Schale des Apfels weitere Highlights hinzu.

Hinweis: Kreuzkonturen sind Linien, die quer durch das Innere eines Objekts verlaufen. Während Konturlinien Kanten beschreiben, beschreiben Kreuzkonturen Form und Volumen.

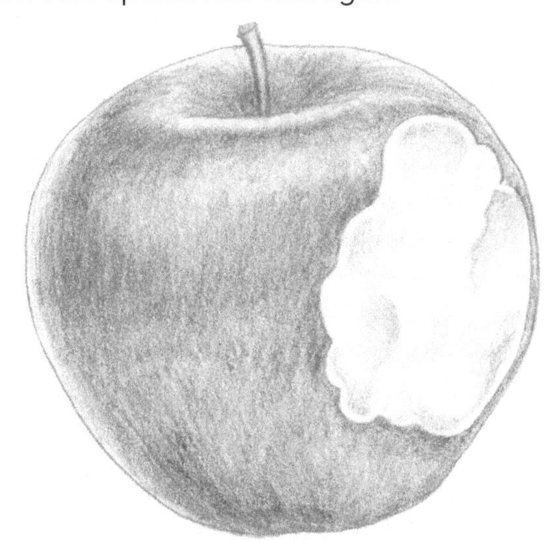

KAFFEEBECHER

Kaffee ist in den USA das beliebteste Getränk am Morgen. Ob wir ihn nun langsam am Frühstückstisch schlürfen oder uns eine Tasse zum Mitnehmen holen - es gibt einen guten Grund, warum wir ihn so lieben: Kaffee enthält in der Regel dreimal so viel Koffein wie Tee oder Cola. Zeichnen Sie diesen Becher Kaffee ohne den Koffeinrausch!

Schritt 1: Ein großes Oval oben und zwei kleinere unten.

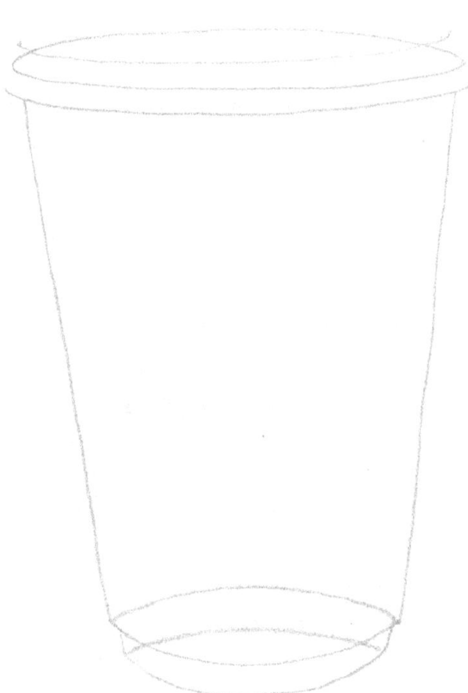

Schritt 2: Fügen Sie oberhalb und unterhalb des oberen Ovals Ränder hinzu, wie gezeigt. Verbinden Sie die beiden unteren Ovale an den Seiten mit Linien. Verbinden Sie das obere und untere Oval mit langen, leicht diagonalen Linien wie gezeigt.

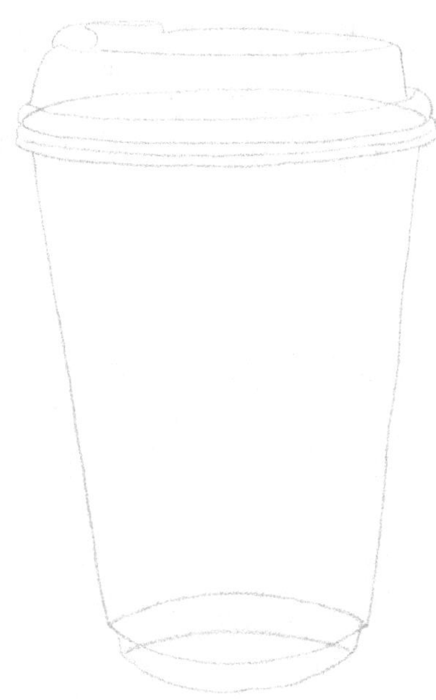

Schritt 3: Verwenden Sie die in Schritt 2 gezeichneten größeren ovalen Randlinien, um den Deckel zu gestalten.

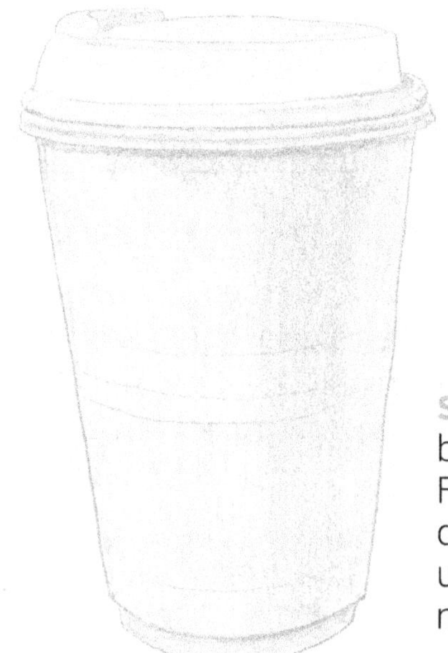

Schritt 4: Löschen Sie die Rückseiten der nicht mehr benötigten Ovale. Fügen Sie eine leichte Schicht Farbton über die gesamte Tasse hinzu, wobei Sie darauf achten, dass sie auf der rechten Seite und unter dem Rand etwas dunkler wird. Linien für möglichen Text hinzufügen.

Schritt 5: Farbtöne glätten, den Kreuzkonturen des Bechers folgend. Fügen Sie dem Deckel Schatten hinzu, wobei Sie die rechten Seiten jeder Ebene dunkler halten. Geben Sie mehr Farbton in den Becher und unter den Deckel. Lassen Sie die Bereiche am oberen Rand weiß, um die Lichter/Lichtquelle anzuzeigen.

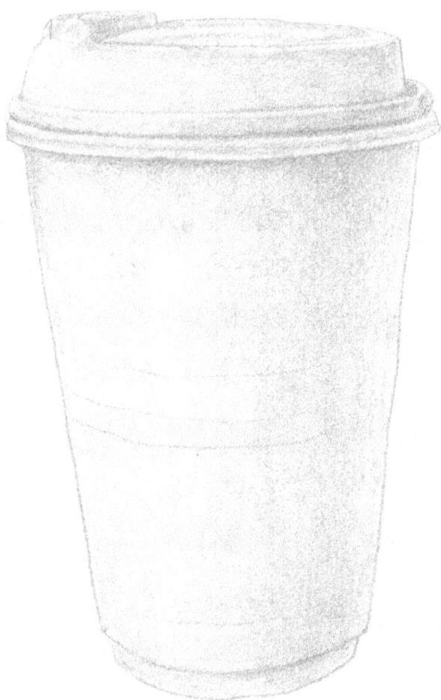

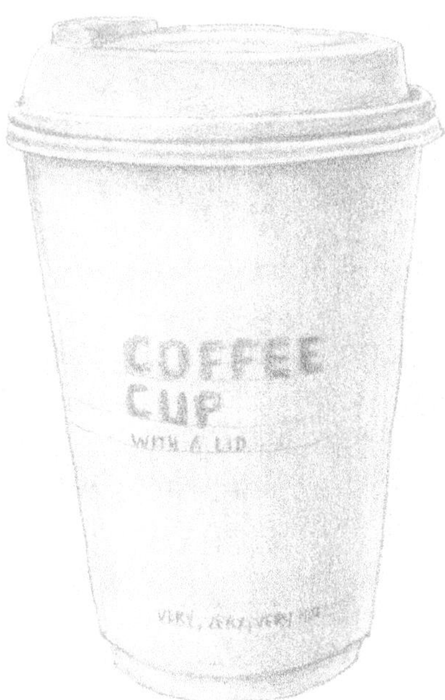

Extrazeit: Streichen Sie mit einem Radiergummi über die linke Seite, um ein Highlight zu setzen. Formen Sie den Radiergummi zu einer Spitze, um etwas Farbton vom Lid zu entfernen und mehr Kontrast zu schaffen. Fügen Sie den gewünschten Text hinzu.

AUFBLASBARES PONY

Dieser neuere Kinderliebling macht Spaß beim Reiten und Zeichnen. Versuchen Sie sich an diesem aufblasbaren Pony, das auf einer Reihe von Kreisen basiert.

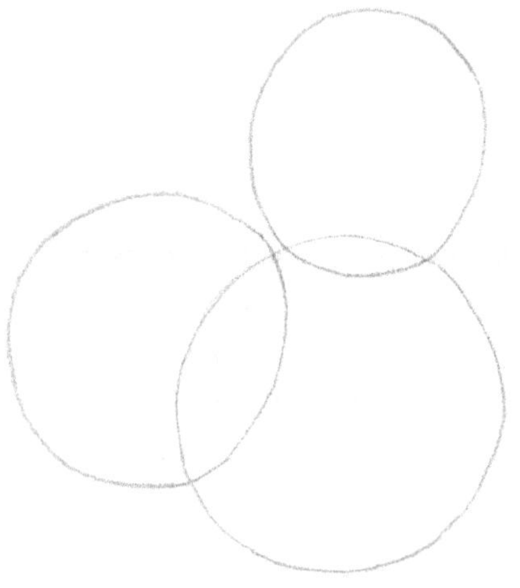

Schritt 1: Beginnen Sie mit einer Reihe von sich überlappenden Kreisen. Zeichnen Sie einen mittelgroßen Kreis mit einem etwas kleineren Kreis direkt darüber und einem weiteren links davon. Beachten Sie die Größe der sich überschneidenden Bereiche.

Schritt 2: Fügen Sie Kreise für drei Füße (der vierte ist versteckt), einen Kreis für die Schnauze und einen Kreis im Kreis für das Auge hinzu. Fügen Sie Kurven für die Ohren hinzu.

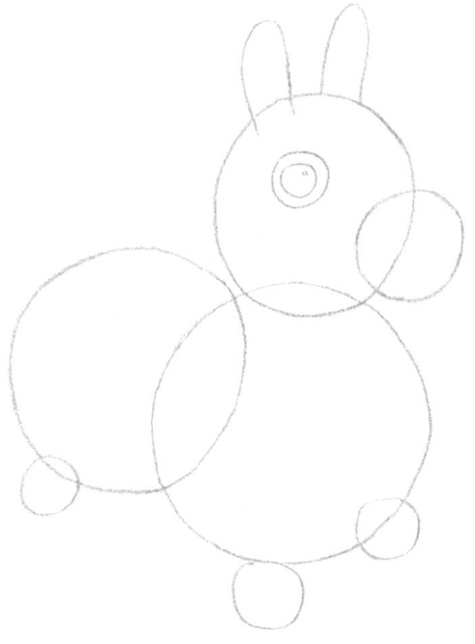

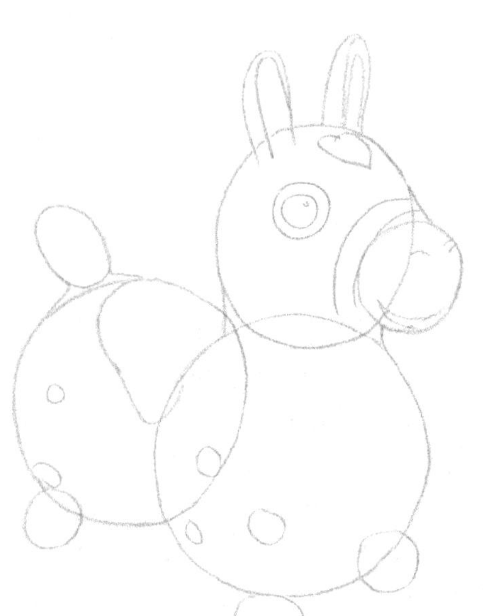

Schritt 3: Verbinden Sie die Kreise so, dass sie eine einzige Form bilden. Fügen Sie dem Körper einen ovalen Schwanz, Ohren, Nasenlöcher und Mauldetails sowie ein Muster hinzu.

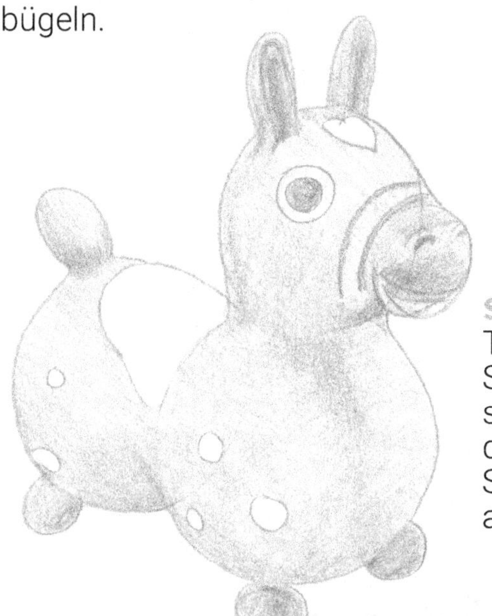

Schritt 5: Löschen Sie alle nicht mehr benötigten Teile der ursprünglichen Kreis-Hilfslinien. Fügen Sie eine weitere Schicht Farbton hinzu, wobei Sie sich darauf konzentrieren, die Ohren, die Augen, die Unterseite des Mauls und des Halses, den Schweifansatz und die Stellen, an denen die Füße am Körper ansetzen, dunkler zu machen.

Schritt 6: Verwischen. Fügen Sie mehr Kontrast hinzu, indem Sie die in Schritt 5 erstellten Schattenbereiche abdunkeln und die Highlight-Bereiche am Maul, Schwanz und Kopf aufhellen.

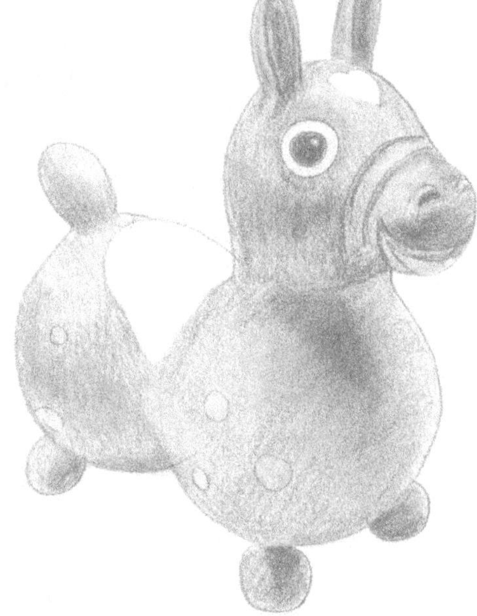

Extrazeit: Bereinigen Sie die Bereiche bei Bedarf mit einem Radiergummi, indem Sie die ursprünglichen Hilfslinien und alle durch das Verwischen entstandenen Flecken entfernen. Fügen Sie mehr Farbton hinzu, um den Kontrast zu verstärken. Lichter und Schatten, die den Querkonturen des Körpers folgen, tragen dazu bei, die Illusion von Tiefe zu erzeugen.

FÜNFTES KAPITEL
Perspektive

Die Perspektive ist eine künstlerische Technik, bei der die Entfernung oder Tiefe eines Objekts auf dem Papier verändert wird, um die Art und Weise darzustellen, wie ein Betrachter etwas sieht.

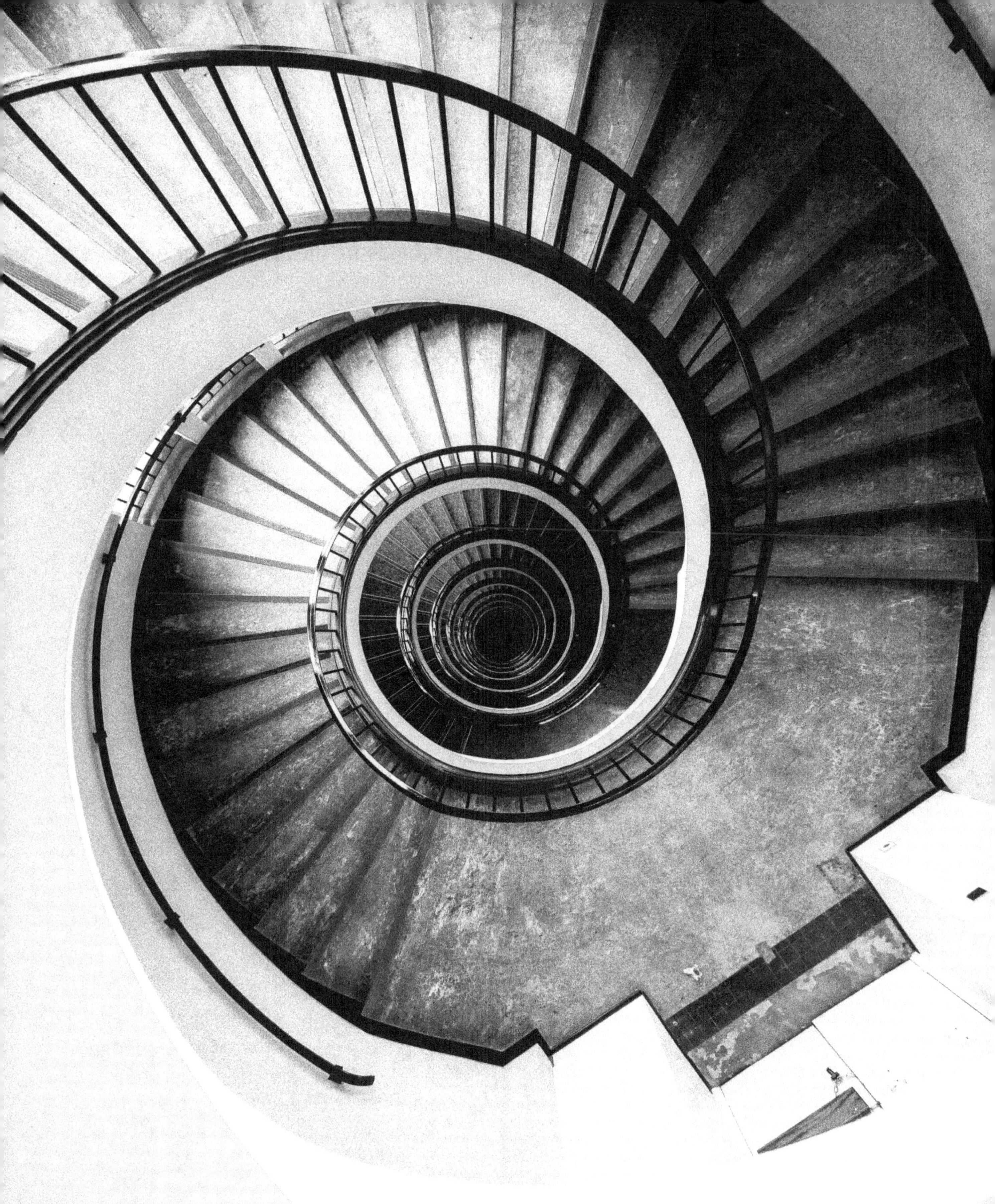

BOXHANDSCHUHE

Der Hauptzweck von Boxhandschuhen besteht darin, die Hände des Angreifers während eines Kampfes zu schützen. Versuchen Sie, ein Paar zu zeichnen!

Schritt 1: Beginnen Sie mit zwei Formen: ein Oval auf der linken Seite und eine kreisförmige Form, die das Oval auf der rechten Seite berührt.

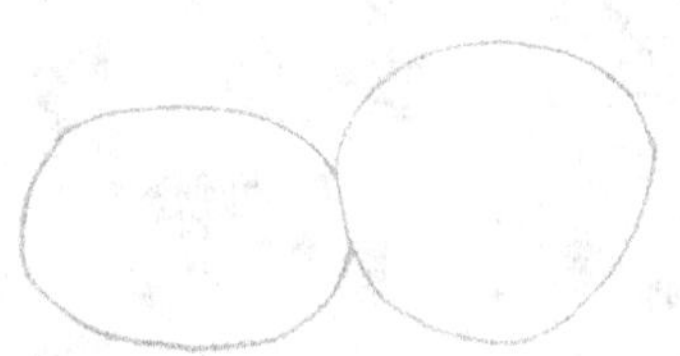

Schritt 2: Fügen Sie der Kreisform ein überlappendes Oval hinzu, wie rechts dargestellt. Fügen Sie eine organische, kidneybohnenähnliche Form für einen Daumen hinzu, der das linke Oval gerade berührt.

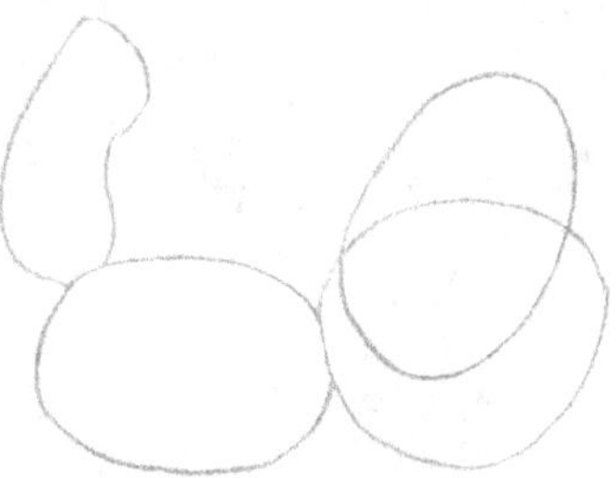

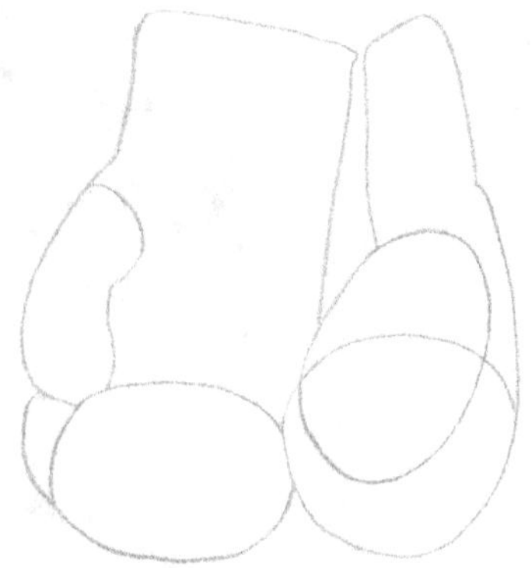

Schritt 3: Zeichnen Sie die Kontur der Handschuhe anhand der vorgegebenen Formen. Beachten Sie, dass der rechte Handschuh von der Seite betrachtet schlanker ist als der linke Handschuh.

Schritt 4: Füllen Sie die Details aus. Schnürung an den Handschuhen dazu, wie gezeigt kreuz und quer.

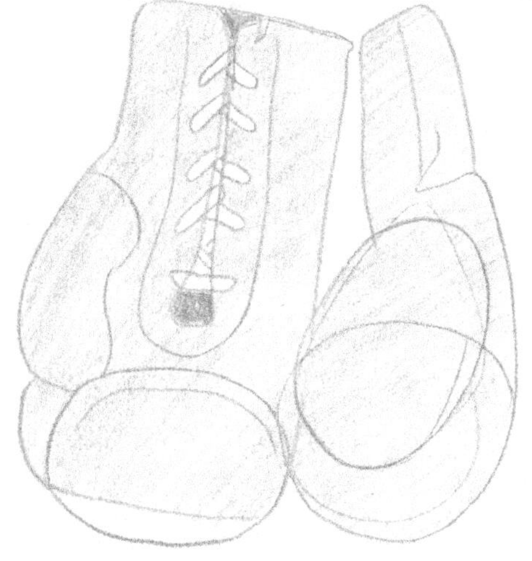

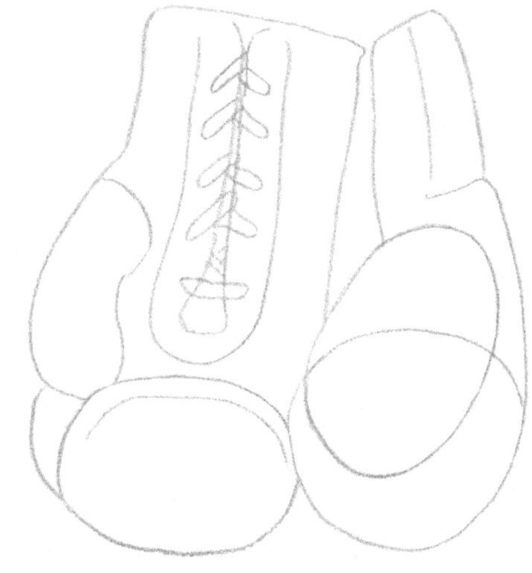

Schritt 5: Fügen Sie eine leichte Schattierung zu den Handschuhen hinzu. Schneiden Sie den ersten Kreis so zu, dass er an der Unterseite flach ist (siehe weißer Bereich auf linkem Handschuh zum Löschen)

Schritt 6: Fügen Sie eine weitere Farbtonschicht hinzu, so dass die Bereiche hinter der Schnürung und den Daumen noch dunkler werden. Fügen Sie dem Bereich unter den Daumen wie gezeigt dicke Linien unterschiedlicher Länge hinzu, um Falten im Leder anzudeuten.

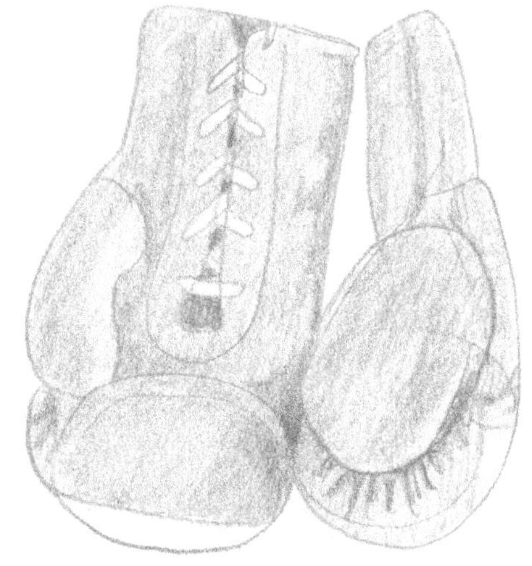

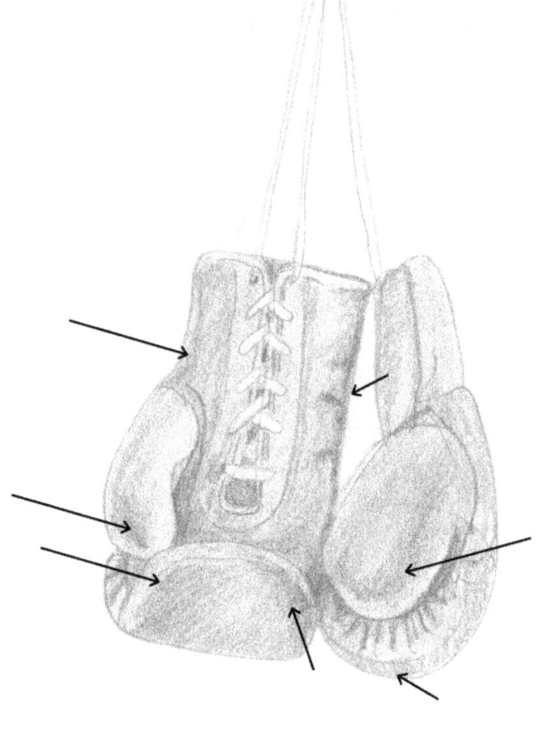

Schritt 7: Löschen Sie die Kreislinie unter dem linken unteren Handschuh, falls Sie dies nicht bereits getan haben. Verwischen Sie die Farbtöne leicht miteinander. Fügen Sie an den mit Pfeilen markierten Stellen einen Rand aus dunklerem Ton hinzu. Verdunkeln Sie auch den Bereich unter den Daumen, an den Nähten und um und zwischen den Schnürsenkeln, um mehr Kontrast zu erzeugen. Fügen Sie mehr Kontrast hinzu. Fügen Sie Schnürsenkel hinzu, indem Sie Linien verwenden, die sich über den Handschuhen treffen, um eine Dreiecksform zu bilden.

SEITENANSICHTS-GÄNSEBLÜMCHEN

Gänseblümchen machen fast 10 % aller blühenden Pflanzen auf der Erde aus. Versuchen Sie eins mit diesem unkonventionellen Ansatz der Seitenansicht zu zeichnen.

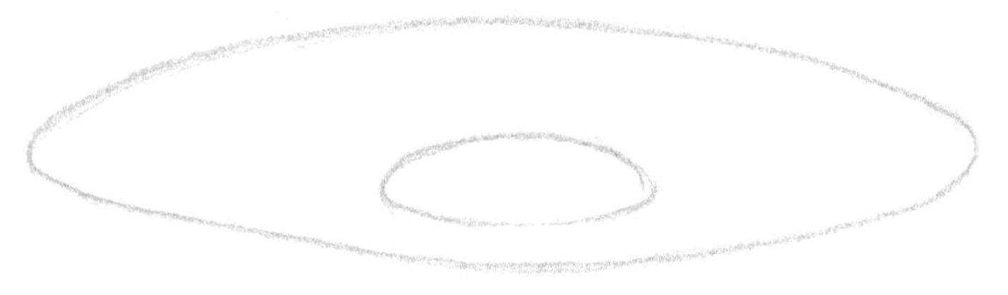

Schritt 1: Beginnen Sie mit einer leicht gezeichneten, großen Ellipse mit einer kleineren Ellipse in der Mitte (nahe der Vorderseite), wie gezeigt. Dies sind Hilfslinien, die später wieder gelöscht werden, also zeichnen Sie sie nur leicht ein.

Schritt 2: Zeichnen Sie Blütenblätter um die Ellipse in der Mitte. Sie sollten an den Seiten länger und im vorderen und hinteren Bereich kürzer sein, um die Vorderseite perspektivisch darzustellen.

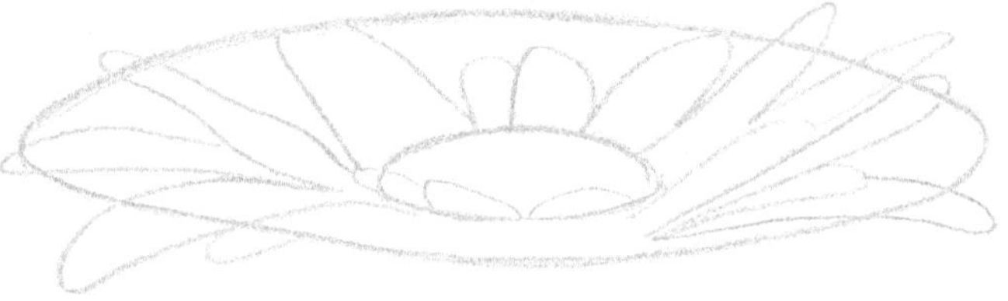

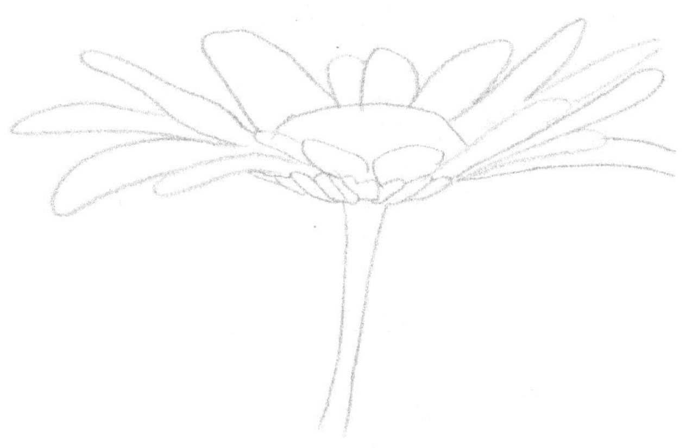

Schritt 3: Löschen Sie den in Schritt 1 gezeichneten Umriss. Fügen Sie kleine Blütenblätter hinzu, die sich auffächern und mit einem Stiel verbunden sind.

Schritt 4: Geben Sie eine leichte Schicht Schatten in die Mitte jedes Blütenblatts, um die Mitte der Blüte und auf den Stiel. Drücken Sie fester auf an der linken Seite der mittleren Blüte, am Stiel und am Bereich „unter" den Blütenblättern, um einen dunkleren Farbton zu erzielen.

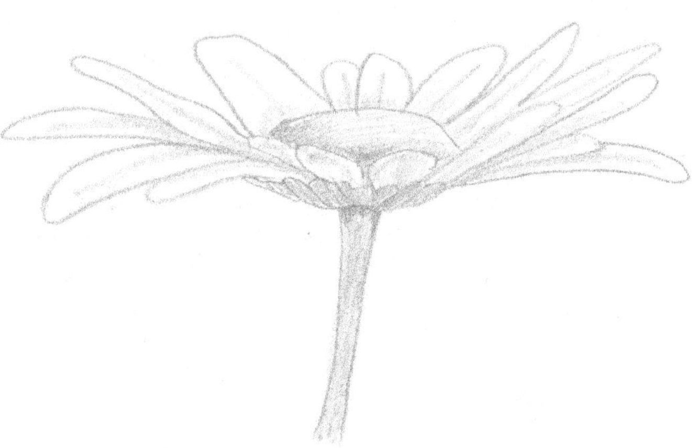

Schritt 5: Fügen Sie dem Stamm Linien hinzu, um ihn zu definieren. Glätten Sie die Farbtöne mit einem Mischwerkzeug oder dem Finger. Wischen Sie alle Flecken weg.

Extrazeit: Radieren Sie Bereiche oben auf den Blütenblättern und oben rechts in der Mitte der Blume, um Highlights zu setzen. Fügen Sie jedem Blütenblatt in der Nähe der Vorderseite ein Highlight hinzu, um Tiefe zu zeigen.

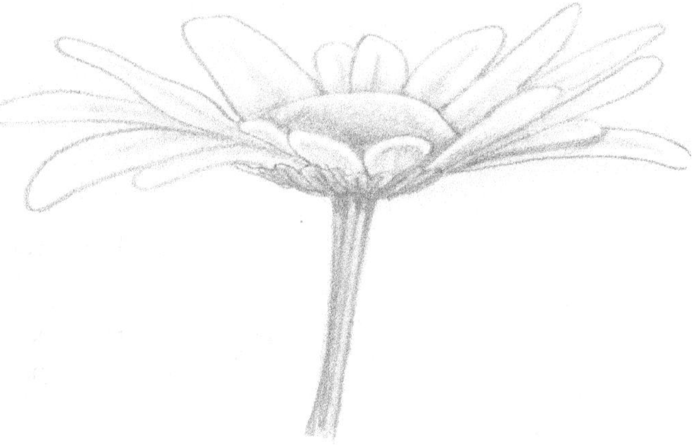

EIS AM STIEL

Das perspektivische Zeichnen bezeichnet die Technik der Darstellung eines Objekts oder eines menschlichen Körpers in einem Bild, bei der die Illusion einer Projektion oder Ausdehnung im Raum erzeugt wird. Mit einfachen Linien können Sie mit dieser Technik ein realistisches Eis am Stiel zeichnen.

Schritt 1: Beginnen Sie mit einer kurzen rechteckigen Form, die Sie leicht diagonal auf der Seite platzieren. Nehmen Sie sich etwa 30 Sekunden Zeit, um in dieser Form zu skizzieren.

Schritt 2: Nehmen Sie sich weitere 30 Sekunden Zeit, um 3 parallele Linien zu zeichnen, die von den Ecken des Rechtecks ausgehen, wie gezeigt.

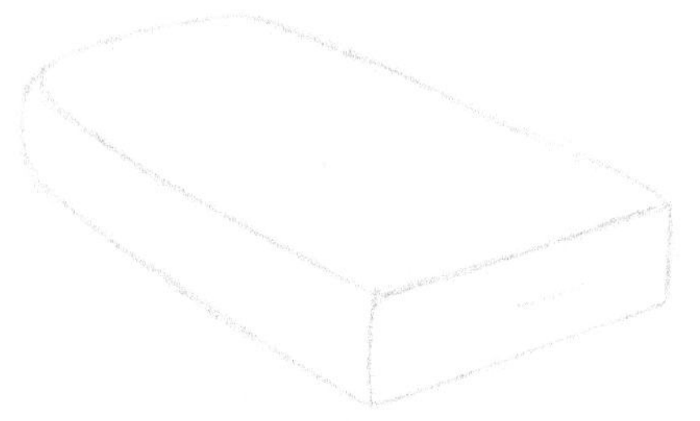

Schritt 3: Schließen Sie die Oberseite und die Seiten mit leicht gebogenen Linien, die der Richtung der Oberseite und der linken Seite des ursprünglichen Rechtecks entsprechen. Fügen Sie eine kurze gestrichelte Linie in der rechten Mitte des Rechtecks ein. Nehmen Sie sich für diesen Schritt etwa 30 Sekunden Zeit.

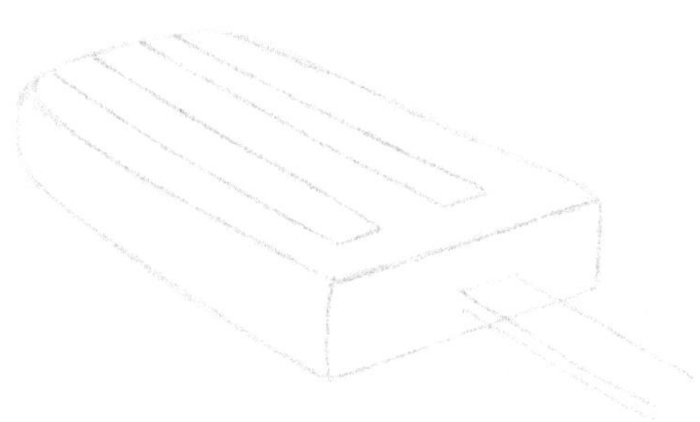

Schritt 4: Fügen Sie parallele Linien für den Stiel hinzu, der von der Strichlinie ausgeht, und fügen Sie das mittlere rechteckige Detail hinzu. Orientieren Sie sich dabei an der Richtung der Seiten. Nehmen Sie sich für diesen Schritt etwa eine Minute Zeit.

Schritt 5: Fügen Sie eine Linie in der Nähe des in Schritt 4 gezeichneten rechteckigen Details hinzu, um eine 3D-Kante zu erzeugen. Runden Sie das Ende des Stiels ab und fügen Sie ihm ebenfalls einen 3D-Rand hinzu. Dies sollte etwa 30 Sekunden dauern.

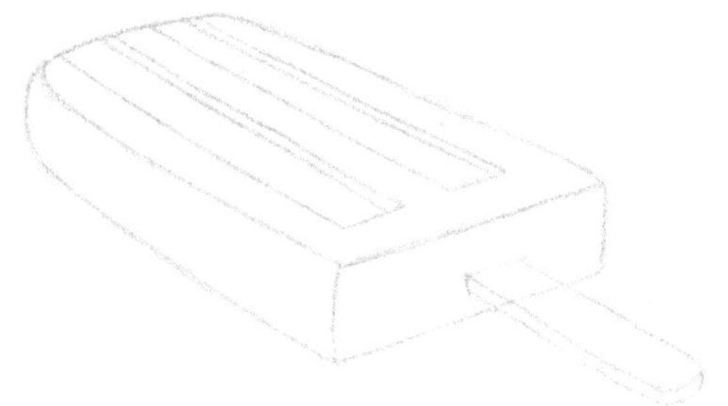

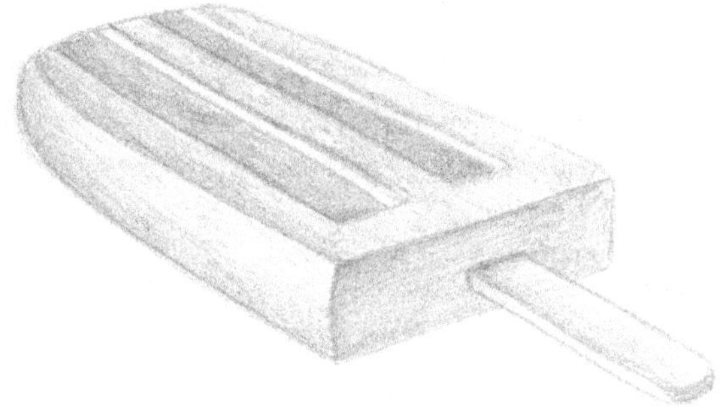

Schritt 6: Skizzieren Sie eine Schicht Farbton. Drücken Sie auf der linken Seite jeder Ebene des Eis am Stiel fester und leichter, wenn der Farbton nach oben oder nach rechts geht. Lassen Sie einige Bereiche wie gezeigt weiß.

Schritt 7: Die letzte Minute sollte damit verbracht werden, die Farbtöne zu glätten und Highlights zu löschen, insbesondere in den helleren Bereichen jeder Ebene.

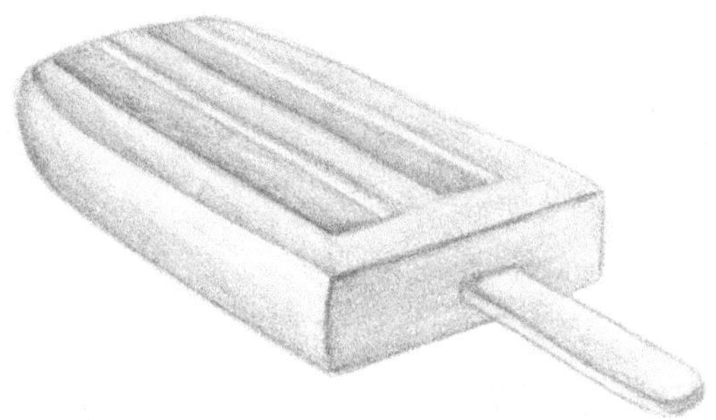

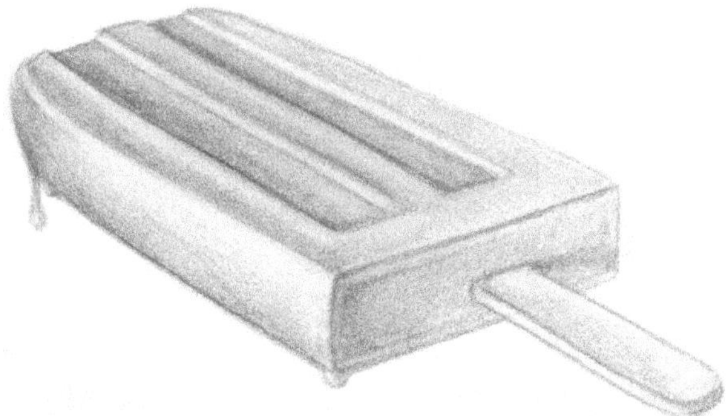

Extrazeit: Nehmen Sie sich ein paar Minuten Zeit, um Kanten abzurunden und dunkle Stellen zu vertiefen. Glätten Sie die Farbtöne, bis sie cremig aussehen, und fahren Sie dann mit dem Knetradierer über die hervorgehobenen Bereiche. Dabei werden vorhandene Umrisse übernommen und als Teil des Schattierungsprozesses in das Kunstwerk eingefügt. Fügen Sie, falls gewünscht, einige Tropfen in zufälliger Größe an den Rändern hinzu, indem Sie ovale Formen als Basis verwenden.

SMARTPHONE

1983 wurden die ersten Mobiltelefone in den USA zu einem Stückpreis von fast 4.000 Dollar verkauft. Versuchen Sie sich selbst an dieser Zeichnung eines Smartphones und Sie werden feststellen, dass dies weder kostspielig noch zeitaufwendig ist.

Schritt 1: Beginnen Sie mit zwei diagonalen parallelen Linien für die Seiten. Schließen Sie sie oben und unten mit parallelen Linien. Diese sollte die Form eines gekippten Rechtecks haben.

Schritt 2: Runden Sie die Ecken des Rechtecks leicht ab. Ziehen Sie eine Linie parallel zur unteren und rechten Seite. Dies wird die 3D-Kante.

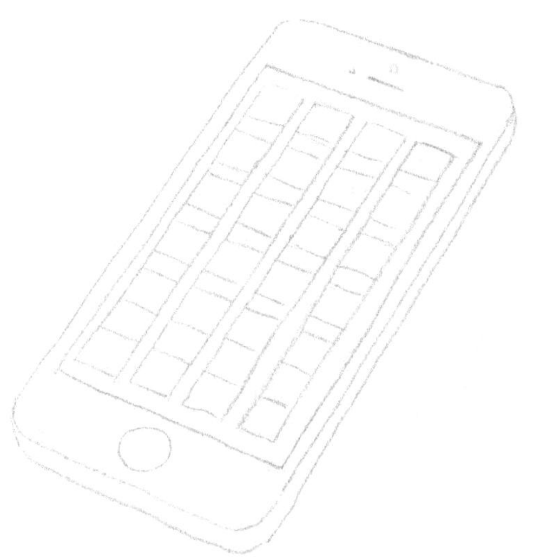

: Zeichnen Sie ein kleineres Rechteck innerhalb des größeren und fügen Sie Zeilen für Apps hinzu. Versuchen Sie, die Apps gleichmäßig zu verteilen. Zeichnen Sie, falls gewünscht, einen kreisförmigen Knopf unten und Formen oben. Löschen Sie die Hilfslinien.

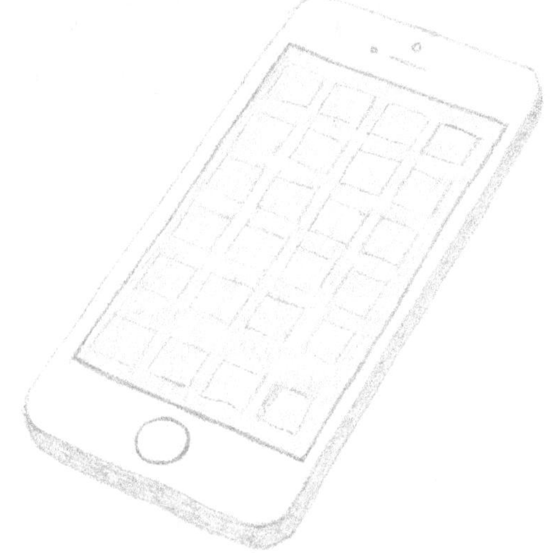

Schritt 4: Löschen Sie die Zwischenräume zwischen den Apps. Fügen Sie dem Bildschirm, der rechten Seite der unteren runden Taste, dem Bildschirmrand und dem 3D-Rand einen Farbton hinzu.

Schritt 5: Vermischen Sie Farbtöne, um sie zu glätten. Verdunkeln Sie 3D-Kantenbereiche, um Kontrast zu erzeugen. Fügen Sie Öffnungen zum Aufladen und Schatten hinzu, die der Kontur der Außenkanten folgen, wie gezeigt. Runden Sie die Ecken der rechteckigen Apps auf dem Bildschirm ab.

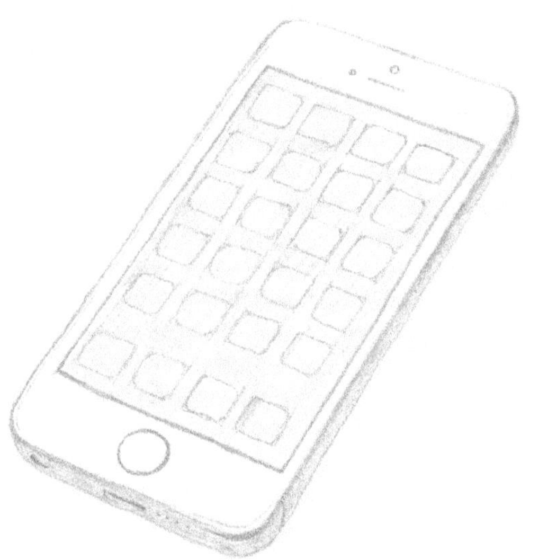

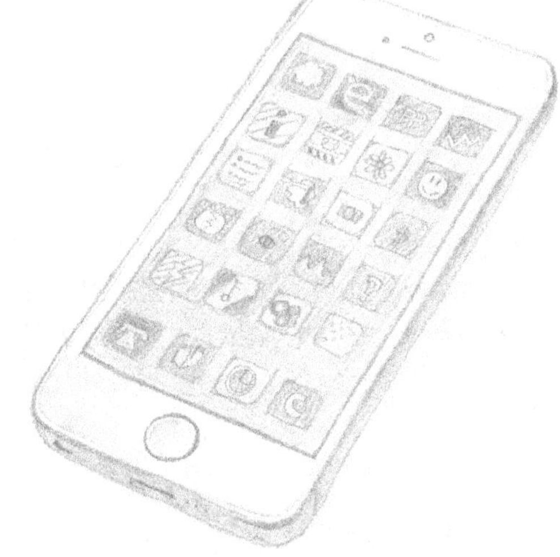

Extrazeit: Fügen Sie der linken Seite des Telefons einen sehr hellen Farbton hinzu. Fügen Sie einen Schatten für die Steuertaste und die Design-Apps für jede quadratische Form hinzu.

LÖFFEL

Ein Löffel ist ein flaches, gebogenes Gefäß, das an einem längeren Stiel befestigt ist. Er wird meist zum Essen verwendet, wenn die Nahrung flüssig ist, wie z. B. bei Müsli, Eis und Suppe. Fügen Sie einen leckeren Snack zu dieser einfachen Löffelzeichnung hinzu.

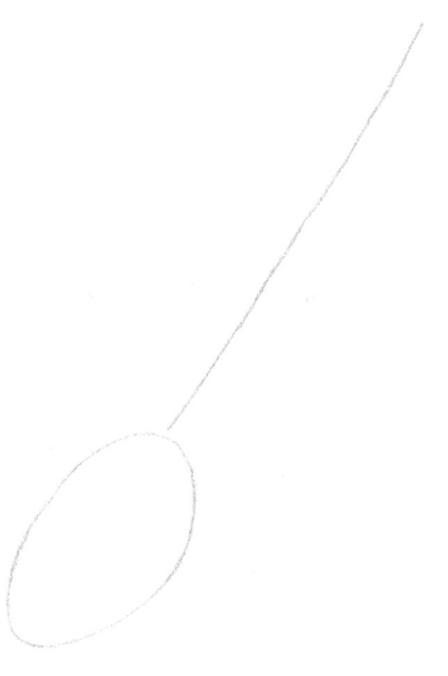

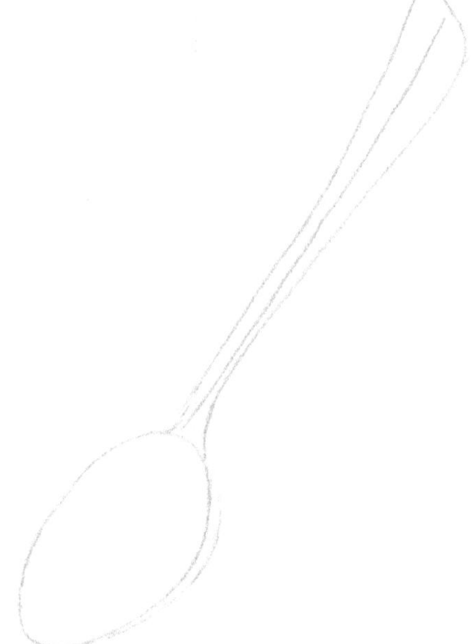

Schritt 1:
Beginnen Sie mit Linien und Formen. Für die Schale des Löffels sollte ein Oval gezeichnet werden, für den Stiel eine einfache diagonale Hilfslinie.

Schritt 2
Fügen Sie Linien an den Seiten der Grifflinie hinzu, um die Griffform und eine 3D-Kante zu bilden, die der Kontur des Löffelbodens folgt.

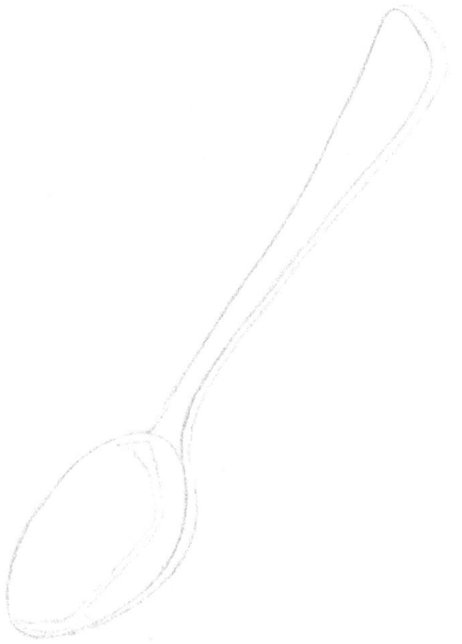

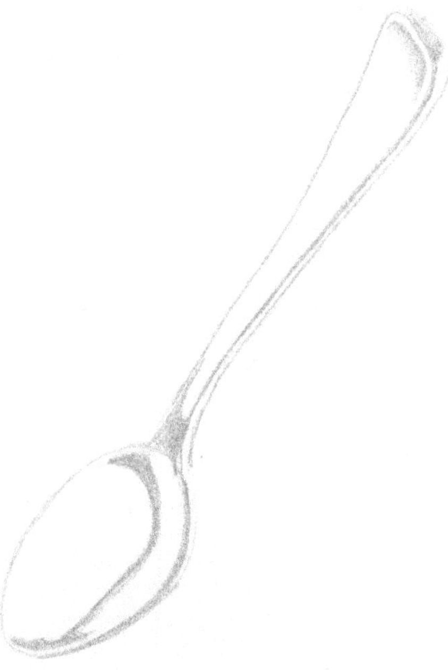

Fügen Sie eine parallele Linie hinzu, die der Kontur des Griffs folgt, um eine 3D-Kante zu erhalten. Zeichnen Sie helle Linien, um Schatten in der Löffelschale darzustellen.

Füllen Sie Bereiche mit 3D-Kanten, Schattierungen in der Schale und im Griff mit dunklem Farbton aus.

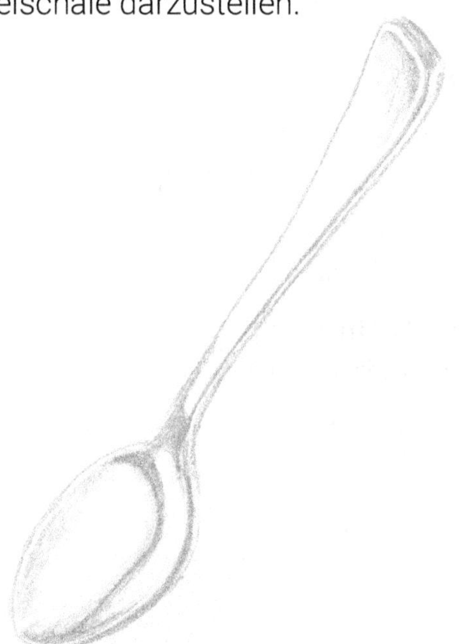

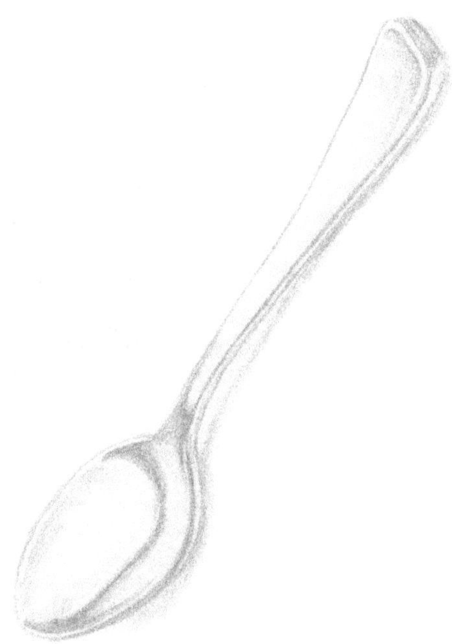

Füllen Sie die Farbtöne in der Mitte aus. Dies sind die Bereiche nahe der linken Seite der Schale und die Bereiche um die dunkleren Farbtöne herum sowie am Ende des Griffs.

 Verwischen Sie die Farbtöne, um sie zu glätten. Fügen Sie eine Schicht aus hellem Farbton unter dem Löffel hinzu, um den Schattenwurf anzudeuten.

SECHSTES KAPITEL

EBENEN

Ebenen helfen, Dimensionen zu schaffen. Ein Künstler zeichnet in den Bereichen, in denen sich eine Form dreht, Flächen mit ähnlichen Werten. Indem man die Werte in einer Ebene zusammenhält, schafft ein Künstler Dimension auf einer flachen Oberfläche.

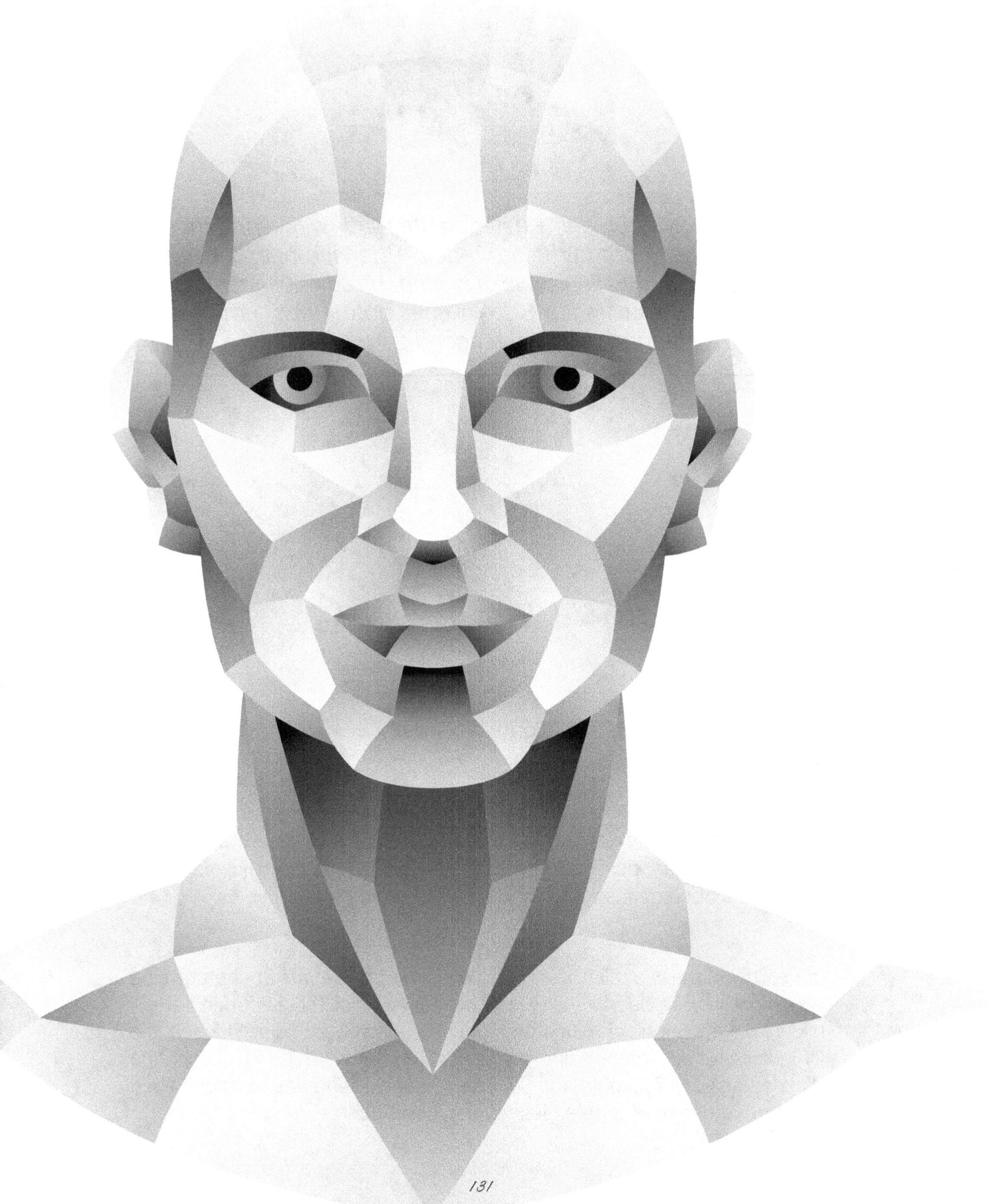

131

BOJE

Bojen sind ein Symbol der Küstenstädte und wecken Erinnerungen an den Strand. Hummerbojen oder -Markierungen helfen den Hummerfängern, ihre Fallen zu lokalisieren, um die Krustentiere an der Küste einzuholen. Hier finden Sie ein paar gute Tipps, um eine solche Markierung überzeugend zu zeichnen.

Schritt 1: Beginnen Sie mit der Form auf der rechten Seite: ein vertikales Rechteck, bei dem die Unterseite leicht diagonal ansteigt. Fügen Sie das Rechteck auf der linken Seite hinzu, das schmaler ist und dessen untere Linie nach links oben geneigt ist.

Schritt 2: Fügen Sie eine dreieckige Oberseite und einen Strich (eine Stocklinie) an der Unterseite hinzu. Der kleine Kreis wird Loch für ein Seil.

In der zweidimensionalen Kunst bezieht sich der Begriff Ebene auf eine flache oder ebene Oberfläche eines Objekts. Wenn sich die Ebenen treffen, bilden die Position, die Richtung und die Bewegung der Flächen die Grundlage für die Schattierung, da sie als Orientierungshilfe für die richtige Platzierung von Highlights und Schatten dienen. Wenn das Licht von oben kommt, werden markantere Flächen hervorgehoben.

Schritt 3: Löschen Sie die ursprünglichen Linien an der Oberseite der in Schritt 1 gezeichneten Rechtecke. Die Kanten leicht abrunden und die Basis so beschneiden, dass eine leichte diagonale Linie entsteht (siehe Pfeile). Ziehen Sie in der Mitte eine Linie, um die sichtbaren Ebenen zu trennen. Zeichnen Sie vom Loch aus Linien, um ein Seil anzudeuten.

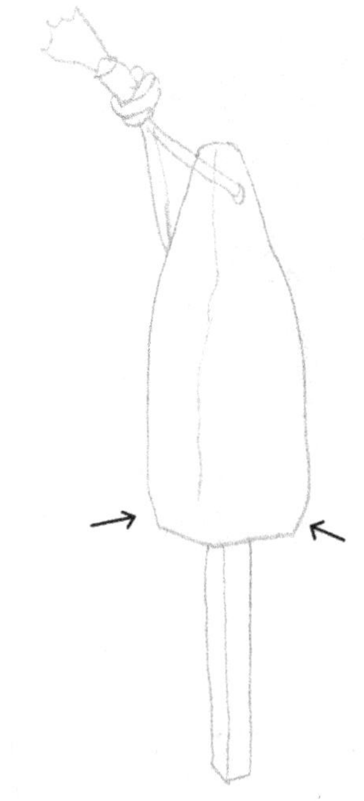

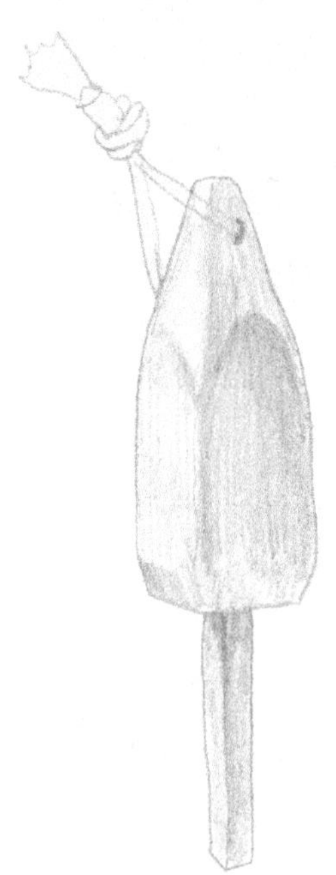

Schritt 4: Fügen Sie eine leichte Schicht Farbton über der Boje hinzu. Drücken Sie fester, um einen etwas tieferen Farbton auf der linken Basisebene und dem gesamten rechten Abschnitt zu erzielen. Fügen Sie eine Farbtonkurve unterhalb des Seillochs hinzu, wie gezeigt, um die Form weiter zu definieren. Fügen Sie der Stocklinie Farbton hinzu, wobei die rechte Seite etwas dunkler sein sollte.

Schritt 5: Glätten Sie die Farbtöne, um sie zu verwischen. Fügen Sie dem Seil mit einer Reihe von diagonalen Linien einen Farbton hinzu, um eine Struktur anzudeuten. Verwenden Sie einen Knetgummi, um das Pigment in den hellsten Bereichen zu entfernen und ein Highlight zu setzen.

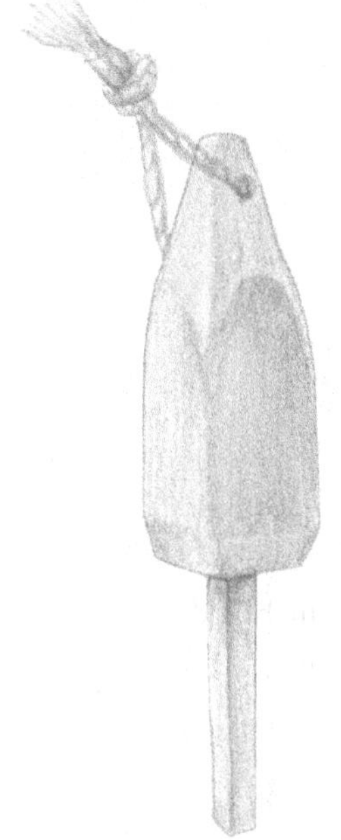

BANANE

Bananen sind krumm, weil sie am Stamm entlang in Richtung Sonne wachsen. Zeichnen Sie diese kaliumhaltige Frucht in wenigen Minuten, indem Sie mit einer Kurve beginnen.

Schritt 1: Beginnen Sie mit einer Kurve als Hilfslinie, wie abgebildet.

Schritt 2: Zeichnen Sie Kurven oberhalb und unterhalb der Hilfslinie für den Körper der Banane.

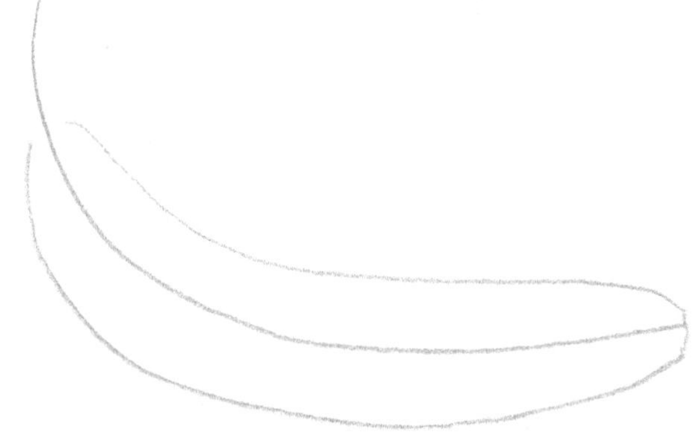

Schritt 3: Fügen Sie oben einen gebogenen Stiel hinzu, gefolgt von einer kleinen organischen Form an jedem Ende. Erstellen Sie eine Ebene in der Nähe des oberen Endes des Stiels mit einer einfachen gebogenen Linie.

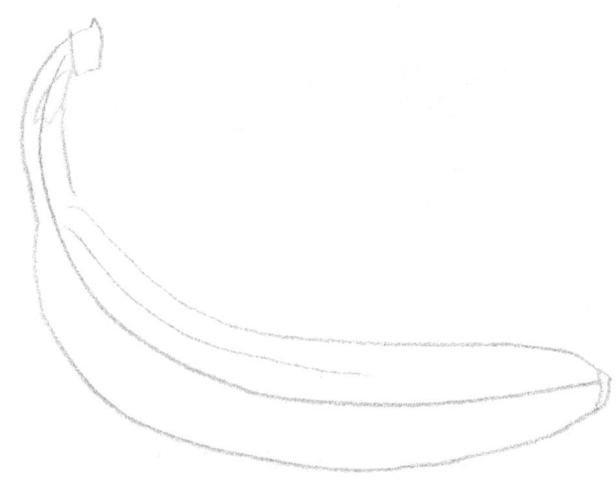

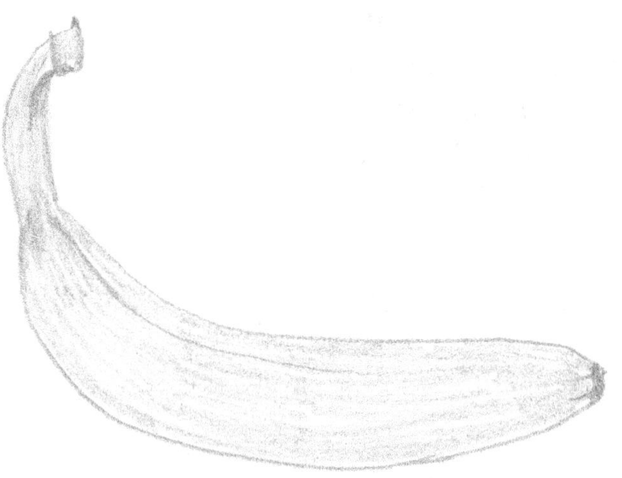

Schritt 4: Leitlinien löschen. Füllen Sie die Banane mit einer gleichmäßigen Farbtonschicht aus.

Schritt 5: Verwischen Sie die Farbtöne, um sie zu glätten, und radieren Sie Bereiche auf der oberen Ebene aus, um Highlights zu setzen. Fügen Sie kleine dunkle Bereiche für besonders reife Stellen hinzu. Verdunkeln Sie die Bereiche in der Nähe beider Enden, um die Form zu definieren.

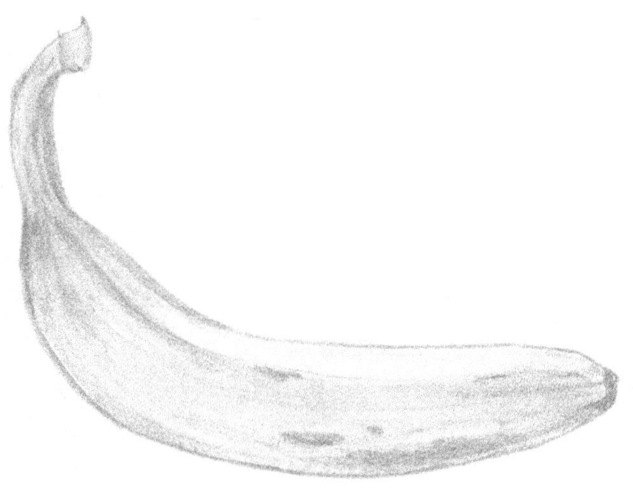

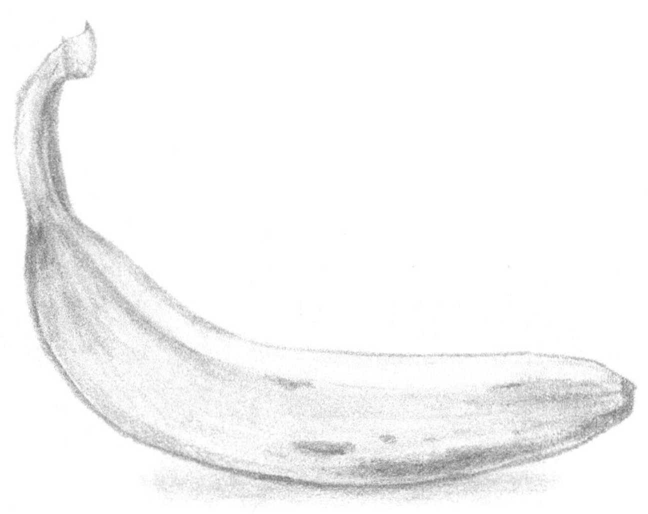

Extrazeit: Schatten unter der Banane hinzufügen.

Eine organische Form ist eine Form, die unregelmäßig oder asymmetrisch aussieht und oft abgerundete Kanten aufweist. Nahezu alle in der Natur vorkommenden Formen haben ein organisches Aussehen.

COWBOYSTIEFEL

Yiieha! Cowboystiefel sind im Zehenbereich schmal, um das Auf- und Absteigen vom Pferd zu erleichtern. Die Ledersohle des Stiefels ermöglicht ein einfaches Einführen und Herausziehen des Fußes in den Steigbügel des Westernsattels. Die Form wird in dieser Zeichnung mit einer schlanken ovalen Form nachgebildet.

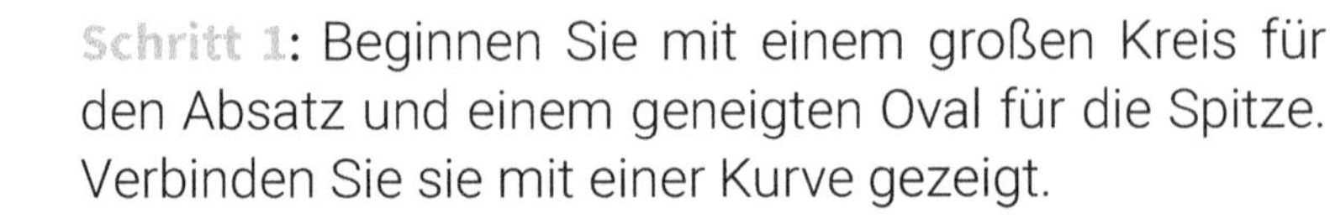

Schritt 1: Beginnen Sie mit einem großen Kreis für den Absatz und einem geneigten Oval für die Spitze. Verbinden Sie sie mit einer Kurve gezeigt.

Schritt 2: Verbinden Sie die Spitze mit dem Absatz oben. Zeichnen Sie senkrechte Linien für die Seiten des Stiefels. Verwenden Sie eine geschwungene Linie, um das Oberteil zu schließen. Zeichnen Sie darauf eine weitere Kurve für die andere Seite des Stiefels. Sie kann einer Socke ähneln.

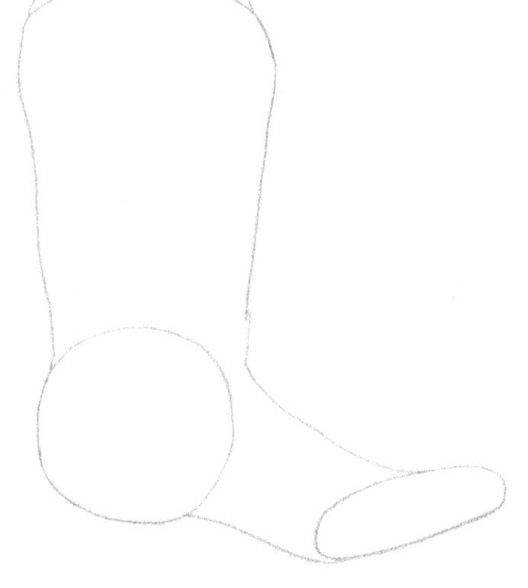

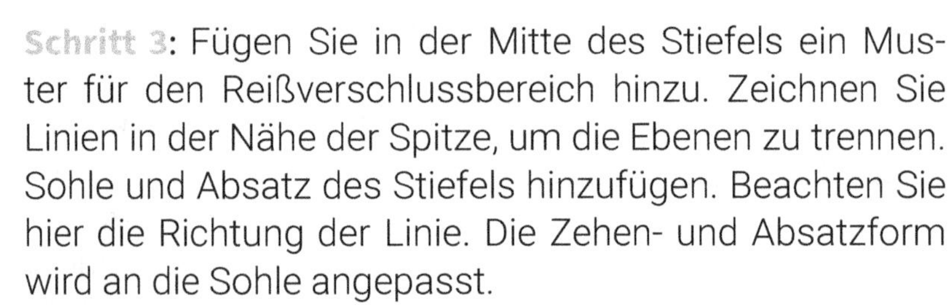

Schritt 3: Fügen Sie in der Mitte des Stiefels ein Muster für den Reißverschlussbereich hinzu. Zeichnen Sie Linien in der Nähe der Spitze, um die Ebenen zu trennen. Sohle und Absatz des Stiefels hinzufügen. Beachten Sie hier die Richtung der Linie. Die Zehen- und Absatzform wird an die Sohle angepasst.

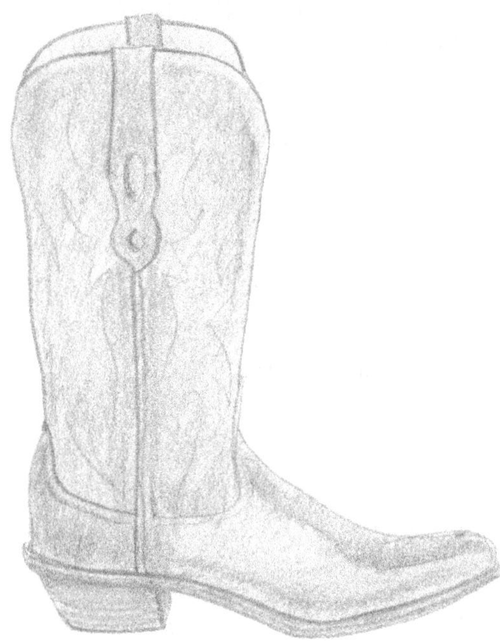

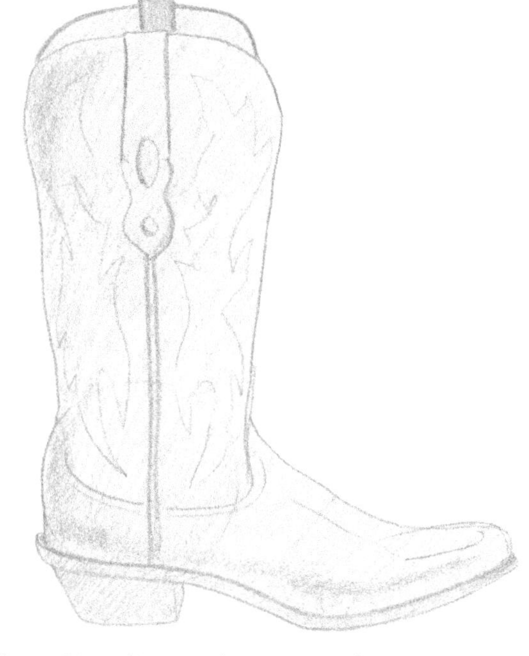

Schritt 5: Vertiefen Sie die Farbtöne auf
der Oberseite der Spitze und um den Fuß
herum. Fügen Sie mit hellen Streifen einen
Absatz mit Holzstruktur hinzu. Trennen Sie
den Absatz auch mit dunkleren Markierungen vom Schuh.

Extrazeit: Fügen Sie eine weitere Farbtonschicht hinzu,
die die dunkelsten Farbtöne vertieft. Die obere Ebene
der Spitze sollte dunkler sein als die seitliche, um ein-
en Kontrast zu erzeugen. Verwenden Sie einen Radiergummi an der Zehenspitze, an der runden Ferse und an
den oberen Kanten, um Highlights zu setzen.

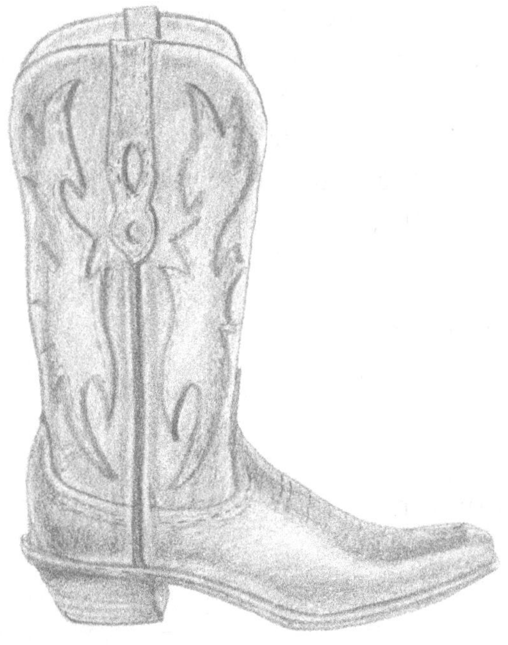

Extra-Extrazeit: Zeichnen Sie kleine Striche für
die Stiche um den Reißverschluss, den Absatz und die zusätzlichen Muster. Verstärken Sie
das Muster, indem Sie es auf einer Seite dunkler
machen, um die Dicke des aufgestickten Mus-
ters zu zeigen. Fügen Sie mehr dunkle und helle
Farben für den Kontrast hinzu.

JUWEL

Ein Juwel ist ein Edel- oder Halbedelstein, insbesondere
wenn er geschliffen und poliert oder graviert ist. Ihr Juwel wird sehr
gefragt sein, wenn Sie es mit diesen einfachen Schritten zeichnen.

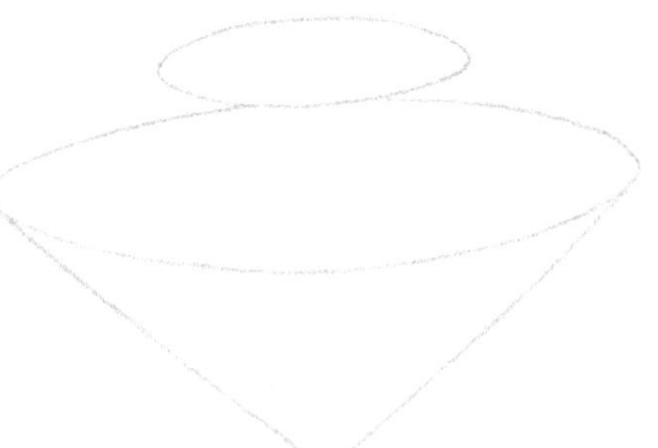

Schritt 1: Beginnen Sie mit einem kleinen Oval, das die Oberseite eines darunter liegenden größeren Ovals gerade berührt. Zeichnen Sie zwei Linien, die von jeder Kante des großen Ovals nach unten verlaufen, bis sie sich in einem Dreieckspunkt treffen.

Schritt 2: Zeichnen Sie einen Punkt in der Mitte des großen Ovals. Machen Sie ein kleines, auf dem Kopf stehendes Dreieck, das sich mit dem in Schritt 1 gezeichneten kleinen Oval trifft. Zeichnen Sie ein etwas größeres Dreieck, das von dem Punkt ausgeht, der die vordere Kurve des großen Ovals berührt.

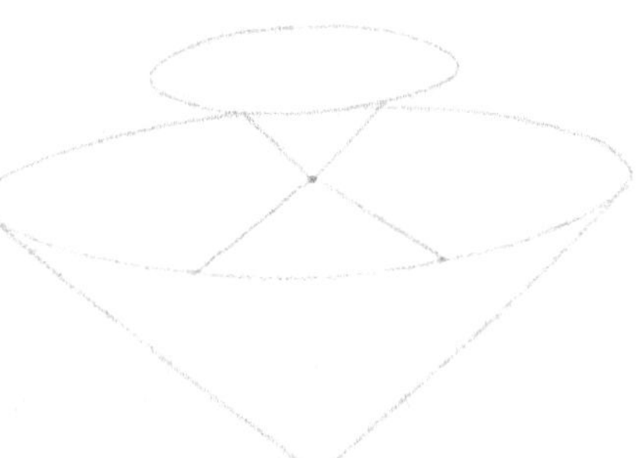

Schritt 3: Ziehen Sie eine abwärts gerichtete Linie, die von dem in Schritt 3 gezeichneten Punkt bis zu der in Schritt 1 gezeichneten Dreiecksspitze reicht. Fügen Sie wie gezeigt ein auf dem Kopf stehendes Dreieck hinzu, das fast die Basis des in Schritt 1 gezeichneten äußeren Dreiecks berührt. Tipp: Sie können ein Lineal verwenden, aber das könnte Sie verlangsamen. Versuchen Sie zuerst, frei zu zeichnen.

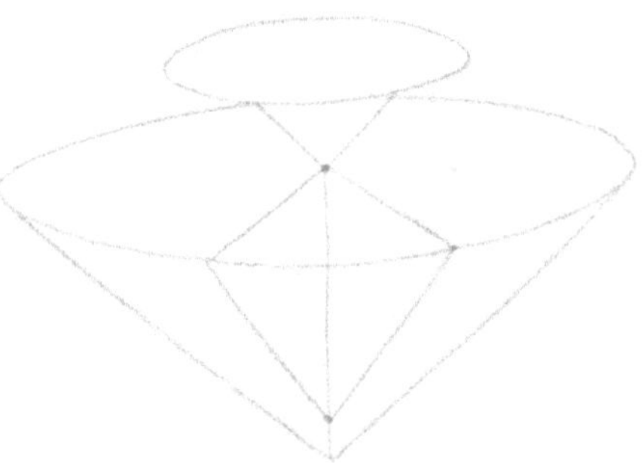

Schritt 4: Verbinden Sie das obere Oval mit dem unteren Oval mit Linien, die leicht nach außen gebogen sind. Löschen Sie die Rückseite des größeren Ovals (als gepunktete Linie zu sehen). Verwandeln Sie das obere Oval in eine Reihe von geraden Linien, die um das Oval herum verlaufen (wobei die Kurve weggenommen wird und eine geometrische Form entsteht).

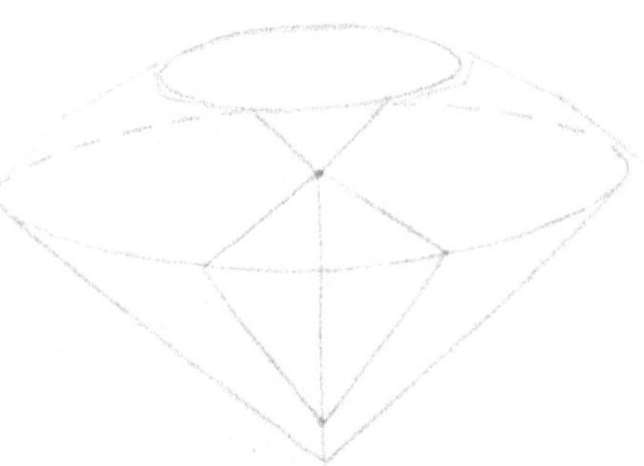

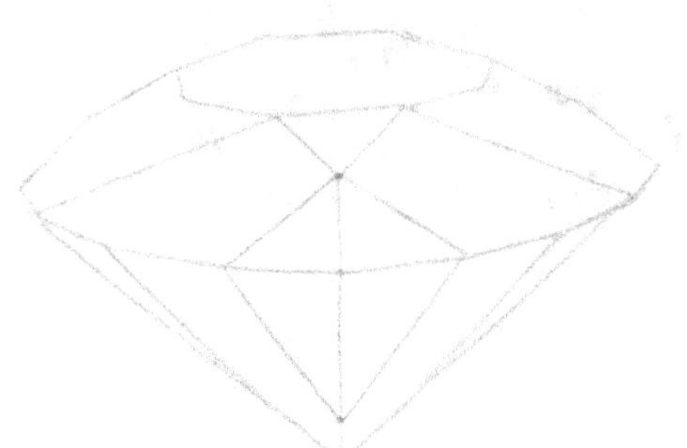

Schritt 5: Löschen Sie das ursprüngliche obere kleine Oval, so dass nur noch die neue geometrische Form zu sehen ist. Das untere Oval in eine Reihe von geraden Linien verwandeln: 3 auf jeder Seite der Mitte. Zeichnen Sie die Diagonalen, die vom oberen umgedrehten Dreieck ausgehen, wie gezeigt. Zeichnen Sie 2 lange, dünne Dreiecke auf die linke und rechte Unterseite, wie gezeigt.

Schritt 6: Verbinden Sie Linien, um eine Reihe von Dreiecksformen zu bilden, die den Konturen der bereits gezeichneten Linien folgen.

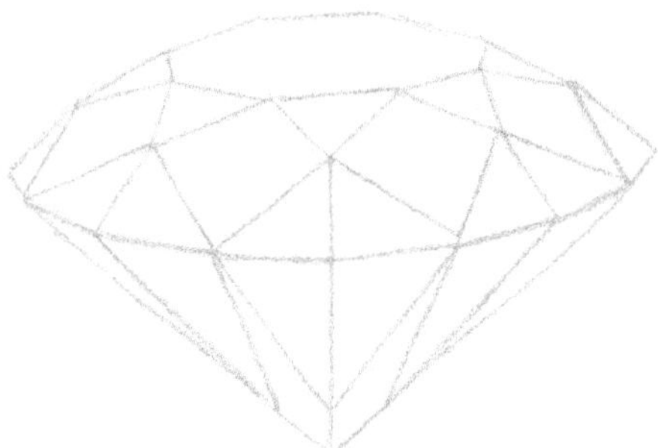

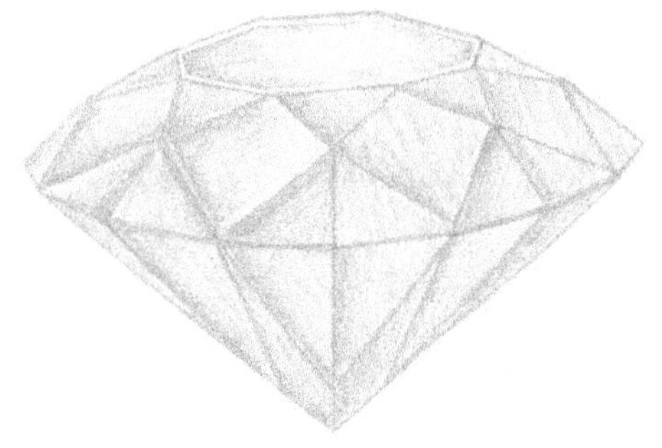

Schritt 7: Füllen Sie die Bereiche mit einer schnellen Schattierungsschicht aus. Drücken Sie fester auf die linke und obere Seite jeder einzelnen Ebene, die im Inneren des Juwels gebildet wird.

Extrazeit: Verwenden Sie den Knetradierer, um Glanzpunkte und Highlights an den Kanten der hellsten Flächen hinzuzufügen. Zeichnen Sie 2 oder 3 Glitzersteine unterschiedlicher Größe nach dem Zufallsprinzip auf das Juwel.

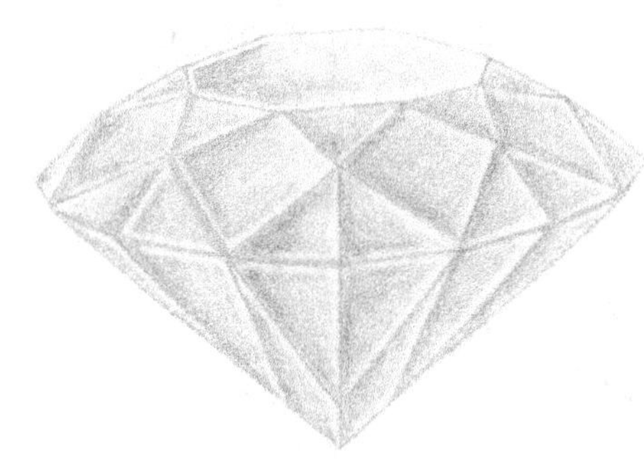

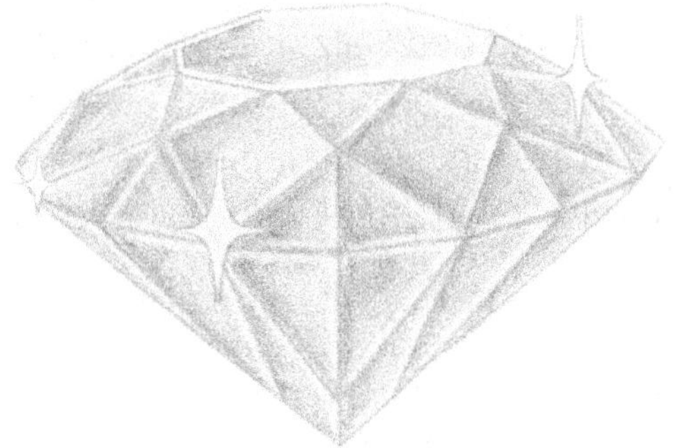

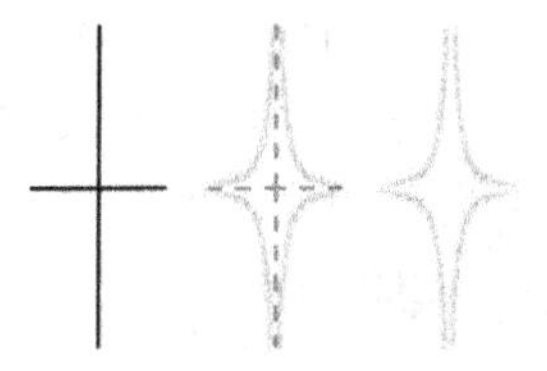

Starten Sie mit einer kreuzförmigen Hilfslinie, zeichnen Sie Kurven drum herum und löschen Sie die Hilfslinie.

SALZSTREUER

Der Salzstreuer ist einfach zu zeichnen, aber erscheint sehr komplex, wenn Sie helle und dunkle Farbtöne für ein transparentes Aussehen hinzufügen.

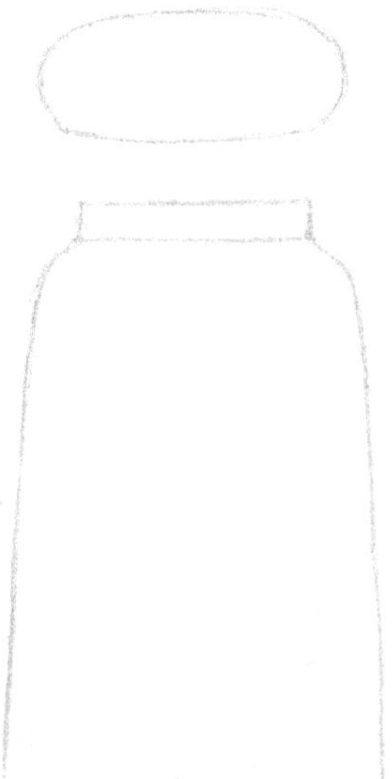

Schritt 1: Zeichnen Sie eine ovale Form für die Oberseite des Salzstreuers. Zeichnen Sie darunter ein langes, schlankes Rechteck, von dem leicht abgewinkelte Linien ausgehen (siehe Abbildung).

Schritt 2: Zeichnen Sie ein abgerundetes Rechteck innerhalb der Kappe für einen Farbtonwechsel. Zeichnen Sie auf dem Boden des Salzstreuers Querlinien und schließen Sie die leicht schrägen Linien aus Schritt 1 mit geraden Linien, die um die Basis gebogen sind.

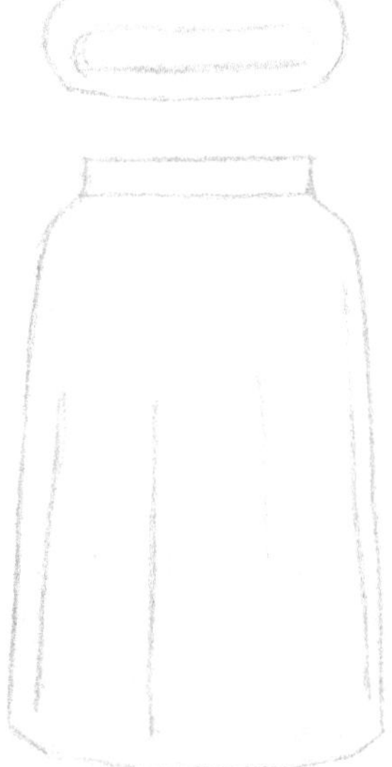

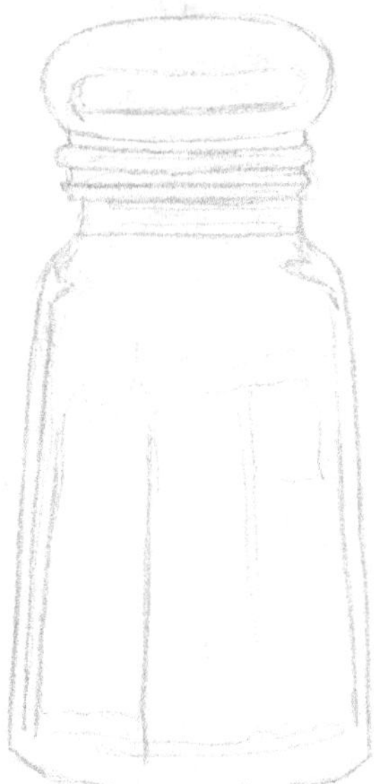

Schritt 3: Fügen Sie eine Reihe kleiner Rechtecke zwischen Ober- und Unterteil des Salzstreuers ein. Zeichnen Sie mit hellen Linien die Umrisse des Salzes im Inneren des Streuers. Erstellen Sie Linien, um die Reflexion an den Außenseiten der Basis wie gezeigt darzustellen.

Schritt 4: Fügen Sie dem Salzstreuer eine Farbtonebene hinzu. Die kleine rechteckige Form in Schritt 1 sollte dunkler sein als andere Bereiche der Kappe. Die Umrisse des Salzes sollten einen sehr hellen Farbton haben, während die seitlichen Highlights einen ähnlichen Farbton haben sollten wie der dunkle Teil der Spitze.

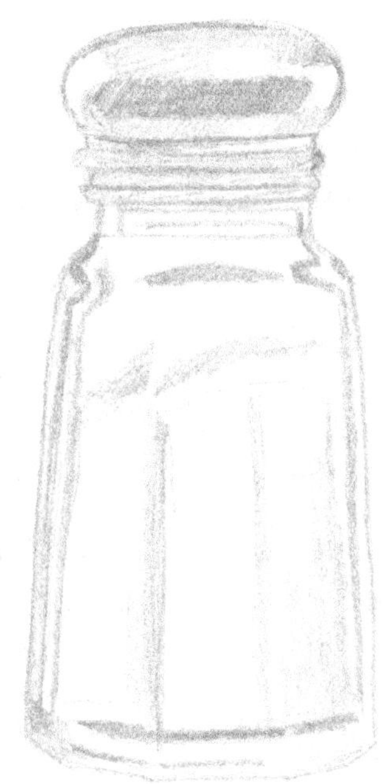

Schritt 5: Verwischen Sie die Farbtöne mit einem Mischwerkzeug, um sie zu glätten. Verdunkeln Sie einige der dunkleren Farbtöne weiter, um mehr Kontrast zu erzeugen. Fügen Sie eine leichte Schicht Farbton auf dem Salz hinzu, während Sie die linke Seite der Flächen leicht abdunkeln.

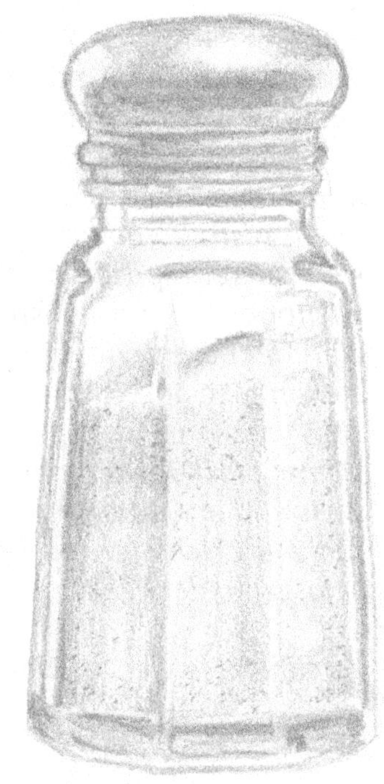

Extrazeit: Glätten Sie die Farbtöne noch mehr, um ein glasartiges Finish zu erzielen. Fügen Sie mehr Farbton hinzu, um noch mehr Kontrast zu erzeugen. Verwenden Sie den Knetradierer, um glattere Highlights zu setzen. Verwenden Sie eine spitze Bleistiftspitze, um kleine Salzpunkte in den Streuer zu geben.

HÖREN SIE NIE AUF, DINGE ZU ERSCHAFFEN!

Ich hoffe, diese Übungen haben Ihnen gefallen! Ich weiß, dass in vielen der Zeichenmotive viel zu beachten ist und dass fünf Minuten vielleicht nicht genug Zeit sind, um daran zu arbeiten. Künstler können Tage und sogar Jahre brauchen, um ein Kunstwerk zu vollenden. Ich hoffe, dass Sie durch die Begrenzung der Zeit die wichtigsten Teile eines Motivs erkennen und gleichzeitig lernen, Aktion, Bewegung und Ausdruck in einer zeitlich begrenzten Zeichnung zu vermitteln. Ich hoffe ich konnte mit einfachen, aber aussagekräftigen Linien, die wohlüberlegt gesetzt wurden, eine einfache Möglichkeit vermitteln, grundlegende Informationen schnell auf Papier zu bringen. Versuchen Sie, Ihr Bedürfnis nach Perfektion auszuschalten, während Sie Ihre neuen Fähigkeiten als Künstler erkunden. Wenn Sie Objekte anhand der in diesem Buch gelernten Lektionen zeichnen, finden Sie die wichtigen Teile Ihres Objekts und zeichnen Sie sie. Denken Sie daran, zuerst die Hauptformen Ihres Motivs zu finden und diese zu zeichnen. Finden Sie dann einfache Linien und Formen, die auf diesen ursprünglichen Formen aufbauen. Als Nächstes skizzieren Sie Bereiche mit Linien und Kurven, um die wichtigsten Details Ihres Motivs darzustellen. Die letzten Schritte sollten darin bestehen, das Motiv mit Farbton zu füllen und die Lichter und Schatten zu verfeinern. Beim Zeichnen mit einem Zeitlimit soll das Endergebnis keine fertige Zeichnung sein. Es ist nur eine Übung.

Denken Sie daran, nicht zu schnell ins Detail zu gehen und den Bleistift in Bewegung zu halten. Sich zeitlich zu beschränken und den Perfektionismus zu überwinden ist eine Möglichkeit, seine Fähigkeiten zu entwickeln und ein besserer Künstler zu werden. Perfekt ist manchmal langweilig. Lassen Sie also auch die „falschen" Linien ruhig stehen oder machen Sie sich keine Sorgen, wenn Ihre Zeichnung nicht genau aussieht wie geplant. Mit jeder Zeichnung, die Sie anfertigen lernen Sie dazu. Wenn Sie sich jeden Tag etwas Zeit zum Zeichnen nehmen, werden Sie sicher merken, dass Ihre Arbeit immer besser wird. Vermeiden Sie die Versuchung, die Zeichnungen, die Ihnen nicht gefallen, wegzuwerfen: Heben Sie sie stattdessen auf und schauen Sie sie zu einem späteren Zeitpunkt an, um zu sehen, wie weit Sie gekommen sind. Ein wichtiger Teil des künstlerischen Prozesses ist es, innezuhalten und über ein Werk zu reflektieren. Vielleicht schauen Sie sich Ihre Zeichnung nach einiger Zeit an und stellen fest, dass sie Ihnen doch gefällt.

Wenn ein Künstler etwas erschafft, trifft er eine Auswahl und Entscheidungen, während er Gedanken und Ideen zu Papier bringt. Unabhängig davon, wie viel Zeit für das Erschaffen aufgewendet wird, stellt ein Künstler eine Verbindung zu sich selbst und der Welt her.

Zeichnen Sie weiter und hören Sie nie auf, Dinge zu erschaffen!

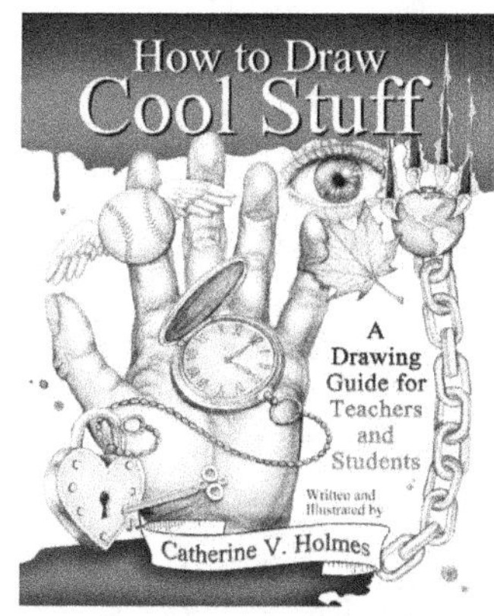

Wie man coole Sachen zeichnet: Eine Anleitung zum Zeichnen für Lehrer und Schüler
Dieses Buch zeigt einfache Schritt-für-Schritt-Anleitungen, die es jedem leicht machen, coole Sachen mit Präzision und Selbstvertrauen zu zeichnen. Diese Lektionen helfen Ihnen, Linien, Formen, Raum und andere Elemente in alltäglichen Gegenständen zu erkennen und sie in wenigen einfachen Schritten in detaillierte Kunstwerke zu verwandeln. Die Übungen in diesem Buch helfen Ihnen, Ihr Gehirn zu trainieren, so dass Sie gewöhnliche Gegenstände auf eine andere Art und Weise visualisieren können, um Sie mit den Augen eines Künstlers zu sehen. Von fotorealistischen Gesichtern über Urlaubsthemen bis hin zu Tattoo-Zeichnungen - Wie man coole Sachen zeichnet macht das Zeichnen einfacher, als Sie denken, und macht mehr Spaß, als Sie sich jemals vorgestellt haben!

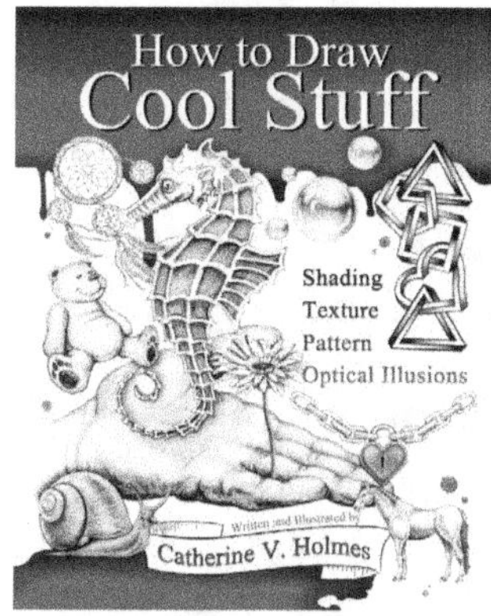

Wie man coole Sachen zeichnet: Grundlagen, Schattierung, Struktur, Muster und optische Täuschungen ist das zweite Buch in der Reihe Wie man coole Sachen zeichnet. Darin finden Sie einfache Illustrationen, die die wichtigsten Punkte zum Zeichnen cooler Sachen abdecken. Konkrete Übungen bieten Schritt-für-Schritt-Anleitungen zum Zeichnen einer Vielzahl von Motiven. Jede Lektion beginnt mit einer einfach zu zeichnenden Form, die die Grundstruktur der Zeichnung bildet. Von da an fügt jeder Schritt Elemente zu dieser Struktur hinzu, die es dem Künstler ermöglichen, auf seiner Kreation aufzubauen und ein detaillierteres Bild zu erstellen. Ausgehend von den Grundformen wird dem Künstler ein Leitfaden an die Hand gegeben, der ihm hilft, Objekte in vereinfachten Formen zu sehen. Anschließend werden Anleitungen zum Schattieren gegeben, um einer Zeichnung Tiefe, Kontrast, Charakter und Bewegung zu verleihen.

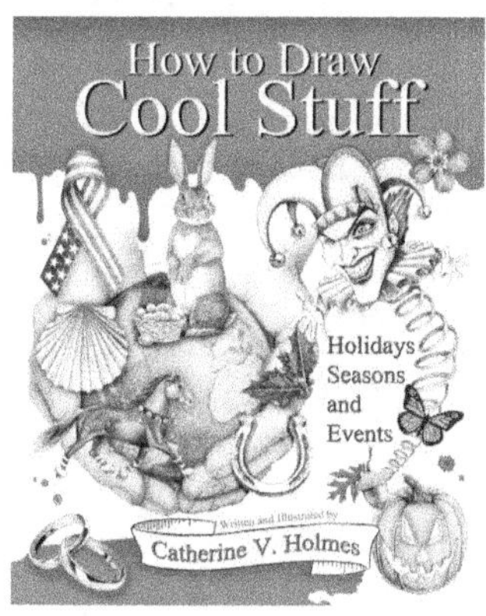

Wie man coole Sachen zeichnet: Feiertage, Jahreszeiten und Ereignisse ist eine Schritt-für-Schritt-Zeichenanleitung, die beliebte Feste, Feiertage und Ereignisse für Ihr Zeichenvergnügen illustriert. Vom chinesischen Neujahr bis zum Aprilscherz, vom Vatertag bis Halloween, Weihnachten und Silvester - dieses Buch deckt über 100 lustige Tage, Feiertage, Jahreszeiten und Ereignisse ab und bietet einfache Lektionen, mit denen Sie lernen können, wie ein Profi zu zeichnen und sich in die Stimmung der jeweiligen Jahreszeit zu versetzen! Als drittes Buch in der Reihe Wie man coole Sachen zeichnet lehrt Sie dieser spannende neue Titel, wie Sie einfache Illustrationen mit Hilfe von Grundformen und einer Zeichentechnik erstellen, die den Zeichenprozess vereinfacht und Ihnen dabei hilft, Höhe, Breite und Tiefe in Ihrem Werk zu konstruieren. Es wird Sie durch den kreativen Denkprozess leiten und Ihnen eine Fülle von Ideen für den Anfang liefern. Die Lektionen in diesem Buch werden Sie auch lehren, wie ein Künstler zu denken und Sie daran erinnern, dass Sie allein durch Ihre Vorstellungskraft begrenzt sind!

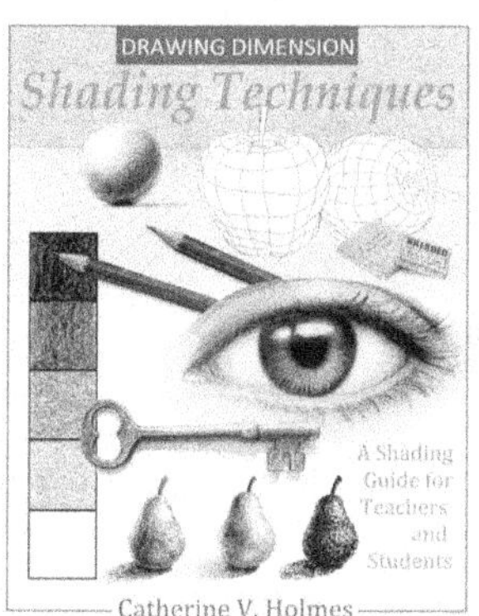

Zeichnen von Dimensionen - Schattierungstechniken: Ein Schattierungsleitfaden für Lehrer und Schüler. Schattierungen sind eine der einfachsten Methoden, um Ihren Zeichnungen Tiefe, Kontrast, Charakter und Bewegung zu verleihen. Durch die Beherrschung des Bleistiftdrucks und des Strichs, das Verständnis von Licht und die Kenntnis von Wischtechniken kann ein Künstler seine Arbeit verbessern und den „Wow"-Faktor erreichen, der für realistische Kunstwerke erforderlich ist. Zeichnen von Dimensionen - Ein Schattierungsleitfaden für Lehrer und Schüler bietet eine Reihe von Schattierungsübungen, die leicht zu verstehen und einfach zu befolgen sind. Das Buch geht über die übliche „Schritt-für-Schritt"-Anleitung hinaus und bietet dem Leser einen detaillierten Einblick in eine Vielzahl von Schattierungstechniken und deren Anwendungen. Es ist perfekt geeignet für Anfänger und Fortgeschrittene jeden Alters, Studenten und Lehrer, Profis und Anfänger; jeder kann lernen, wie man wie ein Profi schattiert!